普通高等教育土建学科专业"十一五"规划教材
全国高职高专教育土建类专业教学指导委员会规划推荐教材

房地产经营与估价综合实训

朱 江 主编

中国建筑工业出版社

图书在版编目(CIP)数据

房地产经营与估价综合实训/朱江主编. —北京：中国建筑工业出版社，2010.6
（普通高等教育土建学科专业"十一五"规划教材. 全国高职高专教育土建类专业教学指导委员会规划推荐教材）
ISBN 978-7-112-12191-5

Ⅰ.①房… Ⅱ.①朱… Ⅲ.①房地产-经济管理-高等学校-教学参考资料②房地产-价格-评估-高等学校-教学参考资料 Ⅳ.①F293.3

中国版本图书馆 CIP 数据核字(2010)第 116304 号

本教程共分十二章，内容涵盖房地产领域从前期调研、规划、投资开发和交付使用及进入流通后各阶段的实务操作，具体包括房地产市场宏观调研、建筑规划和建筑识图、房地产开发项目、房地产投资、房地产项目融资、房地产开发、房地产估价、房地产市场营销、房地产交易、房地产经纪、房地产项目策划及品牌管理、房地产基本制度和法规、交付使用后的房地产项目运行等。

教程内容涵盖全面、体例新颖，既可作高职高专实训教材，也可作为房地产行业的培训教材，或者作为准备参加全国房地产估价师、全国房地产经纪人执业资格考试的辅导教材。由于考虑到教程受众的广泛性，各章节给出较高的专业知识基础和实训技能要求，房地产类专业各层次使用者可根据实际情况选择。

* * *

责任编辑：张　晶
责任设计：赵明霞
责任校对：赵　颖

普通高等教育土建学科专业"十一五"规划教材
全国高职高专教育土建类专业教学指导委员会规划推荐教材

房地产经营与估价综合实训
朱　江　主编

*

中国建筑工业出版社出版、发行（北京西郊百万庄）
各地新华书店、建筑书店经销
北京红光制版公司制版
世界知识印刷厂印刷

*

开本：787×1092毫米　1/16　印张：20¾　字数：498千字
2011年2月第一版　　2011年2月第一次印刷
定价：35.00元
ISBN 978-7-112-12191-5
(19461)

教材编审委员会名单

主　任：吴　泽

副主任：陈锡宝　范文昭　张怡朋

秘　书：袁建新

委　员：(按姓氏笔画排序)

马　江　王林生　甘太仕　刘　宇　刘建军　汤万龙

吴　泽　张怡朋　李永光　陈锡宝　范文昭　胡六星

郝志群　倪　荣　夏清东　袁建新

序 言

房地产经营与估价综合实训

　　全国高职高专教育土建类专业教学指导委员会工程管理类专业指导分委员会（原名高等学校土建学科教学指导委员会高等职业教育专业委员会管理类专业指导小组）是建设部受教育部委托，由建设部聘任和管理的专家机构。其主要工作任务是，研究如何适应建设事业发展的需要设置高等职业教育专业，明确建设类高等职业教育人才的培养标准和规格，构建理论与实践紧密结合的教学内容体系，构筑"校企合作、产学结合"的人才培养模式，为我国建设事业的健康发展提供智力支持。

　　在建设部人事教育司和全国高职高专教育土建类专业教学指导委员会的领导下，2002年以来，全国高职高专教育土建类专业教学指导委员会工程管理类专业指导分委员会的工作取得了多项成果，编制了工程管理类高职高专教育指导性专业目录；在重点专业的专业定位、人才培养方案、教学内容体系、主干课程内容等方面取得了共识；制定了"工程造价"、"建筑工程管理"、"建筑经济管理"、"物业管理"等专业的教育标准、人才培养方案、主干课程教学大纲；制定了教材编审原则；启动了建设类高等职业教育建筑管理类专业人才培养模式的研究工作。

　　全国高职高专教育土建类专业教学指导委员会工程管理类专业指导分委员会指导的专业有工程造价、建筑工程管理、建筑经济管理、房地产经营与估价、物业管理及物业设施管理等6个专业。为了满足上述专业的教学需要，我们在调查研究的基础上制定了这些专业的教育标准和培养方案，根据培养方案认真组织了教学与实践经验较丰富的教授和专家编制了主干课程的教学大纲，然后根据教学大纲编审了本套教材。

本套教材是在高等职业教育有关改革精神指导下，以社会需求为导向，以培养实用为主、技能为本的应用型人才为出发点，根据目前各专业毕业生的岗位走向、生源状况等实际情况，由理论知识扎实、实践能力强的双师型教师和专家编写的。因此，本套教材体现了高等职业教育适应性、实用性强的特点，具有内容新、通俗易懂、紧密结合工程实践和工程管理实际、符合高职学生学习规律的特色。我们希望通过这套教材的使用，进一步提高教学质量，更好地为社会培养具有解决工作中实际问题的有用人才打下基础。也为今后推出更多更好的具有高职教育特色的教材探索一条新的路子，使我国的高职教育办的更加规范和有效。

全国高职高专教育土建类专业教学指导委员会

工程管理类专业指导分委员会

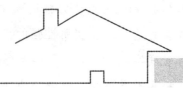

前　言

房地产经营与估价综合实训

　　本书是根据全国高职高专教育土建类专业教学指导委员会工程管理类专业指导分委员会制定的房地产经营与估价专业培养目标和培养方案及主干课程教学基本要求编写的。该教材的体系与内容，也是经过该教学指导委员会讨论研究确定的。

　　住房分配体制改革催生了我国房地产市场的发展，随着房地产业逐渐成为经济发展的动力之一，与房地产业相关的宏观调研、市场分析、建筑规划、项目策划、项目开发、项目融资、项目投资、法规政策研究等活动日益受到重视，而有关房地产领域的品牌管理、项目后期管理、交易、经纪、估价等各种实务操作能力日益受到市场重视，这方面的应用型人才也受到业界广泛青睐。

　　为了响应教育部加强应用型人才培养的号召，为社会提供更多的动手能力强，到企业直接能顶岗的实用型人才，上海城市管理职业技术学院与上海市教委合作建设了房地产经营与估价实训基地，并在上海市劳动局的支持下成立了技师学院。实训基地设有房地产交易、估价、经纪、证照办理等实训室，配置了大量实训设备，房地产专业在校生有专门一学期在基地和技师学院进行实训，这些举措极大地提高了学生在专业方面的实际操作能力。纵览市面上林林总总的房地产教材，理论性教材汗牛充栋，而注重实践性、可操作性的实训教程如凤毛麟角般稀缺。于是在中国建筑工业出版社、全国高职高专教育土建类专业教学指导委员会工程管理类专业指导分委员会、上海城市管理职业技术学院相关领导支持鼓励下我们编写了这套教材。编写过程中我们在参考兄弟院校教材的基础上力求有所创新突破，使本教程更加注重实用性，学生拿到它像是拿到一本实验指导书，知道房地产经营与估价的每一个环节应当具备哪些实践知识，应当如何操作，操作的规范要求是什么。

房地产经营与估价专业综合实训作为房地产专业学生培养中的重要实践环节，其教材建设重要性毋庸置疑，本教材编写过程中始终贯彻以下原则：一是要针对房地产经营与估价专业学生的实际，教学内容理论知识部分应体现全面概括，涉及操作细节方面尽量详尽逼真，既给学生明确的指导，又让他们有较大的发挥空间，以利于更好地培养高技能应用型人才，使该教材也能对房地产领域更高级人才培养提供帮助；二是适应房地产市场形态日新月异的大背景，针对房地产行业的实际，尽可能体现房地产行业实际工作中遇到的主要问题，使学生对该行业知识和操作有全面熟悉和掌握，切实做到理论够用，重在实践操作；三是实训教程的内容体现应用型人才培养特点，防止理论有余而实践不足，做到理论知识不与行业实际脱节，教学内容充分体现针对性。教材编写过程中，我们请教了房地产行业的资深专家、学者和企业主管，力求教程编写的通用性、实用性和新颖性，能够让教程使用者真正学以致用。

　　本教材由朱江设计并编写大纲，并由集体合作，分头撰稿，由朱江担任主编，包焱、黄亮担任副主编，刘建军担任主审。本教程共分十二章，各章的编写人员及分工如下：朱江（第二章、第三章、第五章、第六章、第八章、第九章、第十章）；包焱（第四章、第十二章）；黄亮（第一章、第十一章）；向雁南（第七章）；全书由朱江统稿。

　　本教材编写由上海城市管理职业技术学院、上海师范大学相关人员参与，并有幸获得中国建筑工业出版社有关领导和同志的指导和帮助，教程编写参考了有关书籍、资料，在此对参考文献中列出的相关作者表示衷心感谢。

　　由于编者学术水平有限，书中难免存在错漏与不足之处，恳请有关专家和广大读者批评指正。

目　录

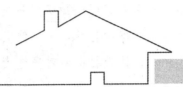

房地产经营与估价综合实训

绪 论

0.1 本专业职业能力要求综述

房地产经营与估价专业学生主要集中学习：市场调查与预测、房地产营销、房地产估价理论与方法、房地产开发经营与管理、房地产项目决策与评价、房地产投资实务、房地产交易、房地产经纪实务、现代咨询方法与实务、工程项目管理、房地产制度与政策等知识技能。本专业致力于培养房地产行业开发、经营及评估所需的技术经济型人才，毕业生能够从事房地产开发策划、工程项目管理、房地产营销、房地产评估、项目投资管理、房地产经纪工程咨询等实际工作。

▓ 0.1.1 相关职业能力要求

(1) 能够撰写房地产市场调研报告；

(2) 能解读和识读房地产建设规划与建筑结构图；

(3) 熟悉房地产项目开发程序及相关法规；

(4) 能够撰写相关的投资风险收益分析报告以及投资可行性报告；

(5) 掌握房地产估价的基本方法，能够撰写相关的评估报告书；

(6) 了解房展会筹备、房地产拍卖流程，能初步编制广告费用预算及投放策划书，能够撰写房地产广告文案；

(7) 能操作房地产买卖登记、商品房预售登记备案、房屋租赁登记备案、公有住房差价交换登记、房地产经纪备案等基本程序；

(8) 了解房地产代理及居间程序，房地产代办事项操作，熟悉房地产经纪合同的相关事项，并能从事相关操作；

(9) 掌握房地产项目交付使用后的房地产项目运行状况，了解前期物业合同、物业服务合同和业务招标书的编制方法，熟悉物业管理的基本环节和日常内容；

（10）具备房地产项目投资财务分析、经济评价和不确定性分析的基本能力；

（11）熟悉房地产开发项目合同管理、质量控制、项目进度和投资控制基本技能；

（12）具备一定的房地产营销策划和实践能力

相关的素质能力要求：

（1）能够用马列主义、毛泽东思想的基本原理和邓小平理论、"三个代表"重要思想和科学发展观指导自己的工作和行为；

（2）熟悉《公民道德建设实施纲要》的主要内容和公民基本素质要求，做合格公民；

（3）熟悉房地产行业岗位规范和职业道德标准，做合格职工；

（4）具有一定的语言表达能力、组织管理能力与合作协调能力。

0.1.2 相关专业知识要求

（1）了解房地产市场供求规律，熟悉房地产价格的种类、构成与估算，土地交易方式，房地产产权、产籍管理和房地产行业管理；熟悉城市土地市场模式和运作规律，了解房地产中介业务等知识，认清房地产市场本质规律；

（2）了解城镇规划的任务、特点及简单规划方法，具有对房地产市场分析的基本能力，掌握编制房地产投资估算的能力和资金筹措的方法，掌握房地产投资财务分析、国民经济分析、不确定分析和风险分析的相关知识；

（3）熟悉并掌握国家《建筑法》、《招投标法》、《土地管理法》、《城市规划法》、《公司法》、《合同法》等相关房地产法律制度和合同文本形式，熟悉工程项目的建设程序；

（4）在掌握建筑设计和建筑施工项目管理基本知识；

（5）能够对房地产购买行为进行分析，掌握房地产市场调查和预测的基本方法，具有初步的对房地产市场预测的能力，了解房地产市场细分理论和房地产目标市场定位的方法，掌握房地产市场基本的营销策略和营销组合策略；

（6）了解物业管理一般原理、物业管理机构的设置和制度建设；了解物业管理招标与投标程序，具备一定的物业维修管理、设备管理和商业物业经营等相关知识。

0.2 本专业的实际训练目标

（1）在实际的训练过程中必须做到三个符合：

1）必须符合现行法律法规的规定。例如商品房转让条件、预售条件都有法定条件；税费的计算方式也经常会出现变动；房地产经纪机构必须是企业法人等；

2）必须符合房地产交易管理部门实际操作的程序和要求。实训是模拟的，但操作程序和要求一定要是现行的；

　　3) 必须符合房地产专业教学实际。实训必须与高职房地产专业教学相结合，以实训基地为依托，有专职老师、房地产从业人士指导。

　　（2）实际训练过程中必须提升学生独立解决实际问题的能力。要使得每个参加实训的学生通过实训得到真正的锻炼机会，要鼓励学生发现问题、解决问题，要多用讨论式、辩论式等方式，不断提高学生实践操作能力。

第1章 房地产市场调研

【实训目的】

使学生通过实训掌握一定房地产宏观调研技巧，提高其对行业的敏感性和对房地产市场的综合分析研判能力。

【实训要求】

学生要充分认识房地产市场宏观调研对于房地产开发、营销等后续工作的重要性，认识到房地产市场宏观调研是企业充分了解市场和把握消费者需求的必要手段，是辅助企业决策的基本工具，是进行房地产开发、投资、营销等一系列后续活动的基础。因此，熟练掌握本章实训内容的前提，是要求学生充分了解房地产市场调研的相关概念、内容、方法、原则和程序。

【实训内容】

(1) 房地产市场宏观调研具体内容及相关调研方法运用；

(2) 房地产市场宏观调研资料的统计、分析和整理方法运用；

(3) 撰写房地产市场宏观调研报告。

1.1 房地产市场调研概述

1.1.1 房地产市场调研概述

房地产产业和其他产业一样，关键在于对市场需求的把握，必须对市场有一个专业的认识，直接的途径是通过市场调研。调研就是为了了解情况进行考察，它是人们认识事物的重要方法。当房地产市场由卖方市场向买方市场的转变，房地产市场竞争由价格竞争向非价格竞争发展时，对房地产市场营销的需要比以往更为强烈。无论是发展商寻求新的机会，还是抢占市场；无论是为已开发的物业制定正确的营销策略，还是为提高物业的附加值，市场调研都在房地产行业中发挥着重要的作用。

房地产市场调研是社会调查的一种，它是认识房地产市场的重要方法。它是获取房地产市场信息的途径，是进行房地产市场研究的手段，是开展房地产市场预测的前提，是进行房地产经营决策的基础，是制订房地产营销和生产计划的依据，是改善房地产经营管理的工具，是开展房地产经营活动和生产活动的第一阶段。因此，在房地产经营中，市场调研是必不可少的内容。

房地产市场调研就是指以房地产为特定的商品对象，运用科学的方法、有目的的、有计划、系统地收集房地产市场状况，对房地产市场供求变化的各种因素及动态、趋势进行的专门调查。通过调查，搜集有关资料和数据，经分析研究，掌握房地产市场变化规律，了解消费者对房屋质量、面积、价格等意见和要求，以及市场对某种型号的房屋需求量和销售趋势等。

房地产市场调研可以分为三个层次理解：

第一层次，市场调研就是以房地产商品的消费者为对象，用科学的方法收集消费者购买及使用房地产商品的事实、意见、动机等有关资料，并进行分析研究的活动过程。通常，调研人员调查房屋的销售率、购买人的来源分布、购买时间、建筑规划 偏好等，并且了解购买人购买的目的（自用、投资和投机）和对该房地产商品的价格、环境、地点、风格等的满意程度。

第二层次，调研的对象除了消费者，还包括所有微观市场上的营销活动。调研人员不但需要调查消费者购买动机、倾向、决策等心理分析过程，还要调查目标市场整体状况、各公司的广告宣传策略、价格策略等，以及营销手段的具体执行情况、在目标市场的反映效果如何等。

第三层次，房地产市场调研具有最广泛的含义，从内容上包括了微观营销活动内容的同时，还包括了宏观经济环境的调研，如政治法律环境调研、经济环境调研等；从具体工作上不仅包括信息资料的收集与整理，还包括了分析、研究及一定程度的预测。

1.1.2 房地产市场外部调研和内部调研

房地产调研不仅是市场研究的重要组成部分，而且是房地产开发和营销的重要基础工作。"没有调查就没有发言权"，房地产调研内容大致可以分为宏观、中观、微观三个层次，包含市场环境、需求和消费行为、产品调研、价格调研、营销渠道、促销、竞争项目及竞争企业等方面，但是概括起来可分作两大类：市场外部调研—市场环境调研；市场内部调研—市场专题调研。在这一部分中，主要介绍房地产市场宏观调研的内容，并指出可以从哪些方面进行调研，这在实训过程中具有很强的实战指导作用，学生在实际的操作过程中可以重点关注这些方面的调研，以便从总体上较好地把握房地产市场。

1. 房地产市场环境调研

房地产企业的生存发展是以适应房地产市场环境为前提的，对房地产企业来说，市场环境大多数是不可控制因素，房地产企业的生产与营销必须与之相协调和适应。尽管企业在市场活动中拥有充分的自主权，但它的经营活动受到社会法律环境的约束，受到行业惯例和准则的约束，社会经济、文化的发展也在房地产企业生产经营中有制约和影响作用。宏观环境调研，也可以理解为宏观环境把握，主要指一个国家政治、经济的形势分析，包括经济环境、法律环境、政治环境、科学技术环境、社会文化环境等。其主要内容如下：

（1）经济环境调研

经济环境，又称经济科技环境，主要掌握国际经济发展趋势，科学技术对房地产项目的影响程度，具体包括以下内容：

1）国家、地区或城市的经济特征，包括经济发展规模、趋势、速度和效益；

2）国家经济产业结构和主导产业；

3）居民收入水平、消费结构和消费水平；

4）物价水平及通货膨胀率；

5）一般利率水平，获取贷款的可能性以及预测的通货膨胀率；

6）项目所在地区的经济结构、人口及其就业状况、就学条件、基础设施情况、地区内的重点开发区域、同类竞争物业的供给情况；

7）项目所在地区的对外开放程度和国际经济合作的情况，对外贸易和外商投资的发展情况；

8）与特定房地产开发类型和开发地点相关因素的调研；

9）财政收支；

10）其他相关因素调研。

（2）政策法律环境调研

政治法律环境，包括国家法律法规的健全、完善程度，新制定的法律、法规，国际政治局势的稳定程度，其主要调研内容包括：

1）国家、省、市有关房地产开发经营的方针政策。如房改政策、开发区政策、房地产价格政策、房地产税收政策、房地产金融政策、土地制度和土地政策、税收政策等；

2）国家大政方针，如产业政策、金融政策、财政政策、人口政策等；

3）有关国民经济社会发展计划、发展按区域规划、土地利用总体规划、城市建设规划城市发展战略等；

4）有关房地产开发经营的法律规定，如《房地产开发经营管理条例》、《中华人民共和国土地管理法》等；与房地产开发有一定关联的法律，如《城市规划法》、《环境保护法》、《合同法》等；

5）国内、国际政治局势的变化，政府的重大人事变动等。

（3）社会文化环境调研

社会文化环境主要是居民的生活习惯、生活方式、消费理念、消费心理及对生活的态度、人生的价值取向等。它在很大程度上决定人们的价值观念和购买行为，也影响着房地产消费者购买房地产产品的动机、种类、方式。文化环境调研的内容主要包括：

1）消费者职业构成、教育程度、文化水平等；

2）消费者家庭生活习惯、审美观念及价值取向等；

3）消费者人口规模及构成；

4）消费者民族与宗教信仰、社会风俗习惯等。

另外，宏观环境还包括行业环境、技术环境以及对城市发展概况的描述等。

2. 房地产市场专题调研

房地产市场专题方面的调研主要是指要对房地产进行全局把握，对房地产市场上的供需状况、房地产市场上的消费者和消费者行为、房地产市场价格、房地产产品，房地产市场总体的竞争状况进行充分调研，以了解整个房地产市场。

（1）房地产市场供求调研

市场供求情况的调研目的，是要进一步发现企业的潜在市场和各类商品房屋的潜在销售量，也就是要弄清还有哪些类型的市场可以开发和占领。市场供求情况的调研包括以下几项：

1）调查了解本地区各类房地产开发经营企业多年来开发竣工的各类房屋数量，近期内竣工房屋投入市场的数量、种类、档次和时间，目前待销售的各类房屋数量、档次、价格；近期内各种类各档次屋宇满足社会需求的程度，整个房地产市场的基本态势是供不应求还是供过于求，以便确定是否进入本地市场或是否进一步扩大在本地的开发规模；

2）调查了解现有各类物业的营业状况、利用程度、经营收益和盈利情况，以便分析还有哪些是没有被开发占领的市场、供给不足或还未达到饱和点的市场，确定究竟盖商业楼还是写字楼或住宅楼，什么档次的楼宇更易销售和利润更高。这方面市场调查必须落实到对某一具体的物业类型和开发项目所在地区的物业市场情况的分析；

3）了解本地区各类房屋、市政工程和各类配套工程的造价变化趋势和各地段、各类功能商品房的市场销售价格或出租价格的变动趋势，这既是分析市场供求状况的重要依据，也是估计自己进入市场的承受能力的基本依据；

4）了解房屋开发建设和消费的社会化程度及其对房地产需求的影响。一个地区对各类房屋需求，既可由房地产开发商开发建设予以满足，也可由各单位自购土地自建得到满足。房屋消费社会化程度既取决于单位规模大小，也取决于房地产开发企业的竞争力。对这些因素的准确了解，能确定房地产的市场需求。

在进行房地产市场供求状况调研时，市场的供需状况有一些相关指标可以进行衡量，通过这些指标我们可以更好地了解市场供求的状况，在实际的操作过程中，我们应该对这些指标进行关注，主要包括：

1）销售量。是指报告期内销售房屋的数量，单位为建筑面积或套数。在统计过程中，可按物业类型、存量房屋和新建房屋分别统计。我国房地产开发统计中采用的是实际销售面积，指报告期已竣工的房屋面积中已正式交付给购房者或已签订（正式）销售合同的商品房屋面积。不包括已签订预售合同正在建设的商品房屋面积，但包括报告期或报告期以前签订了预售合同，在报告期又竣工的商品房屋面积；

2）出租量。是指报告期内出租房屋的数量，单位为建筑面积或套数。在统计过程中，可按房屋类型和新建房屋分别统计。我国房地产开发统计中的出租面积，是指在报告期期末房屋开发单位出租的商品房屋的全部面积；

3）吸纳量。是指报告期内销售和出租房屋的数量之和，单位为建筑面积或套数。实际统计过程中，可按销售或出租、存量房屋和新建房屋、不同物业类型等分别统计；

4）吸纳率。是指报告期内吸纳量占同期可供租售量的比例，以百分数表示，有季度吸纳率、年吸纳率等。实际计算过程中，可按销售或出租、存量房屋和新建房屋、不同物业类型等分别计算；

5）吸纳周期。是指按报告期内的吸纳速度（单位时间内的吸纳量）计算，同期可供租售量可以全部被市场吸纳所需要花费的时间，单位为年、季度或月，在数量上等于吸纳率的倒数。在计算过程中，可按销售或出租、存量房屋和新建房屋、不同物业类型等分别计算。在新建商品房销售市场，吸纳周期又称为销售周期；

6）预售面积。是指报告期末仍未竣工交付使用，但已签订预售合同的正在建设的商品房屋面积；

7）房地产价格指数。是指反映一定时期内房地产价格变动趋势和程度的相对数，包括房屋销售价格指数、房屋租赁价格指数和土地交易价格指数。我国目前的各类房地产价格指数，通常基于平均价格；

8）房地产租金。是指报告期房地产市场中的租金水平，通常用不同类型房屋的中位数租金表示。中国现有房地产租金统计，是基于各类物业平均租金的统计。

（2）消费者和消费者行为调研

产品是否适销对路关系到企业的生存和发展。企业开发的房地产商品要能适销对路，必须时刻关注消费者需求动向。消费者和消费者行为的调研主要包括消费者类别（个人或企业、社会团体、民族、性别、年龄、职业、爱好、所在地区等）、购买能力（如收入水平、消费水平、消费结构、资金来源、用户的财务状况等）、消费者的购买欲望和购买动机（什么因素影响购买者的购买决策，消费者不愿购买本企业产品的原因及其对其他企业生产地同类产品的态度）、主要购买者、最忠实的购买者、使用者、新产品的首用者，购买的决策者、消费者的购买习惯（如购买地点、时间、数量、品牌、挑选方式、支付方式等）。调查消费者的情况及其购买行为，主要目的在于使企业掌握消费者的爱好、心理、购买动机、习惯等，以便正确细分市场和选择目标市场，针对不同的消费者和市场，采取不同的市场营销策略。具体来说对于消费者和消费者行为的调研可以从以下几个方面进行：

1）调查了解房屋楼宇购买者或承租者在购买或租用后的印象，对屋宇是否满意，满意或不满意的原因是什么。了解这些情况，不仅有利于改善企业经营管理和售后服务，而且现有用户的意见往往在一定程度上反映其对不同开发企业、不同设计、式样、档次、位置、价格的房屋比较和偏好倾向，也在一定程度上反映了部分潜在消费者的意向和看法。这些都是房地产开发决策必须认真考虑的因素；

2）调查了解房屋销售对象的情况。企业开发建设的各类房屋楼宇总是提供给某些特定人群和阶层的，为此企业应当了解这些人群或阶层的需求满足情况，他们的收入水平和支付能力，不同人群对各类房屋平面布置的设计、建筑式样、质量档次、尺寸标准、所处地段、层次、造价水平、室内设施及功能的要求也不相同，以便开发建设适合不同人群和阶层需要的房屋，对潜在消费者进行调查和发现；

3）通过调查掌握本市人口增长情况、人口流动性变化、户型变化动向、居民居住水平、居住困难户数、现有各类物业分布情况、营业状况、利用程度、扩大经营潜力等情况，估计市场潜力；有多少家庭需改善（并且有能力改善）居住条件，有多少新的公司单位需租用或购买屋宇，有多少人将经营宾馆饭店或批发零售贸易，需要多少（面积、套数）不同类型的房屋。对潜在消费者的调查和发现，是制订开发计划和正确决策的重要依据。

（3）房地产市场营销活动调研

市场竞争对于房地产市场企业制定市场营销策略有着重要的影响。因此，企业在制定各种重要的市场营销决策之前，必须认真调查和研究竞争对手可能做出的种种反应，并时刻注意竞争者的各种动向。房地产市场竞争情况的调研内容主要包括竞争者的调查分析（如竞争者数量和名称、生产能力、生产方式、技术水平、产品的市场份额、销售量及销售地区，竞争者的价格政策、销售渠道、促销策略以及其他竞争策略和手段，竞争者所处地理位置和交通运输条件、新产品开发和企业的特长等）、竞争产品的调查分析（如竞争产品的品质、性能、用途、规格、式样、设计、包装、价格、交货期等）。具体来说可以从以下几个方面进行市场竞争情况的调研：

1）竞争者及潜在竞争者（以下统称为竞争者）的实力和经营管理优劣势调研；

2）对竞争者的商品房设计、室内布置、建材及附属设备选择、服务优缺点的调研及分析；

3）对竞争者商品房价格的调研和定价情况的研究；

4）对竞争者广告的监视和广告费用、广告策略的研究；

5）对竞争情况、销售渠道使用情况的调研和分析；

6）对未来竞争情况的分析与估计等；

7）整个城市，尤其是同（类）街区同类型产品的供给量和在市场上的销售量，本企业和竞争者的市场占有率；

8）竞争性新产品的投入时机和租售绩效及其发展动向。

（4）房地产市场营销因素调研

房地产市场因素调研，包括产品调研、价格调研、分销渠道调研和促销策略调研四种类型。

1）房地产产品调研

企业营销活动的最终目的是通过生产适销对路的产品来满足消费者的需求。在产品开始生产之前，就应对产品的市场适应性进行调研。主要包括以下几个方面的调研：

①房地产市场上现有的各类商品房的数量（包括面积和总套数）、质量、性能、市场生命周期。

②房地产业主和租售客户对商品房环境、功能、质量、格局和服务的意见，对特定房地产产品的接受程度。

③新产品、新材料、新技术在商品房中的应用及市场反映。

④特定房地产产品的市场占有率及渗透力。

⑤规划设计及施工企业的相关情况。

2）房地产价格调研

企业定价策略是市场营销策略中最难确定的部分，对企业产品的销售和企业的获利有着重要的影响，注重产品价格的调研，对于企业制定正确的价格策略和科学、合理地确定营销价格有着重要的作用。

①影响房地产价格变化的因素，特别是政府价格政策对房地产企业定价的影响。

②房地产市场供求情况的变化趋势。

③房地产商品价格需求弹性和供给弹性的大小。

④开发商各种不同的价格策略和定价方法对房地产租售的影响。

⑤国际、国内相关房地产市场的价格。

⑥开发个案所在城市及街区房地产市场价格。

⑦价格变动后消费者和开发商的反应。

3）分销渠道调研

分销渠道是产品从生产者向消费者或用户转移过程中经过的通道，是企业产品通向市场的生命线，是企业的巨大财富与无形资产。分销渠道策略是营销活动的重要组成部分之一，合理的分销渠道可使产品及时、安全、经济地经过必要的环节和路线，以最低的成本、最短的时间实现最大的价值。因此，分销渠道的调研也是营销调研的一项重要内容。

①房地产营销渠道的选择、控制和调整情况。

②房地产市场营销方式的采用情况、发展趋势及其原因。

③租售代理商的数量、素质及其租售代理的情况。

④房地产租售客户对租售代理商的评价。

4）促销策略调研

促销是营销者与购买者之间的信息沟通与传递活动。促销的目的是激发消费者的购买欲望，影响和促成消费者的购买行为，扩大产品的销售，增加企业的效益。促销调研就是对企业在产品促销过程中所采取的各种促销方法的有效性进行测试和评价。

①广告促销调研

在所有促销活动中，广告被公认是效果好、影响面广的一种形式，它被消费者广泛接受，而且对消费者购买动机的形成有重要的促进使用。调研内容包括广告制作调研、媒体选择调研及广告效果调研。广告引起什么人、多少人的注意，给哪部分人留下的印象最深；广告是否引起观众的兴趣；广告给观众一个什么样的商品形象；看过广告后观众是否产生购买欲望。

②人员促销调研

主要是推销方式和效果的调研。如展销会、洽谈会等推销方式效果的调研。

③营业推广活动的调研

主要调研内容包括：优惠、赠品、有奖销售、现场演示等推广活动推出后，消费者的反应是否积极、有多少消费者在促销活动后改用本产品、改用后的反应程度如何、市场占有率有否发生变化等。

房地产商品生产是为了交换而进行的，而要使交换取得成功，产品就必须对消费者有用，这就要知道消费者的具体需要，而要知道消费者需要什么，就必须进行市场调查。房地产市场调查是一个发展过程。随着商品经济的不断发展，一方面房地产市场商品数量大量增加，房屋类型日趋复杂；另一方面房地产市场需求越来越大，变化越来越快。这样，为了了解和掌握房地产市场需求和竞争情况，房地产市场调研就得有相应的发展，离开市场调研，不掌握房地产市场信息，企业就无法生存。

1.2 房地产市场调研程序

房地产市场调研的程序，是指从调研准备到调研结束的全过程工作的先后次序。市场调查无论采用哪一种形式，进行哪一方面内容的调查，都是一次有组织有计划的行动。由于房地产市场的特殊性，市场调查活动涉及面很广，所要调查的问题复杂且很细致，因此，调查工作要分阶段有步骤地展开。一般来说，房地产市场调研的程序可以分为四个阶段，包括13个方面的内容：准备阶段、调查阶段、分析研究阶段、整理归档阶段(图1-1)。

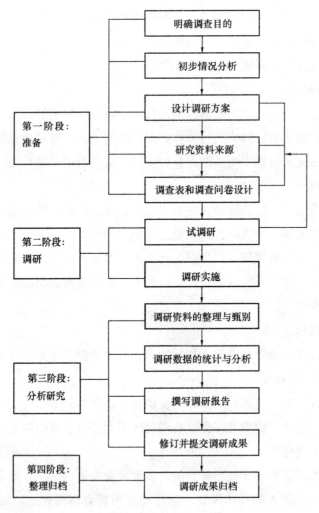

图 1-1　市场调研程序框图

■ 1.2.1　准备阶段

主要包括明确调研目的、分析初步情况、设计调研方案、确定资料来源，确定资料收集方法、设计调查表及调查问卷等内容。

1. 确定调查目标

市场调查必须首先确定调查的目标和调查的范围，目标必须是企业迫切需要解决的问题，或者为企业重大经营决策提供佐证材料。目标确立好就可确定调查范围。只有当研究的问题被仔细、准确地定义后，才能设计研究计划，获取切合实际的信息。每一个项目应有一个或多个目标，在这些目标被明确建立之前，是无法进行下一步研究的。如房地产开发公司欲兴建楼宇，此楼宇是用做宾馆、酒楼，还是做写字楼？这是要调查的目的。如用作写字楼，就应调查房地产市场中写字楼的情况，调查它们的投资情况，调查它们的盈利情况，在广泛调查的基础上才能决定取舍。

2. 分析初步情况

目标确定之后，暂时还不能展开正式调查。调查人员首先要摸清本企业内部情况，如企业近年经营状况、近年房地产开发情况、盈利情况、资金准备情况、开发能力、年度总结报告、专题报告、财务决算等；同时也要搞清企业外部情况，如国家政府的法规政策、宏观导向、城市规划要求、拟建地点城市基础设施情况、同类房地产的调查报告，有关文献、资料的记载，特别是近期市场供需情况等。以上工作即称为初步情况分析。

3. 设计调研方案

根据前面的信息、资料收集以及上面初步调研的结果，可以提出调研的命题，确定调研方法，制定并实施调研计划。房地产市场调研方案是对某项调研本身的设计，目的是为了调研有秩序、有目的地进行，它是指导房地产调研实施的依据，对于大型的房地产市场调研显得更为重要。调研方案设计的内容如下：

（1）为完成调研的课题需要收集哪些信息资料。

（2）怎样运用数据分析问题。

（3）明确获得答案及证实答案的做法。

（4）信息资料从哪里取得，用什么方法取得。

（5）评价方案设计的可行性及核算费用。

（6）方案进一步实施的准备工作。

4. 明确资料来源

房地产市场调研所需要的资料，可分为两类：初级资料（或是原始资料），指需要通过实地调研才能取得的资料，并且专为某项计划而搜集或试验的。搜集这部分资料所花的时间较长，费用较大；次级资料（或是二手资料），指原始资料经过整理后形成的可为他人利用的资料。取得这部分资料比较容易，费用也较少。在实际调研的过程中，应当根据调研方案提出的内容，尽可能组织调研人员收集二手资料，以节省人力、财力。同时，为解决问题所需的资料并不能完全从二手资料中获得，研究必须以原始资料为基础。收集资料，必须保证资料的时效性、准确性和可靠性。

5. 确定资料收集方法

原始资料的收集方法可包括访问法、观察法和实验法等。原始资料的收集过程中，必须进行对调研样本的设计和样本在房地产市场调研中的采集，广泛采用抽样调查法获得原始资料。研究人员在样本设计过程中必须考虑调研总体、样本单位、抽样设计和样本规模等。二手资料的收集可以由调研人员从企业内部或外部收集或购买。

6. 设计调查表及调研问卷

调查表是市场调研中的一种常用的调研工具。调查表也称为问卷，是根据调研的目的所设计的反映具体调研内容的文卷。调查表设计得是否科学、合理，直接关系到调研结果的质量，决定着市场调研的成效。调查表设计总的要求是"四易"，即易于回答、易于记录、易于整理、易于辨别真伪。具体来说，调查表应当主题突出，紧凑关联；形式多样，易读易懂；设计严密，用于标准；编码规范，便于管理。问题是调查表的核心，在设计调查表时，必须对问题做精心的设计。在调查表中，同样一个问题，因提问的角度或做答的方式不同，所表达的含义相差甚远。因此，在提问和做答方式的设计，关系到调研人员与被调研者之间信息的相互传递是否明确。调查表设计应注意，提问要具体、客观、准确，备选答案要完整并互斥。

一项房地产市场调研工作至少应设计以下四种调查表格：

（1）当地房地产资源统计表，包括房地产分布、面积、类型、单位价格、单位总价、开发程度、居住密度、交易情况和规模、使用期限、抵押保险、政策限制、竞争程度、发展远景、其他具体情况和调研日期等项目。

（2）房地产出租市场统计表，包括出租房地产名称、所在地区、出租面积、租金水平、出租房的类型和等级、室内设备状况（暖气、煤气、电话、家用电器、厨卫设备）、环境条件（影响出租市场的最大因素）、具体房东记录、房地产出租公司的资料和调研日期等项目。

（3）房地产出售统计表，包括已售和待售房地产的名称、地区、房地产开发商、数量、结构类型、成交期、成交条件（预付款、贷款额和利率、偿还约束、其他附加条款等）、出售时的房龄和状况、客户资料和调研日期等项目。

（4）房地产个案市场调研分析表，包括个案名称、区位、投资公司、产品规划、推出日期、入住日期、基地面积、建筑密度、土地使用年限、单位售价、付款方式、产品特色、销售策略、客源分析、媒体广告、调查日期等项目。房地产市场调研中普遍采用抽样调研，即从被调研总体中选择部分样本进行调研，并用样本特性推断总体特性。在实地调研前，调研人员应该选择决定抽查的对象、方法和样本的大小。一旦明确下来，参加实施的调研人员必须严格按照抽样设计的要求进行工作，以保证调研质量。

1.2.2 调研阶段

主要包括试调研和调研实施等内容。

1. 试调研

试调研是任何一类实质性研究的一个至关重要的部分，是一个真正调研项目的缩影。问卷设计的质量如何需要以试调研来检验。试调研常采用小规模问卷调研的形式进行，用来检验问卷设计中始料未及的缺漏，以便修正，并同时与客户讨论再修改后，才可定下正式问卷。试调研的另一个意义是训练没有经验的调研员，以便使调研员对实际调研工作有一个初步的准备（包括心理上的），有一个熟悉的过程。

2．调研实施

调研实施阶段包括调查、整理、分析和总结三个环节，是市场调研工作的中心。首先对调查资料进行审核，审核其完整性、及时性、准确性；对次级资料进行甄别，判定资料的可靠程度和评价资料的可利用程度。然后确定整理的组织形式和方法，整理出系统化的、条理化的综合资料；分析和总结，房地产开发企业采用定性和定量分析相结合、动态与静态分析相结合、经济分析与统计分析相结合，最后推理判断、做出正确结论。

1.2.3　分析研究阶段

主要包括调研资料的整理与甄别验证、调研数据的统计与分析、撰写调研报告，以及修订并提交调研成果等内容。

1．调研资料的整理与甄别验证

对市场调研的两类资料进行整理分析，有助于了解整个市场的宏观信息。两类资料在市场调研过程中缺一不可，相互补充。如何将一大堆原始数据变成有条理的信息需要经过整理和甄别验证。具体包括三项内容：检验所有问卷的完整性；检验访问工作的质量；检验有效问卷的份数是否符合调研方案要求达到的比例。

调研资料的整理是市场调研的继续，是市场调研分析的基础。因此我们必须重视市场调研资料的整理工作。调研资料整理的步骤如下：

（1）调研资料整理的步骤：

调研资料整理的步骤如图 1-2 所示。

图 1-2　调研资料整理的步骤

（2）市场调研资料分组

市场调研资料分组是根据市场调研研究的目的、要求及现象的内在特点，将总体按照一定的标志划分为若干个性质不同的组成部分的一种市场调研方法。

总体的各个组成部分称为"组"。分组使不同性质的单位分开，性质相同的单位归并在一起，以便进一步运用各种市场调研方法来研究现象的数量特征。

（3）市场调研资料的编码与录入

编码是指对一个问题的不同答案确定相应数字代码的过程，以便数据的分组与后期分析。在进行调研数据资料录入之前，必须首先制定编码方案。所谓编码方案就是一组将原始资料转化为容易为计算机判读的数字规则，即何种数字代表何种回答或资料。例如对漏答或无效回答的问题，一定要分配以特定的编码，以保持原始资料的完整性，并为以后在统计分析时能很好的识别它们；对开放式问题的处理则要先分类后编码，分类应是互相独立和穷尽的。超出编码范围的部分作为"其他"处理。

录入的任务是及时将编码录入到计算机里，这一环节要求做到准确无误。

2. 调研数据的统计和分析

进行资料分析，可以使用的方法很多，调研人员必须先选择分析方法，才能对调研结果作出正确的分析和解释。数据分析包括对采用的抽样方法进行统计检验，以及对数据的编辑、编码和制表。编辑就是对问卷进行纵览的过程，以保证问卷的完整、连续；编码就是对问卷加以编号，以使资料更好地发挥分析作用；制表就是根据某种制表对观察得到的数据进行交叉分类。

3. 撰写调研报告

调研报告是整个调研工作，包括计划、实施、收集、整理等一系列过程的总结，是最重要的书面结果之一，其目的是将调研结果、战略性的建议以及其他结果传递给管理人员或其他担任专门职务的人员。因此，认真撰写房地产市场调研报告，准确分析调研结果，明确给出调研结论，是报告撰写者的责任。调研报告包括调研目的、调研方法、调研结果、调研结论、建议和对策。调研报告的内容应科学简要、突出重点，结论必须是逻辑性强、具有说服力，能为房地产企业营销活动提供依据。调查报告应及时做出以保证实效，并且注意保密。调研报告还应用相片、图片、统计图表和原始资料配合文字说明。

4. 修订并提交调研成果

调研报告要如实反映市场情况和问题，对报告中引用的事例和数据资料，要反复核实，必须准确可靠。提出调查报告后，调查工作并没有最后完结，调查人员还要追踪了解调查报告是否被采纳，还有哪些尚需补充的问题，有责任向使用者提供进一步的情况以便决策时参考，进行报告的修订完善工作。

5. 整理归档阶段

房地产市场调研的全过程结束后，应该对调研过程中形成的各种原始资料、二手资料、整理资料和调研报告等成果进行归档，为以后的调研工作总结经验，同时完善同一类型市场的资料库，方便以后的信息查找。

1.3 房地产市场调研报告撰写

房地产市场调研报告，是房地产市场调研人员以书面形式，向使用者提供的调研结论和建议。它是一种陈述性和说明性结合的文体，在语言运用、篇章结构等各方面有它独特的写作要求。调研报告是调研人员对某种事物或问题进行深入细致的调研后，经过认真分析研究而写成的一种书面报告，是市场调研工作的最终成果的集中体现。调研报告在市场调研中承担着重要的责任，它使得调研成果被组织整理成一种有逻辑顺序的形式，它为企业各部门的决策者提供数据支持和理论依据，它为企业恰当的市场活动提供导向。

1.3.1 撰写调研报告要求

1. 调研报告的基本要求

（1）实事求是

调研报告作为调研的成果总结的表达形式，最基本的要求就是要尊重事实。主要是要求尽可能地深入调研，力求弄清事实，找出原因，反映事物的本来面目。尽可能地将数字做实，排除虚假资料。由于实事求是的要求，在调研报告中不虚报数字的同时更应该完整地呈现所有结果。

（2）易于理解

调研报告作为决策依据，将广泛地被阅读，这就要求调研报告遵循一定的逻辑顺序、结构清晰、主题明确、内容清晰。

（3）简洁

作为调研报告的阅读者，往往不愿意花大把时间去看他不关心的事务，这就要求调研报告的篇幅尽量不要过长，还要把要点放在最前面，使得阅读者可以自行决定阅读的部分。

（4）有针对性

每一次独立的市场调研都有其针对性，调研报告作为其体现形式，针对性更是不可或缺的。针对性指的是撰写调研报告时目的明确，目标性强，把握重点，围绕主题展开论述。

（5）中立性

调研报告中尽量避免带入调研者的主观情绪，将事实完整地呈现出来，由决策者再去提炼分析。在报告中作者应该阐明调研的局限性以及不完美的地方，以保证报告的中立。调研报告是一种特殊说明文，表达方式是在写作中运用语言反映客观事物的方法。调研报告的表达方式以说明为主。"说明"在调研报告中的主要作用是将研究对象及其存在问题产生的原因、程度以及解决问题的办法解释清楚，使读者了解、认识和信服。在报告中不论是陈述情况、介绍背景，还是总结经验、罗列问题、分析原因以及反映事物细节、特征和状况等，都要加以说明，即使提出建议和措施也要对其进行说明。

2. 房地产市场调研报告的撰写原则

（1）以调研目的为核心的原则

房地产开发企业在决策过程中，土地开发潜力分析、投资可行性研究、营销策划、销售规划、广告推广计划、规划方案设计等，都是以市场调研为基础的。市场调研要明确调研目的，不同目的的调研其内容不一样，得到的结论不一样。因此应以调研目的为核心撰写调研报告。

（2）前后逻辑合理的原则

房地产市场调研是对相关的市场信息进行系统的收集、整理、记录和分析，进而对房地产市场进行研究和预测的过程。这要求调研报告前后应当互相承接，逻辑合理，结论是基于调研基础上的判断和预测。若前后矛盾，逻辑错误，结论也就不可信，对企业决策没有参考价值。

（3）层次鲜明性原则

房地产调研涉及的信息量巨大，需要在报告中表现出来的内容繁多，若不加整理分层，会使内容混乱，不利于报告使用者抓住重点。这就需要调研报告层次鲜明，让报告使用者对整个调研过程和相关信息一目了然，从而增强调研结论的可信度。

（4）图文并茂的原则

市场调研过程会涉及大量数据信息，光以文字的形式表示往往不能表现数据的全貌和规律。图文并茂强调调研中获得的各种数据信息不但要以文字的形式表示出来，还应当配合一定的图表，使数据的整理和分析显现得更加清晰。尤其是进行定量分析的信息，更应该通过图表表现结果。

1.3.2 调研报告基本结构

调研分析报告一般由标题、概要、正文、附录文件等几部分构成。

1. 标题

（1）标题的要求

标题就是调研报告的题目，由报告内容来决定，标题是画龙点睛之笔。它必须准确揭示调研报告的主题思想，做到题文相符，高度概括，具有较强的吸引力。

（2）标题的写法

标题的写法灵活多样，一般有两种：单标题与双标题。单标题就是调研报告只有一行的标题，一般是通过标题把被调研单位和调研内容明确而具体地表现出来。双标题就是调研报告有两行标题，采用正、副标题形式，一般正标题表达调研主题，副标题用于补充说明调研对象和主要内容。由于这种标题形式优点很多，正标题突出主题，副标题交代形势、背景，有时还可以烘托气氛，二者互相补充，因此成为调研分析报告中最常用的形式之一。

（3）标题的形式

标题的形式有三种。"直叙式"的标题，即反映调研意向或调研项目、或是地点的标题。这种标题简明、客观，一般调研报告多采用这种标题。"表明观点式"的标题，即直接阐明作者的观点、看法，或对事物进行判断、评价。"提出问题式"，即以设问、反问等形式，突出问题的焦点和尖锐性，吸引读者，促使读者思考。

2. 概要

概要，即调查报告的内容摘要，主要包括以下三方面内容：第一，简要说明调查目的，即简要说明调查的原因；第二，简要介绍调查的对象和调查内容，包括调查时间、地点、对象、范围、调查要点及所要解答的问题；第三，简要介绍调查研究的方法，这有助于确信调查结果的可靠性，并说明选用该方法的原因。

3. 正文

正文是调查报告的主要部分。正文应依据调研内容充分展开，它是一份完整的市场调研报告。一般来说，报告正文包括五个主要部分：引言、研究方法、调研成果、限制条件、结尾。

（1）引言

这一部分通常包括进行这项调研的原因、背景、工作范围、要达到的目的以及所作的假设。该部分的目的主要使阅读者了解实情的概况，引导他们进入下面的分析。

（2）研究方法

介绍研究方法是使阅读者分析辨别调研结果的可靠性，通常对所用的研究方法进行简短的陈述，并说明选择此方法的原因。这部分通常包括整体方案和技术方案的执行结果评价，特别是关于调研对象选择、问题的设计与依据、收集资料方式及调研时间等调研方法给予评价。

（3）调研成果

此部分为调研报告的核心部分，主要陈述通过调研了解到的事实，分析说明被调研对象的产生、发展和变化的过程。通常分为基本情况和分析两大部分：基本情况部分要真实地反映客观事实，对调研作客观的介绍说明；分析部分通过分析，了解真相，说明问题甚至找出解决途径。调研成果的写作要求言之有理，简练准确。每层意思可以用另起一段的方式处理，而不需要刻意注意文字的华丽与承接关系，但逻辑性要强，要把报告作为一个整体来处理。

（4）限制条件

阐明限制条件是为了达到调研报告中立性的要求。调研受时间、区域的影响会有一定的误差和局限性，被调研对象的影响也是制约调研的主要因素。

（5）结尾

结尾部分是调查报告的结束语。结束语一般有三种形式：①概括全文，综合说明调查报告的主要观点，深化文章的主题；②形成结论，在对真实资料进行深入细致的科学分析的基础上，得出报告结论；③提出看法和建议，通过分析形成对事物的看法，在此基础上提出建议或可行性方案。

4. 附录文件

调研报告的附件是指调研报告正文包含不了或没有提交，但与正文有关的材料，是对正文报告的补充或更详尽的说明。市场调研报告的附件往往是大量的，它可能要包括一系列附件，以专门地说明某一个技术性问题，或与正文结论不尽相同的可供选择的解释等。例如，数据的总汇表、统计公式或参数选择的依据，与本调研题目相关的整体环境资料或有直接对比意义的完整数据等，均可单独称为报告的附件。

关于市场调研报告的内容的纲要，以下市场报告大纲可作参考：

一、导言

1. 标题、扉页

2. 前言

（1）报告根据

（2）调研的目的与范围

（3）使用的方法

（4）致谢

3. 目录表

二、报告主体

1. 详细目的

2. 详细的解释方法

3. 调研结果的描述与解释

4. 调研结果与结论的摘要

5. 建议

三、附件

1. 样本的分配

2. 图表

3. 附录

1.3.3 房地产市场调研报告实训总述

在前面几节的内容中我们分别介绍了房地产市场宏观调研的内容、调研方法，也着重介绍了房地产市场宏观调研的程序和房地产市场资料的搜集整理过程。我们在初步了解了房地产市场宏观调研报告的基本结构之后，就应该结合实训的目的着手实际项目的调研报告的撰写。本节将前面的内容融合在具体的报告撰写过程中。

在这里首先给出一个样本报告，具体来说报告分为两个部分：一是调查设计与组织实施；二是调查数据资料汇总与分析。

样本报告目录：

第一部分 调查设计与组织实施

一、调查设计

（一）调查目的

（二）调查内容

（三）调查方法

二、调查组织与实施

第二部分 调查数据资料汇总与分析

一、宏观环境调研与分析

（一）城市宏观环境分析

（二）区域房地产市场现状

二、项目自身情况调研——项目的整体研究与特性分析

三、市场抽样调研说明

（一）市场抽样调研方法说明

（二）市场抽样样本选择说明

（三）市场抽样调研问卷发放与回收统计情况说明

四、分项数据统计与分析

（一）需求意向

（二）需求偏好

（三）针对性需求

（四）购买力

（五）客户群体特征

（六）统计数据汇总分析

五、市场抽样调研综合评析

（一）地域住宅消费心理特点分析

（二）项目目标客户群初步定位分析

（三）项目产品初步定位分析

给出了房地产市场宏观调研报告的一个样本目录之后，可以大致了解房地产市场调研报告实训的内容。然而在实际的撰写报告过程中，我们要结合前面介绍的调研流程、调研方法将报告内容充实，以达到充分了解市场的目的，使整个调研报告更加真实可信。具体来说：

第一部分 调查设计与组织实施

一、调查设计

（一）调查目的

（二）调查内容

1.××市宏观环境的调查

（1）宏观经济及城市发展规划

（2）××房地产现状

2.项目自身情况调查

（1）产品的整体研究与特性分析

（2）项目的地理位置（区域特性、区域交通状况、项目周围环境）

（3）产品公司组成（开发商、设计单位、承建单位、策划公司、物业公司）

3.需求市场调查

（1）未来三年内市民置业意向

（2）购买偏好（地段、价位、户型与结构、面积、建筑风格设计、装修档次、配套设施重要性等方面）

（3）购买决策（决策参与、决策影响因素、信息渠道的重要性排序）

（4）购买行为（适宜置业时期、销售行为主动性、付款方式）

（5）价格支付能力（单价、总款、月还款）

（6）对物业配套的需求

（7）购买人群

4.竞争市场调查（个案对比）

（1）基本情况

1）楼盘位置、占地面积、总建筑面积、开发商、总投资、开工竣工日期、容积率

2）类别、档次及整体布局

3）装修材料、水平

4）硬件设备

5）配套服务功能及功能分区

6）公开销售日期

7）销售价格、开发期价格的变化情况、销售率

8）付款方式、银行按揭安排

9）车位配备

10）物业管理公司及费用

（2）营销策略

1）目标客户选择决策

2）市场定位与宣传重点

3）营销组合策略

（三）调查方法

1. 宏观调查

专项数据资料收集与分析。

2. 项目自身情况调查

项目现场考察、有关人员访谈以及相关资料收集整理。

3. 市场抽样调查

（1）专项访谈问卷

（2）抽样数据统计与分析

4. 竞争市场调查

现场踩点调查与深度访谈。

二、调查组织与实施

建议采用时间计划表的形式表述。

第二部分　调查数据资料汇总与分析

一、宏观环境调研与分析

（一）城市宏观环境分析

（二）区域房地产市场现状

二、项目自身情况调研——项目的整体研究与特性分析

（一）项目地理位置

优势：

（1）区位优势：

（2）配套优势：

（3）规模优势：

（4）人文优势：

（5）其他优势：

不足：

（二）发展商情况

优势：

不足：

（三）项目市场分析

优势：

不足：

三、市场抽样调研说明

（一）市场抽样调研方法说明

（二）市场抽样样本选择说明

（三）市场抽样调研问卷发放与回收统计情况说明

四、分项数据统计与分析

（具体分项以市场调研问卷设置为准，一般包括如下六大项）

（一）需求意向

（二）需求偏好

（三）针对性需求

（四）购买力

（五）客户群体特征

（六）统计数据汇总分析

五、市场抽样调研综合评析

（一）地域住宅消费心理特点分析

（二）项目目标客户群初步定位分析

（三）项目产品初步定位分析

1.4 实训作业

依据上面给出的房地产市场调研报告样本完成"××××——××国际华城项目"的市场调研报告。

"××××——××国际华城项目"是唯一位于某市并拥有一线开阔湖景的精装修服务式湖景别墅项目。公寓部分将成为依托于整个别墅项目形象之内的精装修全配套服务式湖景公寓。

我们对本案考虑的出发点：

××国际华城是一个极具稀缺优势的住宅项目，在未来已不太可能再出现类似的位于某市境内、直接邻湖、没有 200 米退界要求的稀缺别墅，具有不可复制性。基于如此稀缺的优势，我们认为，该项目将可以考虑塑造成为：某市唯一之临湖岸五星级酒店式服务别墅，配套五星级酒店及服务式公寓。

上述定位的基础元素除了景观优势之外，还需具备重要元素：

①国际品牌和国际品位的硬件配置——别墅附带国际标准精装修，公寓附带国际标准精装修及家具、家电。②塑造成上海屈指可数的休闲型别墅的软件配置——旁边的酒店地块需确定一家国际高端品牌的酒店经营管理品牌，该品牌除了运营酒店和会所之外，同时为整个项目的别墅和公寓部分提供可供选择的酒店式增值服务。因而，如何充分利用好这一稀缺资源，使项目的稀缺价值最大化，以创造资产价值最大化，将成为撰写本报告的出发点。

思　考　题

1. 简述房地产市场调研内容？
2. 简述房地产市场调研的步骤以及具体内容？
3. 简述房地产市场资料整理的具体步骤？
4. 简述房地产市场宏观调研报告的基本结构？

第 2 章　房地产建设规划与建筑识图实训

【实训目的】

　　房地产建设规划和建筑识图是房地产专业领域的基础性知识，本章实训将增强学员房地产规划建设方面的应用能力。

【实训要求】

　　学生要了解一些常用术语、城市规划和居住区规划的内容、常见建筑施工图，在此基础上熟悉城市规划和居住区规划的原则，并能基本看懂常见建筑图。

【实训内容】

　　(1) 常用规划术语解读；

　　(2) 城市规划设计和居住区规划设计的相关内容、原则和流程掌握；

　　(3) 建筑总平面图、平面图、立面图、剖面图和建筑详图的绘制要素和识读方法。

2.1　房地产建设规划

2.1.1　规划常用术语的掌握

　　居民点 (settlement)：人类按照生产和生活需要而形成的集聚定居地点，按性质和人口规模，居民点分为城市和乡村两大类。

　　城市用地 (urban land)：按城市中土地使用的主要性质划分的居住用地、公共设施用地、工业用地、仓储用地、对外交通用地、道路广场用地、市政公用设施用地、绿地、特殊用地、水域和其他用地的统称。

　　居住用地 (residential land)：在城市中包括住宅及相当于居住小区级以下的公共服务设施，道路和绿地等设施的建设用地。

公共设施用地（public facilities）：城市中为社会服务的行政、经济、文化、教育、卫生、体育、科研及设计等机构或设施的建设用地。

工业用地（industrial land）：城市中工矿企业的生产车间、库房、堆场、构筑物及其附属设施（包括其专用的铁路、码头和道路等）的建设用地。

仓储用地（warehouse land）：城市中仓储企业的库房，堆场和包装加工车间及其附属设施的建设用地。

对外交通用地（intercity transportation land）：城市对外联系的铁路、公路、管道运输设施、港口、机场及其附属设施的建设用地。

道路广场用地（roads and squares）：城市中道路、广场和公共停车场等设施的建设用地。

市政公用设施用地（municipal utilities）：城市中为生活及生产服务的各项基础设施的建设用地，包括：供应设施、交通设施、邮电设施、环境卫生设施、施工与维修设施、殡葬设施及其他市政公用设施的建设用地。

绿地（green space）：城市中专门用以改善生态，保护环境，为居民提供游憩场地和美化景观的绿化用地。

特殊用地（specially designated land）：一般指军事用地，外事用地及保安用地等特殊性质的用地。

水域和其他用地（waters and miscellaneous）：城市范围内包括耕地、园地、林地、牧草地、村镇建设用地、露天矿用地和弃置地，以及江、河、湖、海、水库、苇地、滩涂和渠道等常年有水或季节性有水的全部水域。

居住小区（residential quarter）：城市中由居住区级道路或自然分界线所围合，以居民基本生活活动不穿越城市主要交通线为原则，并设有与其居住人口规模相应的，满足该区居民基本的物质与文化生活所需的公共服务设施的居住生活聚居地区。

居住组团（housing cluster）：城市中一般被小区道路分隔，设有与其居住人口规模相应的，居民所需的基层公共服务设施的居住生活聚居地。

公共绿地（public green space）：城市中向公众开放的绿化用地，满足规定的日照要求、适合于安排游憩活动设施的、供居民共享的集中绿地，包括居住区公园、小游园和组团绿地及其他块状带状绿地等。

城市规划（urban planning）：指预测城市的发展并管理各项资源以适应其发展的具体方法或过程，以指导已建环境的设计与开发。传统的城市规划多注意城市地区的实体特征。现代城市规划则试图研究各种经济、社会和环境因素对土地使用模式的变化所产生的影响，并制定能反映这种连续相互作用的规划。城市规划通常包括总体规划和详细规划两个阶段。在一些大中城市，总体规划和详细规划之间增加城市分区规划。

城市改造（urban redevelopment）：利用来自公、私财源的资金，以不同的方法，对旧城进行改造，尤其是在实体方面，包括建造新的建筑物，将旧建筑修复再利用或改做他用，邻里保护，历史性保护及改进基础设施等。

地形测量（topographic survey）：将某一些区域的地形和实物特征加以测量并绘制成地图，以表示其相对位置和标高。

容积率（plot ratio，floor area ratio）：一定地块内，总建筑面积与建筑用地面积的比例。

建筑密度（building density，building coverage）：一定地块内，所有建筑物的基底总面积占用地面积的比例。

绿地率（greening rate）：城市一定地区内各类绿化用地总面积占该地区总面积的比例。

2.1.2　城市规划设计

1. 城市规划概述

城市规划（Urban Planning）研究城市的未来发展、城市的合理布局和综合安排城市各项工程建设的综合部署，是一定时期内城市发展的蓝图，是城市管理的重要组成部分，是城市建设和管理的依据，也是城市规划、城市建设、城市运行三个阶段管理的龙头。

城市规划的根本社会作用是作为建设城市和管理城市的基本依据，是保证城市合理建设和城市土地合理开发利用及正常经营活动的前提和基础，是实现城市社会经济发展目标的综合性手段。在市场经济体制下，城市规划的本质任务是合理、有效、公正地创造有序的城市生活空间环境。我国现阶段城市规划的基本任务是保护和修复人居环境，尤其是城乡空间环境的生态系统，为城乡经济、社会和文化协调、稳定的持续发展服务。

2. 城市规划的程序

城市规划通常包括总体规划和详细规划两个阶段。在一些大中城市，总体规划和详细规划之间增加城市分区规划。无论是总体规划、分区规划还是详细规划都是房地产开发的基础，房地产开发项目的确定和实施都要以城市规划为依据。

（1）总体规划

城市总体规划是城市在一定时期内发展的计划和各项建设（或各项物质要素）的总体部署，它是城市规划编制工作的第一阶段，也是城市建设和管理的依据。其主要任务是：综合研究和确定城市性质、规模和空间发展形态，统筹安排城市各项建设用地，合理配置城市各项基础设施，处理好近期和远期建设的关系，指导城市合理发展，最终使城市工业、居住、交通和游憩四大功能相互协调发展。总体规划期限一般为 20 年，同时应该对城市远景发展作出轮廓性的规划安排。近期建设规划是总体规划的组成部分，是实施总体规划的阶段性规划，指的是对城市近期的发展布局和主要建设项目的安排，其期限一般为 5 年。建制镇总体规划期限可以是 10～20 年，近期建设规划可以是 3～5 年。

总体规划的具体内容包括：

1）确定城市性质和发展方向，估算城市人口发展规模，确定有关城市总体规划的各项技术经济指标；

2）选定城市用地，确定规划范围，划分城市用地功能分区，综合安排工业、对外交通运输、仓库、生活居住、大专院校、科研单位及绿化等用地；

3）布置城市道路、交通运输系统以及车站、港口、机场等主要交通运输枢纽的位置；

4）大型公共建筑的规划与布点；

5）确定城市主要广场位置、交叉口形式、主次干道断面、主要控制点的坐标及标高；

6）提出给水、排水、防洪、电力、电信、煤气、供热、公共交通等各项工程管线规划，制定城市园林绿化规划；

7）综合协调人防、抗震和环境保护等方面的规划；

8）确定旧城区改建和用地调整的原则、方法以及步骤，提出改善旧城区生产、生活环境的要求和措施；

9）综合布置郊区居民点，蔬菜、副食品生产基地，郊区绿化和风景区，以及大中城市有关卫星城镇的发展规划；

10）近期建设规划范围和主要工程项目的确定，安排近期建设用地和建设步骤，估算城市近期建设投资。建制镇总体规划内容可以根据其规模和实际需要适当简化。城市总体规划是一项综合性很强的科学工作，既要立足于现实，又要有预见性。随着社会经济和科学技术的发展，城市总体规划也须进行不断修改和补充，所以又是一项长期性和经常性的工作。

总体规划图纸主要包括城市现状图（重点标示各项公用设施、交通设施、主要工程管线和建筑物的位置和用地范围）、城市用地评价图（根据城市用地的地形、地质、水文等自然条件和用地发展情况来评价用地的技术和经济适用性，对房地产开发项目的选址非常重要）、城市环境评价图、市（县）域城镇体系规划图、城市规划总图、城市工程设施规划图（标明道路、给水排水、动力、电信、热力、燃气等工程规划）、各项专业规划图、近期建设规划图以及总体规划说明书。

（2）分区规划

城市分区规划是指在城市总体规划的基础上，对局部地区的土地利用、人口分布、公共设施、城市基础设施的配置等方面所作的进一步安排。编制分区规划的主要任务是：在总体规划的基础上，对城市土地利用、人口分布和公共设施、城市基础设施的配置作出进一步的安排，以便与详细规划更好地衔接。分区规划的规划期限应和总体规划一致。

分区规划的具体内容包括：

1）原则规定分区内土地使用性质、居住人口分布、建筑及用地的容量控制指标；

2）确定市、区、居住区级公共设施的分布及其用地范围；

3）确定城市主、次干道的红线位置、断面、控制点坐标和标高，确定支路的走向、宽度以及主要交叉口、广场、停车场位置和控制范围；

4）确定绿地系统、河湖水面、供电高压线走廊、对外交通设施、风景名胜的用地界线以及主要交叉口、广场、停车场位置和控制范围；

5）确定工程干管的位置、走向、管径、服务范围以及主要工程设施的位置和用地范围。

（3）详细规划

城市详细规划是以城市总体规划或分区规划为依据，对一定时期内城市局部地区的土地利用、空间环境和各项建设用地所作的具体安排，是按城市总体规划要求，对城市局部地区近期需要建设的房屋建筑、市政工程、公用事业设施、园林绿化、城市人防工程和其他公共设施作出具体布置的规划。

城市详细规划主要内容包括：

①确定近期建设规划范围内房屋建筑、道路和给水排水工程、公用事业、园林绿化、环境卫生和其他公共设施的具体布置和用地界限；②确定规划区内各级道路、广场的建筑红线、道路断面、控制点的坐标和标高；③确定居住建筑、公共建筑、道路广场、公共绿地、公共活动场地等项目的具体规划定额和技术经济指标；④综合安排各项工程管线、工程构筑物的位置和用地；⑤按功能及建筑空间艺术、经济合理性等方面要求确定地段内各项建筑的具体位置和用地界线；⑥确定主干道和广场建筑群的平面、立面规划；⑦提出规划项目工程量和投资概算，编制综合概算，提出实施的措施和建设思路。

3. 城市规划管理实务

城市规划管理是城市规划编制、审批和实施等管理工作的统称。城市规划管理包括城市规划编制管理、城市规划审批管理和城市规划实施管理。城市规划编制管理主要是组织城市规划的编制，征求并综合协调各方面的意见，规划成果的质量把关、申报和管理。城市规划审批管理主要是对城市规划文件实行分级审批制度。城市规划实施管理主要包括建设用地规划管理、建设工程规划管理和规划实施的监督检查管理等。

（1）城市规划实施管理

城市规划实施管理，就是按照法定程序编制和批准的城市规划，根据国家和各级政府颁布的城市规划管理有关法规和具体规定，采用法制的、社会的、经济的、行政的、科学的管理方法，对城市的各项用地和当前建设活动进行统一的安排和控制，引导和调节城市的各项建设事业，有计划有秩序地协调发展。《城市规划法》第四章"城市规划的实施"具体阐明了城市规划实施管理的主要内容。

1）选址意见书制度

《城市规划法》第三十条规定："城市规划区内的建设工程的选址和布局必须符合城市规划。设计任务书报请批准时，必须附有城市规划行政主管部门的选址意见书。"

选址意见书是指在建设工程（主要指新建大、中型工业与民用建设项目）立项过程中，经城市规划行政主管部门提出的关于建设项目选在哪个城市或者城市的哪个方位的意见，该意见书是项目建设中具有法律效力的重要文件之一。选址意见书的主要内容包括建设项目的基本情况、建设项目规划选址的依据、建设项目选址、用地范围和具体规划要求。

2）建设用地规划管理

城市建设用地规划管理，就是在城市规划的指导下，运用法律赋予的控制手段，保证城市土地利用的科学合理和节约原则的实现，为城市土地的征用、规划和具体使用提供依据和创造先决条件。城市建设用地规划管理的重点是要严格控制与城市规划有关的各类建设的选址、定点，使之符合城市规划。《城市规划法》第 31 条规定："在城市规划区内进行建设需要申请用地的，必须持有国家批准建设项目的有关文件，向城市规划行政主管部门申请定点，由城市规划行政主管部门核定其用地位置和界限，提供规划设计条件，核发建设用地规划许可证。建设单位或者个人在取得建设用地规划许可证后，方可向县级以上地方政府土地管理部门申请用地，经县级以上人民政府审查批准后，由土地部门划拨土地。"

概括地说，城市建设用地规划管理的具体内容包括两方面：一是参与法定的国家基本建设审批程序，对于国家确定建设的、与城市规划有关的大、中型建设项目的选址、定点提出具体要求，使其符合城市规划，这类项目计划任务书的报批，必须附有城市规划行政主管部门提出的选址意见书；二是根据法定的管理审批程序，在城市规划区内使用土地，包括临时用地，进行的各类建设项目，有关单位和个人必须持国家批准的有关文件，向城市规划行政主管部门申请选址定点，由城市规划行政主管部门依据城市规划确定其用地位置和界限，提出规划设计条件，并核发建设用地规划许可证。

3）建设工程规划管理

城市建设工程规划管理，是指为了保证城市规划区的各项建设活动符合城市规划，城市规划行政主管部门根据法定的审批程序，对于各类建设活动进行规划管理。这是城市规划行政主管部门一项大量性的日常管理工作，也是城市规划实施管理中的一个十分重要的环节。

《城市规划法》第 32 条规定："在城市规划区新建、扩建和改建建筑物、构筑物、道路、管线和其他工程设施，必须持有关批准文件向城市规划行政主管部门提出申请，由城市规划行政主管部门根据城市规划提出的规划设计条件，核发建设工程规划许可证件。建设单位或者个人在取得建设工程规划许可证件和其他有关批准文件后，方可办理开工手续。"

按照建设项目的类型和期限不同，城市建设工程规划管理可以分为建筑管理、道路管理、管线管理、临时建设管理等几大类。

2.1.3　居住区规划设计

居住区规划是在城市总体规划的基础上，根据计划任务和城市现状条件，进行城市中生活居住用地综合性设计工作。它涉及使用、卫生、经济、安全、施工、美观等几方面的要求。综合解决它们之间的矛盾，为居民创造一个适用、经济、美观的生活居住用地条件。

1. 居住区规划的注意事项

（1）符合城市总体规划的要求；

（2）符合统一规划、合理布局、因地制宜、综合开发、配套建设的原则；

（3）综合考虑所在城市的性质、气候、民族、习俗和传统风貌等地方特点和规划用地周围的环境条件，充分利用规划用地内有保留价值的河湖水域、植被、道路、建筑物与构筑物等，并将其纳入规划范畴；

（4）组织与居住人口规模相对应的公共活动中心，方便经营、使用和社会化服务；

（5）合理组织人流、车流和车辆停放，创造安全、安静、方便的居住环境；

（6）为工业化生产、机械化施工和建筑群体、空间环境多样化创造条件；

（7）为商业化经营、社会化管理及分期实施创造条件；

（8）充分考虑社会、经济和环境三方面的综合效益；

（9）居住区规划应符合使用要求、卫生要求、安全要求、经济要求、施工要求和美观要求等。

2. 居住区规划的内容

居住区规划主要包括的内容有：

（1）根据居住区规划设计任务书的要求，确定规划用地位置及范围（包括改建范围）；

（2）确定人口和用地规模；

（3）按照确定的居住水平标准，选择住宅类型、层数、组合体户比、长度、布置方式；

（4）确定公共建筑项目、规模、数量、标准、用地面积和位置；

（5）确定各级道路系统、走向和宽度，泊车量和停泊方式；

（6）拟订绿地、室外活动场地的数量、分布和布置方式；

（7）拟订各项经济指标和造价估算；

（8）拟订详细的工程规划方案。

3．居住区的规划设计

（1）居住区规划设计主要文件

居住区规划设计主要文件包括：规划设计任务书、用地现状图、规划总平面图、功能分区分析、交通组织分析、环境规划及设计、配套设施建设、施工图，以及施工许可证、设计许可证、用地许可证等相关政府文件。

（2）居住区规划布局与空间环境设计

居住区的规划布局，应考虑路网结构、公建与住宅布局、群体组合、绿地系统及空间环境等的内在联系，构成一个完整的、相对独立的有机整体。在进行居住区的规划布局时，应该满足以下要求：方便居民生活，有利于组织管理；规划建设与居住人口规模相对应的公共活动中心，方便经营、使用和社会化服务；合理组织人流、车流，有利于安全保卫；构思新颖，体现地方特色。

住宅群体组合是人类居住区规划中的一项重要内容。其中建筑群体的平面组合形式有行列式（易于组织通风和采光）、点群式（外部空间组织灵活多变）、周边式（空间围合性较好）、混合式（综合各式特点）。住宅群体的组合形式主要有：相同类型及体量的住宅重复；不同类型及层数、体量的住宅组合；室外空间的节奏和韵律；高层、多层、低层住宅组合；组团内空间的变化。总的说来，住宅群体组合应满足下列基本原则：

①满足日照、通风、密度、朝向间距等要求，方便居民与外界联系，使居住环境方便、安全、安静；②选择适合的经济技术指标，充分合理地利用土地和空间；③合理、美观地创造和组织室外空间，营造和谐、优雅、富有个性的居住生活环境。

居住区的空间环境设计，应当合理设置公共服务设施，避免烟、气（味）、尘及噪声对居民的污染和干扰；建筑应体现地方风格，突出个性，群体建筑与空间层次应在协调中求变化；注重景观和空间的完整性，市政公用站点、停车库等小建筑宜与住宅或公建结合安排，供电、电信、路灯等管线宜地下埋设；公共活动空间的环境设计，应处理好建筑、道路、广场、院落、绿地和建筑小品之间及其与人的活动之间的相互关系。

（3）居住区住宅规划设计

住宅建筑是居民生活居住的三维空间，住宅建筑规划布置是否合理将直接影响居民的工作、生活、休憩等方面。住宅建筑群的规划布置应该按照使用合理、技术经济、安全卫生和面貌美观的要求，在实际的规划设计过程中，综合考虑用地条件、选型、日照、通风、朝向、间距、绿地、层数与密度、布置方式、群体组合和空间环境等因素。

（4）居住区道路规划设计

居住区道路指的是以住宅建筑为主体的区域内的道路。居住区道路一般分为居住区级道路、居住小区级道路、住宅组团级道路、宅前小路四级，此外，在居住区内还可有专供步行的林荫步道，其宽度根据规划设计的要求而定。

居住区道路的规划原则包括：

1）根据地形、气候、用地规模和用地四周的环境条件，以及居民的出行方式，选择经济、便捷的道路系统和道路断面形式；

2）组团的道路，既应方便居民出行和消防车、救护车垃圾车的通行，又应维护院落的完整性和利于治安保卫；

3）有利于居住区内各类用地的划分和有机联系，以及建筑物布置的多样化；

4）小区内应避免过境车辆的穿行，当公共交通线路引入居住区级道路时，应减少交通噪声对居民的干扰；

5）考虑居民小汽车的通行；

6）在地震烈度不低于六度的地区，应考虑防灾救灾要求，居住区内主要道路宜采用柔性路面；

7）满足居住区的日照通风和地下管线的埋设要求；

8）城市旧城区改造，其道路系统应充分考虑原有道路特点，保留和利用有历史文化价值的街道；

9）便于寻访、识别和街道命名。

（5）居住区公共服务设施规划设计

居住区公共服务设施包括教育、医疗卫生、文化体育、商业服务、金融邮电、市政公用、行政管理和其他八大类。

居住区公共服务设施项目的规划设计，应根据不同项目的使用性质和居住区的规划组织结构类型，采用相对集中与适当分散相结合的方式合理布局，并有利于发挥设施效益，方便经营、管理、使用和减少干扰；商业项目与金融、邮电、文体等有关项目宜集中布置，形成居住区各级公共活动中心，在使用方便、综合经营、互不干扰的前提下，可采用综合楼或组合体；基层服务设施的设置应方便居民，满足服务半径的要求。

（6）居住区绿地规划设计

居住区绿地由公共绿地、宅旁和庭院绿地、专用绿地和街道绿地组成。

在居住区内绿地设计中，一切可绿化的用地均应绿化，并宜发展垂直绿化；宅间绿地应精心规划与设计；新区绿地率不应低于30%，旧区改造绿地率不宜低于25%；应根据居住区的规划组织结构类型、不同的布局方式、环境特点及用地的具体条件，采用集中与分散相结合，点、线、面相结合的绿地系统，并宜保留和利用规划范围内的已有树木和绿地。居住区内的公共绿地规划布置，应注意平面绿化与立体绿化的结合、绿化与水体的结合、绿化与各种用途的室外空间场地、建筑结合、观赏绿化与经济作物绿化结合以及绿地分级布置。

4. 居住区规划的技术指标

居住区规划的技术经济问题是从量的角度衡量和评价规划质量及综合效益的工作，使居住区建设在技术上达到经济合理性的数据，在具体规划工作中作为依据和控制的标准。技术经济问题中的一个重要方面就是技术经济指标。

居住区技术经济指标有必要指标和可选用指标之分。以下是常用的居住区规划技术指标及其计算：

(1) 人口毛密度是指每公顷居住区用地上容纳的规划人口数量（人/hm²），人口净密度是指每公顷住宅用地上容纳的规划人口量（人/hm²）；

(2) 总建筑密度也称居住区建筑密度、建筑毛密度，是指居住区用地内各类建筑的基底总面积与居住区用地面积的比率（%）；

(3) 住宅建筑套毛密度是指每公顷居住区用地上拥有的住宅建筑套数（套/hm²），住宅建筑套净密度是指每公顷住宅用地上拥有的住宅建筑套数（套/hm²）；

(4) 住宅建筑面积毛密度是指每公顷居住区用地上拥有的住宅建筑面积（万 m²/hm²），住宅建筑面积净密度是指每公顷住宅用地上拥有的住宅建筑面积（万 m²/hm²）；

(5) 居住区建筑面积毛密度（容积率）是指每公顷居住区用地上拥有的各类建筑的建筑面积（万 m²/hm²）或以居住区总建筑面积（万 m²）与居住区用地面积（万 m²）的比值表示；

(6) 住宅建筑净密度是指住宅建筑基底总面积与住宅用地面积的比率（%）；

(7) 绿化率（%）＝居住区用地范围内各类绿地总和÷居住区用地总面积。

2.2　房地产建筑识图

将一幢拟建房屋的内外形状和大小，以及各部分的结构、构造、装饰、设备等内容，按照有关规范规定，用正投影方法，详细准确地画出的图样，称为房屋建筑图。它是用以指导施工的一套图纸，所以又称为施工图。由于专业分工不同，一般可以把施工图分为建筑施工图、结构施工图和设备施工图（也可称为水暖电施工图）。其中最重要的就是建筑施工图。

所谓建筑施工图，就是建筑工程上所用的，一种能够十分准确地表达出建筑物的外形轮廓、大小尺寸、结构构造和材料做法的图样。它是房屋建筑施工的依据。也就是说，建筑施工图是来表示房屋的总体布局、外部形状、内部布置、内部构造及室内、外装修等情况的工程图样，是房屋施工放线，安装门窗，编制工程概算，编制施工组织设计的依据。它一般包括总平面图、平面图、立面图、剖面图、详图等。

■ 2.2.1　房屋建筑图的一般识读方法

学生在识读房屋建筑图之前，要具备一些基本的建筑知识，比如掌握一定的投影知识、形体的各种图示方法、建筑制图标准的有关规定、建筑图中常用的图例、符号、线型、尺寸和比例的意义等。读图的过程同时也是检查复核图纸的过程，故而读图时要认真细致不可粗心大意，并且遵循"总体了解、顺序识读、前后对照、重点识读"的原则。一般来说，识读房屋建筑图的基本方法步骤是：

（1）查看图纸目录和设计技术说明。通过看图纸目录，了解各专业施工图有多少张，图纸是否齐全；通过看设计技术说明，概括了解工程在设计和施工等方面的要求。

（2）按照顺序通读图纸。对整套图纸按照先后顺序通读一遍，在头脑中形成工程的整体概念，比如了解工程的建设地点和周围地形、地貌情况、建筑物的形状、结构情况以及工程体量大小、建筑物的主要特点还有关键部位等情况，做到心中有数。

（3）分专业对照阅读，按照专业次序深入仔细阅读。先阅读基本图，再阅读详图。要把有关图纸联系在一起对照着读，从而了解它们之间的关系，建立起完整准确的工程概念。接下来对照阅读各专业图纸，比如将建筑施工图和结构施工图联系在一起对照着读，看它们在尺寸上和图形上是否衔接、构造要求是否一致。发现问题时必须做好读图记录，以便及时向设计部门反映、核实，会同设计单位提出修改意见。

■ 2.2.2　建筑总平面图识读

1. 总平面图的形成

在建筑基地从上往下看，并且视线始终与地面垂直，所能看到的各个形体的轮廓线和交线构成的图形就是建筑总平面图，简称总平面图。总平面图是水平正投影图，即投影线与地面垂直，从上往下照射，在地面（图纸）上形成的建筑物、构筑物及设施等的轮廓线和交线的投影图。

建筑总平面图亦称总体布置图，按一般规定比例绘制，表示建筑物、构筑物的方位、间距以及道路网、绿化、竖向布置和基地临界情况等。它是表明一项建设工程总体布置情况、建筑物所在地理位置和周围环境的图纸。它是在建设基地的地形图上，把已有的、新建的和拟建的建筑物、构筑物以及道路、绿化等按与地形图同样比例绘制出来的平面图。主要表明新建平面形状、层数、首层室内地面与室外地坪及道路的绝对标高，新建道路、绿化、场地排水和管线的布置情况，并表明原有建筑、道路、绿化等和新建筑的相互关系以及环境保护方面的要求等。

在建筑总平面图上，一般会标出新建筑物的外形，建筑物周围的地物和旧建筑、建成后的道路、水源、电源、下水道干线、停车的位置、建筑物的朝向等。由于建设工程的性质、规模及所在基地的地形、地貌的不同，建筑总平面图所包括的内容有的较为简单，有的则比较复杂，必要时还可分项绘出竖向布置图、管线综合布置图、绿化布置图等。

2. 总平面图的用途

（1）表明新建、拟建工程的总体布局情况，以及原有建筑物和构筑物的情况。如新建拟建房屋的具体位置、朝向、标高、道路系统、构筑物及附属建筑的位置、管线、电缆走向、绿化、原始地形、地貌以及原有环境的关系和邻界情况等。

（2）建筑总平面图是进行房屋定位、施工放线、填挖土方、进行施工以及绘制水、暖、电等管线总平面图和施工总平面图的依据。

3. 总平面图的绘制要素

（1）表明红线范围、新建区、拟建区的总体布局以及新建道路和各种管线系统的总体布局，比如拨地范围、各种建筑物及构筑物的具体位置、道路、管网的布置等。

（2）表明新建房屋的位置、平面轮廓形状和层数。

（3）表明原有房屋、道路的位置，作为新建工程的定位依据，如利用道路的转折点或是原有房屋的某拐角点作为定位根据。

（4）表明标高。如建筑物的首层地面标高，室外场地整平标高，道路中心线的标高。通常把总平面图上的标高，全部推算成绝对标高。根据标高可以看出地势坡向、水流方向，并可计算出施工中土方填挖数量。

（5）标注指北针或风玫瑰等，表示总平面范围内建筑物整体朝向和该地区常年各个方向风的频率。

（6）表明绿化布置情况，如哪些是草坪、树丛、乔木、灌木、松墙等；标明花坛、小品、桌、凳、长椅、林荫小路、矮墙、栏杆等各处物体的具体位置、尺寸、做法及建造要求和选材说明。

（7）同一张总平面图内，若应该表示的内容过多，则可以根据工程的需要分别画几张总平面图，如绿地布置图；若一张总平面图还表示不清楚道路网的全部内容，则还要画纵剖面图和横剖面图，引进的电缆线、供热、供煤气管线、自来水管线及向外连通的污水管线等，都应分别画出总平面图，甚至还要画配合管线纵断面图；地形若起伏变化较大，除了总平面图外，还要画竖向设计图。

（8）扩展房屋的预留地。

4. 总平面图的识读方法

从以下几个方面进行建筑总平面图的识读：

（1）看图名、比例及有关文字说明。总平面图因包括的地面范围较大，所以绘图比例较小，图中所用图例符号较多，应熟记。图 2-1 是建筑总平面图的常用图例。

（2）了解新建工程的性质与总体布局。了解各建筑物及构筑物的位置、道路、场地

37

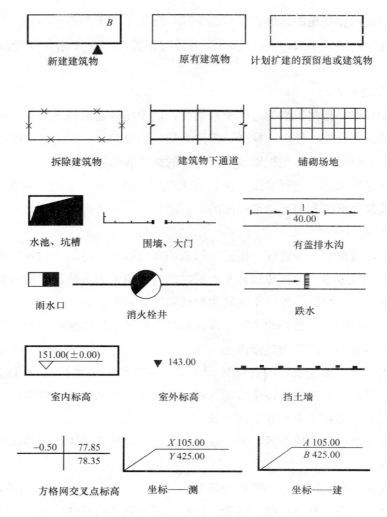

图 2-1　总平面图常用图例

和绿化等布置情况以及各建筑物的层数。

（3）明确新建工程或扩建工程的具体位置。新建工程或扩建工程一般根据原有房屋或道路来定位。当新建成片的建筑物或较大的建筑物时，可用坐标来确定每一建筑物及其道路转折点等的位置。当地形起伏较大，还应画出等高线。

（4）看新建房屋底层室内地面和室外整平地面的绝对标高。可知室内外地面高差，及正负零与绝对标高的关系。

（5）看总平面图上的指北针或风向频率玫瑰图。可知新建房屋的朝向和该地区常年风向频率。

（6）总平面图上有时还画上给水排水、供暖、电器等管网布置图，一般与设备施工图配合使用。

图 2-2 是某小区建筑总平面图。

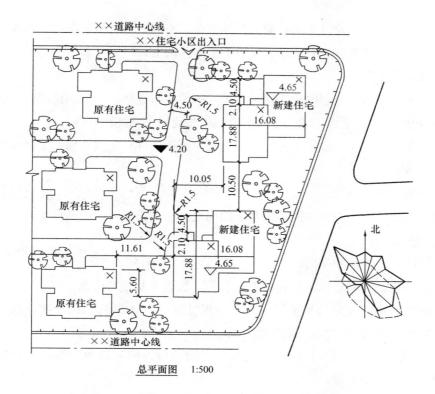

图 2-2 某小区建筑总平面图

2.2.3 建筑平面图识读

1. 平面图的形成

建筑平面图是假想用一水平的剖切面沿门窗洞位置将房屋剖切后，对剖切面以下部分所作的水平投影图。它反映出建筑物的平面形状、凹凸变化、大小和布置；各主要部分的标高及高度关系；墙、柱的位置、尺寸和材料；门窗的类型和位置；施工要求等。

建筑平面图是建筑施工图的基本样图，主要说明拟建筑物所在的地理位置和周围环境的平面布置。一般在图上应标出新建筑物的平面形状、层数、绝对标高；建筑物周围的地貌以及旧建筑物的平面开头新旧建筑的相对位置（新建筑与道路和相对位置）；建成后的道路、水源、电源、水道管线的布置；指北针等。

建筑平面图一般包括：底层平面图（表示第一层房间的布置、建筑入口、门厅及楼梯等）、标准层平面图（表示中间各层的布置）、顶层平面图（房屋最高层的平面布置图）以及屋顶平面图（即屋顶平面的水平投影，其比例尺一般比其他平面图为小）。对于多层建筑，一般应每层有一个单独的平面图。但一般建筑常常是中间几层平面布置完全相同，这时就可以省掉几个平面图，只用一个平面图表示，这种平面图成为标准层平面图。在平面图中，剖切面上的线画成粗实线，可见的非剖切面上的线画成细实线，不可见（被遮挡）线画成虚线。如首层平面图，将上面部分拿走后，从上往下垂直地看，

39

可以看到：墙厚、门的开启方向，窗的具体位置，室内、外台阶，花池、散水、落水管位置等。阳台、雨篷等则应表示在二层以上的平面图上。

2. 平面图的用途

（1）建筑平面图可以表明建筑物各个单元的平面布置情况，户型情况。如各套住宅（房间）面积的大小、平面形状、平面组合、采光通风、功能组合等。

（2）作为施工放线、安装门窗、预留孔洞、预埋构件、室内装修、编制预算、施工备料等重要依据。

3. 平面图的识读方法

识读平面图，首先应该掌握一些基本的构配件图例符号，主要从以下几个方面进行建筑平面图的识读：

（1）看图名、比例和朝向；

（2）看出建筑物的形状、房间布置、名称、长、宽及相对位置；

（3）看建筑物各部分的平面尺寸标注（尺寸线、尺寸界线、尺寸起止线、尺寸数字）、轴线（纵轴线、横轴线、附加轴线）；

（4）看室内外门、窗洞口位置、代号及门的开启方向，以及门窗的规格尺寸、数量、洞口、过梁的型号等；

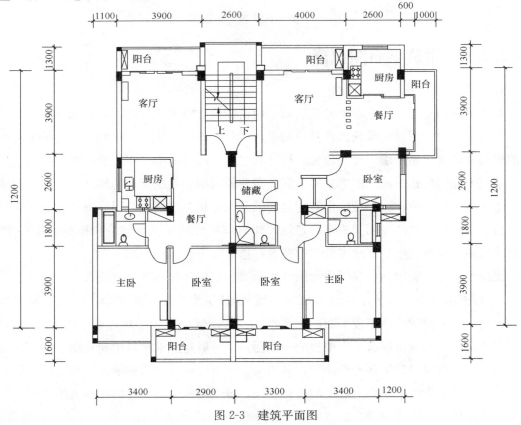

图 2-3　建筑平面图

（5）看楼梯间的布置、楼梯段的踏步数和上下楼梯的走向；

（6）看标注的尺寸，首先了解室内外地面、各层楼面的标高，以及高度有变化部位的标高，还要了解门窗洞口的定位尺寸和定形尺寸，房屋的开间和进深尺寸，以及房屋的总长、总宽尺寸；

（7）了解首层平面图上标注的剖面图的剖切符号和编号，各详图的索引符号以及采用标准构件的编号及文字说明等；

（8）了解水、暖、电、煤气等工种对土建工程要求的水池、地沟、配电箱、消火栓、预埋件、墙或楼板上预留洞在平面图上的位置和尺寸；

（9）了解屋顶平面图表示的屋顶形状、挑檐、坡度、分水线、排水方向、落水口及突出屋面的电梯间、水箱间、烟囱、检查孔、屋顶变形缝、索引符号、文字说明等。

图 2-3 是某建筑平面图。

2.2.4　建筑立面图识读

1. 立面图的形成

建筑物外墙在平行于该外墙面的投影面上的正投影图，称为建筑立面图，简称立面图，是用来表示建筑物的外貌，并表明外墙装饰要求的图样。一座建筑物是否美观，很大程度上取决于它在主要立面上的艺术处理，包括造型与装修是否优美。在设计阶段中，立面图主要就是用来研究这种艺术处理的。在施工图中，它主要反映房屋的外貌和立面装修的做法。

建筑立面图的表示方法主要有两种，对有定位轴线的建筑物，宜根据两端定位轴线编注立面图名称；无定位轴线的立面图，可按平面图各面的方向确定名称。也有按建筑物立面的主次，把建筑物主要入口面或反映建筑物外貌主要特征的立面称为正立面图，从而确定背立面图和左、右侧立面图。但通常也可以按房屋的朝向来命名，如南立面图、北立面图、东立面图和西立面图等。有时也按轴线编号来命名，如①～⑨立面图或A～E立面图等。

按投影原理，立面图上应将立面上所有看得见的细部都表示出来。但由于立面图的比例较小，如门窗扇、檐口构造、阳台栏杆和墙面复杂的装修等细部，往往只用图例表示。它们的构造和做法，都另有详图或文字说明。因此，习惯上往往对这些细部只分别画出一两个作为代表，其他都可简化，只需画出它们的轮廓线。若房屋左右对称时，正立面图和背立面图也可各画出一半，单独布置或合并成一张图。合并时，应在图的中间画一条铅直的对称符号作为分界线。房屋立面如果有一部分不平行于投影面，例如成圆弧形、折线形、曲线形等，可将该部分展开到与投影面平行，再用正投影法画出其立面图，但应在图名后注写"展开"两字。对于平面为回字形的房屋，它在院落中的局部立面，可在相关的剖面图上附带表示。如不能表示时，则应单独绘出。

2. 立面图的用途

建筑立面图主要用于房屋立面的装修、概预算等。

3. 立面图的识读方法

（1）看图名、比例、轴线及其编号，立面图的绘图比例、编号与建筑平面图上的应该保持一致，并对照阅读。

（2）看房屋立面上的各构件（外形、门窗、檐口、阳台、台阶等）的形状及位置。

（3）看建筑物的层数、总高及各部位的标高尺寸，主要包括室内外地坪、檐口、屋脊、女儿墙、门窗雨篷、台阶等处的标高。

（4）看建筑物外墙表面装修的做法和分割线等。

图 2-4 是某建筑的立面图。

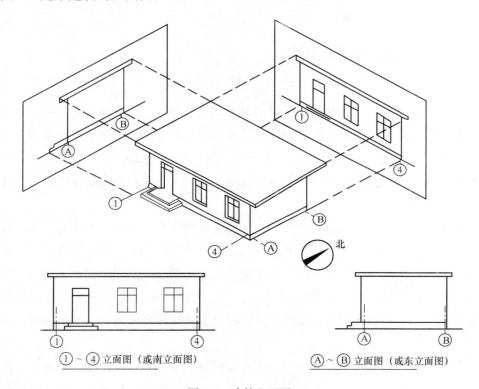

图 2-4　建筑立面图

■ 2.2.5　建筑剖面图识读

1. 剖面图的形成

建筑剖面图简称剖面图，它的剖切位置来源于建筑平面图，一般选在平面组合中的较为复杂的部位，然后用一个假想的垂直剖切面，在剖切位置将房屋剖开，拿走左面部分，对剩余部分作侧面正投影。类似于建筑平面的形成，从左往右看，视线始终垂直于侧墙面，所看到的图形即是剖面图。建筑剖面图是按一般规定比例绘制的建筑物竖向剖视图，它表示房屋垂直方面的内部构造和结构特征、分层情况和各部位的联系、材料及其高度等，它可反映剖切到的各部位的位置、形状及图例等详细资料，是与平、立面图相互配合的不可缺少的重要图样之一，编制预算时利用剖面图计算墙体、室内粉刷等项目。

建筑剖面图的数量是根据房屋的具体情况和施工实际需要而决定的。剖切面一般横向，即平行于侧面，必要时也可纵向，即平行于正面。其位置应选择在能反映出房屋内部构造比较复杂与典型的部位，并应通过门窗洞的位置。若为多层房屋，应选择在楼梯间或层高不同、层数不同的部位。剖面图的图名应与平面图上所标注剖切符号的编号一致。剖面图中的断面，其材料图例与粉刷面层和楼、地面面层线的表示原则及方法，与平面图的处理相同。习惯上，剖面图中可不画出基础的大放脚。

2. 剖面图的用途

（1）建筑剖面图主要表示房屋内部的结构形式、高度尺寸及内部上下分层的情况。

（2）编制预算时计算墙体、室内粉刷等项目。

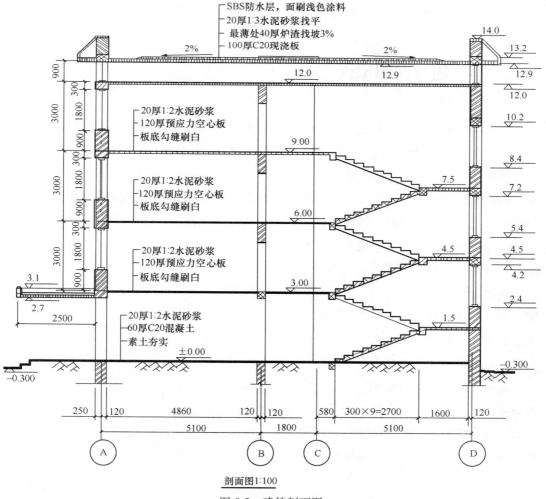

剖面图1:100

图 2-5　建筑剖面图

3.剖面图的识读方法

主要从以下几个方面进行建筑剖面图的识读：

（1）看图名、比例、剖切位置及轴线编号。看建筑剖面图时应对照平面图，确定剖切平面的位置及投影方向，从中确定该图所画出的是房屋的哪一部分的投影。

（2）看建筑物各层楼地面、楼梯休息平台的标高以及竖向尺寸。

（3）看楼面、地面以及屋面的做法。

（4）看房屋内部的构造、结构形式和所用建筑材料等内容。比如各层梁板、楼梯、层面的结构形式、位置及其与墙（柱）的相互关系等。

（5）层高：上下两层楼面或者楼面与地面之间的垂直距离。

（6）净高：楼面或者地面至上部楼板底面或吊顶底面之间的垂直距离。

以图 2-5 为例，在该建筑的建筑剖面图中，本建筑层高 3m，总高 14m，4 层，房屋室内外地面高差 0.3m，该建筑屋面为架空通风隔热、保温屋面，材料找坡，屋顶坡度 3%，设有外伸 600mm 天沟，属于有组织排水，外墙厚 370mm，向内偏心 90mm，内墙厚 240mm，无偏心。

■ 2.2.6 建筑详图识读

1.建筑详图的形成

建筑详图是建筑细部的施工图。因为一般建筑平面图、立面图、剖面图的比例尺寸较小，因而某些建筑构配件（如门、窗、楼梯、阳台、各种装饰等）和某些建筑剖面节点（窗台、屋顶层等）的详细构造（包括式样、层次、做法、用料和详细尺寸等）都无法表达清楚。根据施工的需要，必须另外绘制比例较大的图样才能把房屋的细部或者构配件的形状、大小、材料和做法等表达清楚，如外墙身详图、楼梯详图、阳台详图等，这种图样称为建筑详图（也成为大样图或节点图）。因此，建筑详图是建筑平面图、立面图和剖面图的补充，详图比例常用 1∶50～1∶1。

外墙身详图实际上是用一个垂直于墙体轴线的铅垂剖切平面将墙体某处从防潮层到屋顶剖开，从而得到的建筑剖面图的局部放大图，通常采用 1∶50 的比例绘制。它表达房屋的屋面、楼面、地面和檐口构造、楼板与墙地连接、门窗顶、窗台和勒脚、散水的构造，是施工的重要依据。

楼梯详图主要表示楼梯的类型、结构形式以及梯段、栏杆扶手、防滑条等的详细构造方式、尺寸和材料。楼梯详图包括楼梯平面图、楼梯剖面图和楼梯节点详图。一般楼梯的建筑详图和结构详图是分别绘制的，但比较简单的楼梯有时也可以将建筑详图与结构详图合并绘制，编入结构施工图中。

2.建筑详图的用途

（1）建筑详图是建筑平、立、剖面图的补充。

（2）建筑详图是建筑的屋檐及外墙身构造大样，表明楼梯间、厨房、厕所、阳台、门窗、雨篷等的具体尺寸和具体做法。

3. 建筑详图的识读

从以下几个方面进行外墙身详图的识读：根据外墙身详图剖切平面的轴线编号，在平面图、剖面图或者立面图上查找出相应的剖切平面的位置及投影方向，以了解外墙在建筑物的具体部位、墙体的厚度、材料及与轴线的关系；看图时按照从下到上的顺序，一个节点、一个节点的阅读，了解各部位的详细构件尺寸和做法，并与材料做法表相对照，检查是否一致，先看位于外墙最底部部分，依次进行；看各层梁、板等构件的位置及其与墙身的关系；看室内楼地面、门窗洞口、屋顶等处的标高，识读标高时注意建筑标高与结构标高的关系；看墙身的防水、防潮做法；查看详图索引。

楼梯平面图的识读应注意以下几点：底层平面图中，只有一个被剖切的楼梯和栏板，并注有"上"字的长箭头；中间层平面图中，画出被剖切的向上和向下两个方向的梯段，分别注有"上"字和"下"字的长箭头；顶层平面图画有两段完整梯段和楼梯平台，梯口处只有一个注有"下"字的长箭头。

以图 2-6 某建筑的楼梯平面图为例说明其识读方法和步骤：

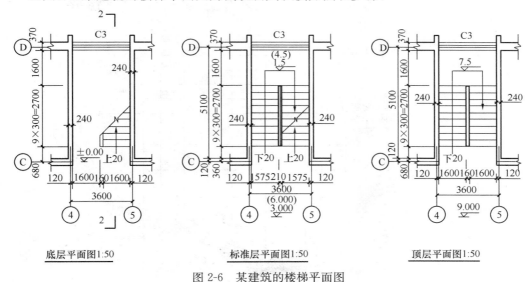

底层平面图1:50　　　　标准层平面图1:50　　　　顶层平面图1:50

图 2-6　某建筑的楼梯平面图

（1）了解楼梯或楼梯间在房屋中的平面位置，该建筑的楼梯间位于ⓒ～Ⓓ轴×④～⑤轴。

（2）观察楼梯段、楼梯井和休息平台的平面形式、位置、踏步的宽度和踏步的数量。该建筑楼梯为等分双跑楼梯，楼梯井宽 160mm，梯段长 2700mm、宽 1600mm，平台宽 1600mm，每层 20 级踏步。

（3）了解楼梯间处的墙、柱、门窗平面位置及尺寸。该建筑楼梯间处承重墙宽 240mm，外墙宽 370mm，外墙窗宽 3240mm。

（4）了解楼梯的走向以及楼梯段起步的具体位置。楼梯的走向用箭头表示。

（5）了解各层平台的标高。该建筑一、二、三层平台的标高分别为 1.5m，4.5m，7.5m。

（6）在楼梯平面图中观察楼梯剖面图的剖切位置。

楼梯剖面图的识读应该与楼梯平面图对照起来，注意剖切平面的位置和投影方向。在多层建筑中，如果中间各层楼梯构造相同，那么剖面图可以只画出底层、中间层和顶层的剖面，中间用折断线断开。

2.3　实训作业

1. 我国西南部某滨水城市总体规划方案。城市北部是一个自然环境保护区，西北有一个山区水库，是城市的主要水源地，南部被一条河流环抱，城市主要对外出入口在东北部。该城市总体规划示意图如图 2-7 所示。

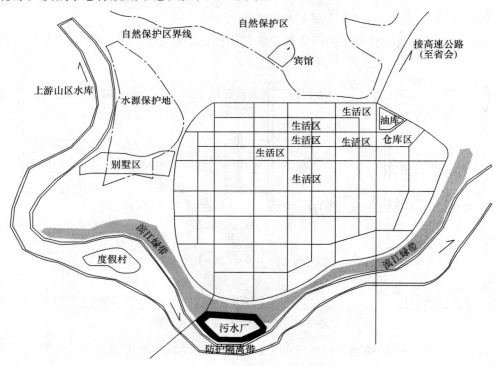

图 2-7　某城市规划图

要求学生根据城市总体规划方案，分析存在的主要问题并提出合理的方案。

2. 某建筑平面图分底层平面图（图 2-8a）、标准层平面图（图 2-8b）及屋顶平面图（图 2-8c）根据 2.2 节所介绍的建筑识图要点和步骤对该建筑平面图进行识读。

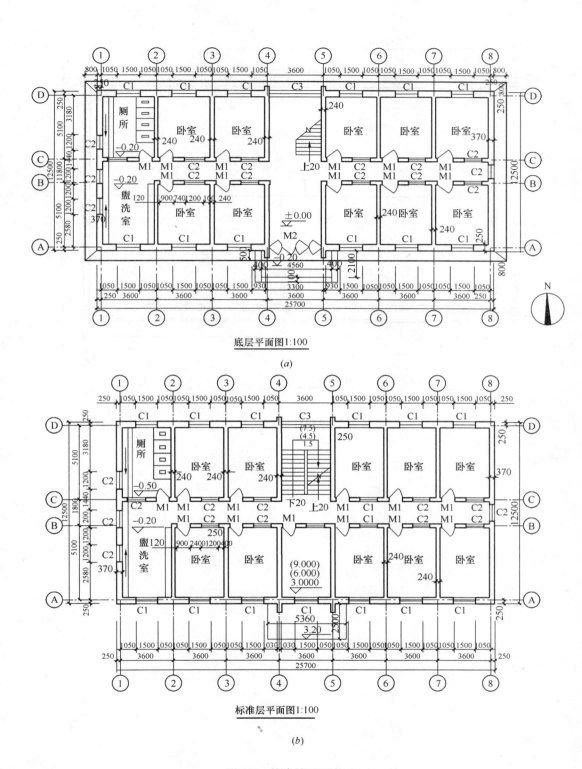

底层平面图1:100

(a)

标准层平面图1:100

(b)

图 2-8　某建筑平面图（一）

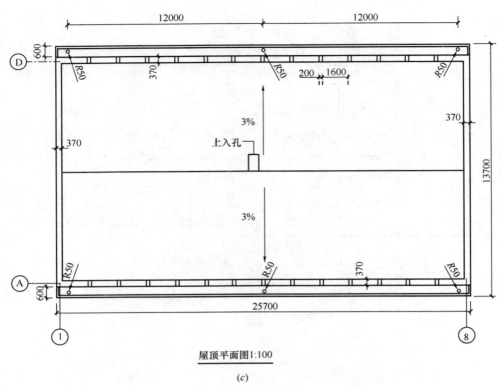

屋顶平面图1:100

(c)

图 2-8　某建筑平面图（二）

第3章 房地产开发项目实训

【实训目的】

房地产开发是改善人们居住和工作环境的一种手段，由于带动相关产业发展，房地产业发展有利于经济社会发展。本章实训目的是使学生了解掌握房地产开发的流程以及相关文书撰写方法。

【实训要求】

通过本章的学习，要求学生掌握房地产开发的基本概念、熟悉房地产开发的程序、掌握市场调查和预测知识、能够初步拟定编制房地产开发建设工程招标投标合同书。

【实训内容】

（1）房地产开发流程中投资决策、前期工作、建设实施、产品营销和服务这四个阶段的工作环节；

（2）房地产开发市场预测的步骤和预测报告书的撰写方法；

（3）房地产开发项目招标投标的具体流程，掌握招投标书的编制方法；

（4）施工合同、勘察设计合同、监理合同三种房地产开发项目建设合同拟定格式。

3.1 房地产开发概述

《中华人民共和国城市房地产管理法》第二条第三款中明确指出："房地产开发，是指在依据本法取得国有土地使用权的土地上进行基础设施、房屋建设的行为。"

通常所说的房地产开发是指广义的房地产开发概念，即指按照城市建设总体要求和社会经济发展的需要，选择一定规模的用地，统一有步骤地进行征地动迁、土地开发、基础建设、房屋及配套设施的建设和经营管理，是一项综合性经济活动。它跨越生产和流通两个领域，其经营活动内容包括：规划设计、征地拆迁、土地开发、各类房屋及配套设施建造、工程验收、经营销售、售后服务和管理。鉴于房地产开发具有周期长、投资多、风险大、利润高、综合性强等特点，因此，房地产开发要求有周密的规划，并要求各个环节相互衔接，紧密配合，协调进行，尽量缩短工期，降低风险以求获得最佳社会效益、经济效益和环境效益的统一。

　　房地产开发过程中，应该遵循依法在取得土地使用权的城市规划区国有土地范围内从事房地产开发的原则；严格执行城市规划的原则；坚持经济效益、社会效益和环境效益相统一的原则；坚持全面规划、合理布局、综合开发、配套建设的原则，即综合开发原则；符合国家产业政策、国民经济与社会发展计划的原则。

■ 3.1.1　房地产开发各参与者的职责

1. 房地产开发商的职责

房地产开发的全过程都需要房地产开发商的参与。作为开发商，必须具备较全面的知识结构，以及与银行、政府、建筑师、律师等房地产开发过程中的众多参与者进行沟通的能力和经验。房地产开发商是房地产开发项目的设想者、倡导组织者、管理者、全程监督指导者，因而不仅需要协调组织才能，还需要丰富的创造力和想象力，来发现开发投资的机会。在制定企业经营决策时，不仅要考虑外部环境力量，还要考虑企业内部环境的影响，在考虑企业所拥有或控制的资源基础上，认清企业对市场的把握能力、企业拥有的组织能力、企业拥有的融资能力，根据这些内部环境来决定开发经营决策。一个出色的开发商必须具备集创业者、带头人、经理等多种职能于一身的素养。

2. 营销中介的职责

营销中介协助房地产企业销售其商品给最终消费者，它能比房地产企业更有效地完成营销活动。

3. 金融机构的职责

向金融机构贷款是开发商解决开发建设资金的一个重要渠道。许多开发项目建设完工后向消费者出售时，也需要金融机构为消费者提供购房抵押贷款，往往由开发商联系一家专门的金融机构，为该项目的购买者提供贷款。

4. 建筑承包商的职责

建筑承包商是房地产开发项目建设的主体，承担了房屋开发建设。工程质量的好坏、工期等方面都取决于建筑承包商。

5. 建筑师的职责

建筑师负责将开发商的设想转化成设计图纸和技术说明，主要承担开发用地的规划方案设计、建筑设计、建筑施工合同管理等工作。总建筑师有时只是负责组织或协调工作，而并不一定亲自完成设计工作。建筑师还应负责组织定期技术工作会议、签发与合同有关的各项任务、提供施工所需要的图纸资料、协助解决施工中出现的技术问题。

6. 工程师的职责

房地产开发中需要结构、建筑设备、电气等不同专业的工程师，他们除了负责进行结构、水暖、照明等相关设施的设计外，还负责建筑材料及设备购买、合同签订、施工管理等工作中的技术问题。工程师和建筑师需要密切合作，是当今现代化建筑工程的必然要求。

7. 监理工程师的职责

为确保建筑工程质量，国家规定实行工程监理制度。监理工程师的职责主要是控制工程建设的投资、建设工期、工程质量，进行工程建设合同管理，协调有关单位之间工作关系，参与工程竣工验收。

8. 会计师、经济师及成本控制人员的职责

会计师负责开发公司的经济核算、财务管理、纳税等职能工作，并参加开发项目的财务预算、工程预算、合同付款条款的规定及执行监督。

经济师及成本控制人员负责开发成本的费用估算、编制工程成本计划表、进行成本控制等工作。

9. 市场营销人员、估价师的职责

市场营销人员除了进行房屋销售工作，更重要的是进行市场需求调查、制定营销策略。估价师在充分掌握市场动态，以及在建筑师和经济师配合下，确定土地的购买价格及房地产出售价格。

10. 律师的职责

律师主要参与开发商和承包商、金融机构、经营合伙人、房地产购买人、土地产权人等参与者之间的合同拟订，以及房地产开发过程中的有关法律咨询工作。

11. 原土地产权人的职责

如果拟开发的项目尚无"立足之地"，那就需要通过和政府的土地及规划管理部门进行协商，或通过政府招标、拍卖的方式取得土地使用权，还可以通过与原土地使用权人协商取得其土地使用权。

12. 政府相关部门的职责

房地产开发过程中的项目立项、取得土地、规划及建筑设计、建筑施工、出售等活动，都可能需要和政府有关部门发生关系。和开发有关的政府部门主要有土地管理局、房地产管理局、工商行政管理局、税务局、物价局和审计局等，它们负责管理房地产企业经营活动，是房地产开发活动的一个重要环境因素。

3.1.2　房地产开发的类型

从不同的角度可以将房地产开发划分出不同的类型：

从开发的对象（客体）的角度，房地产开发可以分为土地开发、房屋开发和房地产

综合开发。房屋开发从狭义上讲主要是指各类房屋的设计和施工建设。房地产综合开发是以建筑地块和房屋的开发、建造为中心，对某一建设区域内的基础设施和公共建筑实行统一规划、综合配套、协调建设。

从开发主体的角度分，房地产开发有独资开发、合资开发、个体开发之分：（1）独资开发：既有国有不同经济形式的企业独资开发，也有外商投资建设。（2）合资开发：由数家企业合作，共同完成某个项目，常见的如以地联建、以地联营、以地换房及以土地入股等方式合作开发，或者共同投资开发。（3）个体开发：主要是私人住宅建设，以满足家庭的居住需求，在小城镇尤为普遍。

从开发区域的角度，房地产开发有新区开发和旧区开发之分：（1）新区开发：一般是指在市区边缘建成区以外，把农田或荒地改造加工，变成建设用地，设立新市区或建设卫星城，进行房地产开发。新区开发的特点是从"生地"开始，严格按照城市规划和各开发区的功能进行房地产开发。尽管新区与城市中心地段相比区位条件稍差，但用地条件宽敞，发展不受限制，适合规模较大的产业和住宅等成片开发。（2）旧区开发：也称为旧城区更新改造，或称再开发，即对现有的建筑和各项配套设施进行拆迁改造或重新建设，以克服旧城区人口过密、交通紧张、住房拥挤、房屋陈旧、设施落后和环境污染严重的弊端。旧城改造对节约土地资源、重焕城市青春起着重要的作用。近年来，不少城市将建设的重点从新区开发转移到旧区开发上来，实行新区开发和旧城改造"双管齐下"的举措。

从开发规模的角度，房地产开发分为单项零星开发和成片集中开发：（1）单项零星开发：一般规模较小，占地面积不大，项目功能单一，配套设施简单，与成片开发相比，需要投资较少，建设周期较短，资金周转快，往往在新开发区或旧城改造区中形成一个相对独立的项目。但要求其设计式样、建筑景观等与周围地区协调一致。（2）成片集中开发：一般是指开发范围大、投资量高、工程项目多、建设周期长的综合性开发。其面积小者为一个居住小区，大者可相近于开辟一个新的城区。居住小区开发包括新城区的小区综合开发和旧城区相对独立街坊的更新改造，在开发小区内应做到基础设施和配套项目齐全、功能完善。成片集中开发与综合开发的内涵是一致的，因为不进行综合开发，就不可能实现成片开发的目标。目前，我国不少地区对商品住宅、写字办公楼和商业服务设施也在实行成片集中开发建设。

从开发对象用途的角度，房地产开发分为居住房地产、商业房地产、工业房地产、写字楼、旅游业房地产等类型的开发：（1）居住房地产开发：包括普通住宅开发、花园公寓开发、普通公寓开发。（2）商业房地产开发：包括专业商店用建筑、商场用建筑、百货商店用建筑、门市部用房、批发商店用房、商品交易会用房、超级市场用房、商品会展中心用建筑、地下商业用建筑等的开发。（3）写字楼开发：写字楼按照楼层划分为低层、多层、高层和超高层四类。（4）旅游业房地产开发：包括旅游旅馆及酒店、假日旅馆及酒店、会议旅馆及酒店、汽车旅馆、招待所的开发。

3.2 房地产开发的流程

由于房地产产品的形成有其内在规律性，加之房地产开发具有投资大、风险大的特点，房地产开发商不能盲目、仓促地开发项目，而应该遵循一定的基本步骤，分阶段按顺序地进行房地产开发。一般来说，房地产开发的流程可以分为投资决策、前期工作、建设实施、产品营销和服务四个阶段。

■ 3.2.1 投资决策阶段实务

房地产开发项目的投资决策分析类似于可行性研究，它是进行房地产开发的首要阶段，其工作质量直接关系到房地产开发工作的成功与失败，越来越多的开发商在该阶段都聘请专业的咨询公司、顾问公司参与到项目的调查、评估论证中来。这一阶段主要是对拟开发区和开发项目进行可行性研究，选定开发地点和开发项目，然后向政府有关部门申请立项，同时提出用地申请。政府有关部门批准后进行规划区细部规划。在该阶段工作中，重点包括以下几个环节：

1. 开发项目选定

在选择开发项目时，遵循科学化、民主化、系统性的原则，按照国家规定，我国大中型投资项目的决策程序主要按以下步骤进行：提出项目建议书、编制可行性研究报告、编制计划任务书、实施项目评估、实施项目审批。

具体说来，首先是根据房地产项目的初步设想状况，对城市总体规划、周边环境、区域房地产市场及走势、各类物业的市场状况等因素进行全面分析了解。根据地块的自然条件、经济条件及市场特性等多方面的分析，确定开发项目所处的城市或地区以及该地块最合适的开发用途，比如是建商场、写字楼还是建住宅、公寓等。在确定项目所要开发的物业类型后，就需对拟开发的目标物业进行特定的市场分析及预测，进一步把握同类物业市场的动态及走势，市场潜力如何，竞争性的项目有多少，特点是什么，成交量有多少；市场的容量估计；通过分析各竞争项目的特点，明确拟开发项目的竞争优势。以此为基础，对物业类型进行进一步的市场细分；确定拟开发项目的具体市场定位、目标客户以及进入市场的时机和方式。

2. 开发方案设计

在根据对市场的客观分析，确定了拟开发项目的物业类型、物业目标客户后，需要通过全面的市场调查，包括对目标客户的需求状况、购买行为、购买能力等方面进行详细的分析，按照分析的结论，结合项目自身资源条件，构思项目建设方案。在确定项目建设方案的同时，还应根据地块的建筑工程规划许可证的规定以及市场分析的指标，确定项目开发规模（总建筑面积、配套设施面积、绿化面积、车位数量等各项经济技术指标）和开发建设周期。

3. 经济分析

经济分析主要分析房地产项目的成本和收益，一般以动态分析为主，以静态分析为辅，主要进行项目开发成本分析，现金流量分析，财务净现值、动态投资回收期、内部收益率等指标的测算，以及对项目进行盈亏平衡分析、敏感性分析、风险决策分析等几方面的分析评估。其中项目成本分析主要包括土地费用、前期工程费、房屋开发费、开发商管理费、融资费用及占用资金的利息、不可预见费以及营销费用的分析。

4. 投资决策

开发商通过上述市场分析、开发方案设计以及经济分析，在法律可行、市场可行、经济可行的基础上，在进行项目的投资决策时，还需对其所拥有的开发资源进行综合分析，这些资源一般包括开发商的开发能力、管理能力、融资能力等因素。众所周知，拥有足够的资金是项目完成的前提条件，我们进行项目的市场分析、经济分析等可行性分析都是建立在开发商能够通过不同的方式或者渠道获得开发资金的假设上面的。但是，在实际操作中，作为房地产开发资金取得的来源渠道是很有限的，往往资金因素是取舍一个项目的关键因素。在各方面条件都比较成熟的情况下，我们需要对多个项目的市场机会进行评级，经过总投资、项目建设周期、建筑技术、销售周期、资金筹措、收益状况等各因素的比较，从中选择一个最适合开发商的项目及适宜的开发方式，提出项目开发计划，确定市场营销策略、技术计划、财务计划、管理计划，正式进入项目的实际操作。

房地产的项目投资决策是一个多目标、多因素的分析过程，是对项目风险与收益权衡的结果，同时也是科学分析与直觉判断的综合考虑，是对开发项目选定、开发方案设计、经济分析的结果进行决定取舍的关键一步。在具体分析时，不能只看各种理论数据、理论指标，还要对项目开发过程中可能发生的各种风险，进行客观的估计和预测，综合分析，以得出最终的投资决策结论。

3.2.2 前期工作阶段实务

当通过投资决策研究确定了具体的开发项目后，就要着手准备房地产开发的第二阶段——前期工作阶段。它包括研究地块的特性与范围；分析将要购买的地块用途及获益能力大小；获取土地使用权；征地、拆迁、安置、补偿；规划设计及建设方案的确定；与规划管理部门协商，获得规划许可；施工现场的"七通一平"；安排短期或长期信贷；寻找预租（售）顾客；初步确定租金或售价水平、开发成本和工程量进行详细估算和概算等。这里简要介绍以下三个方面：

1. 土地使用权的获得

土地使用权的获得是指开发商为了某种开发建设的需要，按着一定的程序（包括行政的、法律的、经济的），通过契约的形式，获得土地使用权，并在规定的期限内按批准的规划完成项目开发建设的活动。土地使用权的获得是房地产开发的基础，没有土地，再宏伟的开发计划也无法实现。

根据房地产开发的特点，目前城市土地使用权获得的途径主要有以下几种：国家行政划拨、拍卖、招标或协议出让、土地使用权转让、旧城区开发改造的土地使用权获得。其中，旧城区开发改造过程中获得土地使用权的途径有两条，一是结合市区改造，拆除原建筑物以后所得到的地块，二是通过联建方式获得土地，即拥有土地使用权方与开发商联合开发，拥有土地使用权方以土地使用权作投资。

2. 拆迁、补偿与安置

房地产开发过程中的拆迁、补偿与安置工作，是房地产开发的重要准备工作，它不仅关系到房地产开发工作的速度和质量，而且关系到房地产开发的经济效益、社会效益和生态环境效益。房屋拆迁补偿有三种形式，产权调换、作价补偿以及两者相结合。

3. 开发工程勘察与设计

房地产开发工程勘察，是指根据开发工程的要求，查明、分析、评价开发场地的地质、地理环境特征和岩土工程条件，编制开发项目工程勘察文件的活动。

房地产开发项目工程地质勘察一般情况下分为选择场址勘察、初步勘察和详细勘察三个阶段。在勘察过程中，要进行地形测量、工程勘察、地下水和地表水的勘察、气象调查。此外，勘察报告书包括文字部分和图表部分。其中文字部分主要包括：任务要求及勘察工作概况；场地位置、地形地貌、地质构造、不良地质现象、地层成层条件、岩石和土的物理力学性质及建筑经验等；场地的稳定性和适宜性、岩石和土的均匀性和容许承载力、地下水的影响、土的最大冻结深度、地震基本烈度以及由于工程建设可能引起的工程地质问题等的结论和建议。图表部分包括：勘探点平面布置图；综合工程地质图或工程地质分区图；工程地质剖面图；地质柱状图或综合地质柱状图；有关测试图表等。

房地产开发工程设计，是指根据开发工程的要求，对开发工程所需的技术、经济、资源、环境等条件进行综合分析、论证，编制开发工程设计文件的活动。设计工作主要内容有总体设计、单位设计、建筑构造设计和抗震设防。根据建设项目的复杂程度，可以将房地产工程设计分为初步设计、技术设计、施工图设计三个阶段。

■ 3.2.3　建设实施阶段实务

建设实施阶段是前两个阶段工作成果的体现，其工作的主要内容，简言之就是通过招标，确定施工单位，签订施工合同，进行施工建设，同时进行有效的工程管理、质量监督等工作。

该阶段将开发过程中所涉及的所有原材料聚集在一个空间和时间点上，项目建设一开始，对有些问题的处理就不像前面两个阶段具有弹性。尤其对许多小项目而言，一旦签署了承包合同，就几乎不再有变动的机会了。这就再次说明了前两个阶段工作的重要性。为了防止追加成本和工期拖延，开发商必须密切注意项目建设过程的进展，定期视察施工现场，以了解整个建设过程的全貌。房地产开发项目建设施工招标分为公开招标、邀请招标和协商招标三种形式，工程项目管理包括质量控制、进度控制、成本控制、合同管理以及安全管理，这些具体内容将在其他章节继续详细介绍。

■ 3.2.4　产品营销和服务阶段实务

此阶段主要工作是进行房地产的租售。开发商在项目开发建设完工后，必须将所建房屋租售出去，才能实现其盈利目标，它是检验前三个阶段的标准，也是获取市场认可并实现经济价值的关键。房地产市场营销的具体工作包括进行房地产市场调查、确定营销目标、选择营销手段、确定销售方式、准备租售合同、营销资料准备、营销人员培训、租售等内容。产品营销和服务阶段的具体流程，房地产经营与销售，物业管理等，将在以后的章节中详细介绍。

3.3　房地产开发市场调查与预测报告

在一个房地产项目的可行性研究中，一个重要的步骤是对房地产开发市场进行调查和研究。科学的市场预测是建立在市场调查的基础之上的，市场调查是市场预测的前提和条件，市场预测又是市场决策的依据。我们已经在第 1 章介绍了房地产调研的内容，这里继续介绍房地产开发市场的预测。

■ 3.3.1　房地产开发市场预测概述

房地产市场预测是运用科学的方法，在对影响房地产市场需求的诸因素进行调查研究的基础上，对未来一定时期内房地产市场的需求变化及发展趋势，进行科学的分析、估计和判断，以指导房地产开发商开发适销对路的房屋建筑，减少生产的盲目性。

房地产市场预测应该具有准确性、经济效益性、客观性和连续性。

■ 3.3.2　房地产开发市场预测的内容与分类

1. 房地产市场预测的内容

房地产市场预测的内容十分广泛，从预测对象来看，它既包括对房地产市场供求关系及发展趋势的预测，也包括对与房地产市场相联系的各种经济、社会、自然环境等一切因素及其发展变化对房地产市场供求关系的影响与影响程度的预测。通常情况下，房地产市场预测的内容主要有：

（1）国民经济发展趋势预测

这通常是房地产市场预测的首要内容。房地产业作为国民经济重要产业之一，受国家宏观调控的影响很大，又由于其基础性、先导型产业的地位及特点，决定房地产业的发展必然对经济增长发挥促进作用。这一预测包括国家总的经济状况的变化、货币投放状况、物价变化、国民收入状况、股市走势、市场消费结构及其发展趋向等。

（2）国家宏观经济政策预测

房地产业投资额度大，投资回收期长，一旦投资失误，其损失将是不可估量的，这就要求企业对宏观经济政策有清楚的了解，具有预见性，尽量将资金投入国家政策扶持的方向。这一预测包括国家关于房地产产业政策调整对房地产市场的影响，当地政府政策导向及房地产产业政策会对市场带来什么影响。

（3）房地产市场需求量预测

房地产市场需求量分潜在需求量和有效需求量，这都是房地产企业进行预测的内容，但对企业来说，重点应该预测有效需求量，即市场容量。房地产市场容量预测主要是对房地产产品的市场容量进行预测。房地产产品的范围很广泛，且同一类产品在实际需求上也存在很大的差异，进行需求量的预测，一方面要了解某产品的社会拥有量，另一方面又要了解某产品的社会饱和点，二者之差即为市场需求量。对市场需求量进行预测，必须研究影响市场潜量的各种因素，即研究市场营销环境既要研究不可控因素（如分配政策、社会购买力与购买指数、购买心理、竞争等），又要研究企业可控因素（如产品、定价、分销和促销策略变化对市场需求量的影响）。通过预测社会和客户的需求量，竞争对手的开发量与营销量，来确定本企业的开发量及营销策略。

（4）市场价格走势预测

房地产品是高价值商品，各企业由于经营方针和开发成本不同，往往使得产品的定价差别很大。及时了解和正确把握市场价格的变化趋势，是企业自己定价成败的关键。房地产开发商应在估计本地经济发展收入增长、各产业经营规模扩大和盈利增长可能性的基础上，预测未来一定时期社会可以承受和愿意接受的各类房屋价格水平，其次要在估计未来时期地价上涨幅度、前期开发费用、建筑造价水平、各项配套工程费和各种税率变动情况的基础上，预测某类房屋或某一开发项目的开发成本水平，通过成本与价格的比较，估计盈利的可能性，确定是否扩大开发建设规模或探索降低成本的可能性。

（5）市场占有率预测

市场占有率是指开发经营企业产品的销售量或销售额占该产品市场销售总量或销售总额的百分比。作这方面的预测，首先要分析和掌握现有房地产开发企业的数量及其开发能力，本企业产品在目前市场的占有率高低。其次，要根据各企业市场竞争优势及其变化，估计新开发企业进入市场的可能性和其他社会资源流向房地产市场的规模。在此基础上，预测本地未来一定时期内房地产开发能力的增长情况，本企业将要采取的各种措施对市场占有率的影响，努力提高本企业在市场竞争中的地位。预测市场占有率，可以促使企业改善经营管理，提高生产技术水平，促进产品更新换代，提高服务质量和服务水平，而最根本的是为企业经营决策提供依据。

（6）技术发展预测

技术发展预测包括对新技术、新材料、新工艺、新发明、新设备以及新产品所具有的特点、性能、应用领域、应用范围、应用速度、经济效益，以及它们对房地产产品生命周期的影响进行预测。

（7）企业盈亏预测

所谓盈亏预测也即量、本、利分析预测，或盈亏临界分析预测。也就是对房地产开发企业的开发成本、开发量、利润、价格之间的关系作出评价及预测。盈亏预测主要是预测盈亏平衡点，从而推测出实现目标利润所要达到的营销额。

2. 房地产市场预测的种类

按照不同的标准，房地产市场预测可以划分为不同的种类。

（1）宏观市场预测与微观市场预测

按市场预测的范围分，市场预测可分为宏观市场预测和微观市场预测。

宏观市场预测是从整体的宏观的视角对整个国民经济的房地产市场发展的总趋势进行的综合性预测。宏观预测要求预测人员具备长远的战略思想，全面认识过去、洞察未来，深刻认识各种重大问题对房地产市场的影响，粗线条地预测整个房地产市场发展的框架，了解总体市场供求状况，掌握总体市场供求潜量。

微观预测是从房地产企业的微观视角对房地产市场的某个区域市场、某类房屋的供求状况及变化趋势进行的预测。其目的在于帮助企业科学地选定目标市场，制定正确的营销策略。

（2）探索性预测和规范性预测

按预测的性质分，市场预测可分为探索性预测和规范性预测。探索性预测是指前人未做过或本企业以前未做过的预测行为。对房地产而言，即指针对创新产品的市场上无历史数据的参考分析。规范性预测是指同行业内经常做的预测行为。

（3）长期预测、中期预测、近期预测和短期预测

按预测的时间长短分，市场预测可分为长期预测、中期预测、近期预测和短期预测。多数情况下，人们把5年和5年以上的预测称为长期预测，把2～5年的预测称为中期预测，1～2年的预测称为近期预测，1年和1年以下的预测称为短期预测。

长期预测能为企业制定长远规划，选择战略目标，制定重大经济管理决策，提供科学的依据。房地产企业进行的预测多为长期预测。中期预测可以为企业制定实现五年计划和长期规划的措施、方案，提供信息资料，常用于对市场潜力、价格变化、商品供求

动态、国家政策等的预测，为企业的中期经营决策服务。近期预测预测期为 1～2 年。短期预测通常进行比较频繁，目标明确，不确定因素少，预见性强，预见结果准确，可以为企业安排年内市场营销计划提供数据资料，对了解市场动态，抓住市场有利时机具有重要意义。

（4）定性预测和定量预测

按预测采用的方法分，市场预测可分为定性预测和定量预测。

定性预测又称判断预测，主要是用理论分析和人们的直觉经验、主观判断对房地产市场的未来发展前景作出估计。由于定性预测方法主要凭借个人的知识、经验、分析能力或集体的智慧来进行，因此，对于一些缺乏历史资料，或影响因素复杂又难以分清主次，或对主要影响因素难以进行定量分析的情况，使用这种预测方法是最为有效的。常用的定性预测方法有经理人员意见法、销售人员意见综合法、顾客意见法、特尔菲法（专家意见法）。定性预测是对房地产质的方面的预测。

定量预测是根据已掌握的调查资料和市场信息，利用统计方法和数学模型，对未来一定时期内房地产市场可能达到的数量和数量关系所进行的预测。随着现代预测技术的迅速发展，尤其是电子计算机的广泛运用，为定量分析和预测展示了良好的前景。定量预测结果相对比较准确，科学性强，能为房地产企业决策提供比较可靠的依据。房地产市场的定量预测方法主要有时间序列法和多元回归分析法。

■ 3.3.3　房地产开发市场预测的步骤

为了提高预测的准确性和可靠性，使预测工作达到较高效率，预测结果达到较高质量，房地产开发必须遵循科学的市场预测步骤。一般而言，可分如下几步：

1. 确定预测目标，制订预测计划

预测工作开展第一步就是要明确预测的目标和对象。预测目标不同，预测的内容和项目、考虑因素和所需资料以及运用方法都会有所不同，对预测精度要求和投入费用也不同。预测目标必须明确具体，要确定是进行总体市场预测还是分类市场预测，是进行市场需求量预测还是市场占有率预测，是进行短期预测还是中长期预测等，在明确预测目标的基础上，要制定切实可行的具体规划，这是搞好房地产市场预测的前提。

预测目标明确后，就要据此拟订预测的工作计划。预测计划是预测目标的具体化，要制定具体周详，切实可行的预测计划。预测计划包括预测机构的组建、预测人员的培训，预测工作各阶段的安排以及预测费用的预算等。此外，预测计划还应包括收集资料方法的确定、预测方法的选择以及对预测精度的要求等内容。在具体的实施过程中，一旦发现有新的变化，应及时修改计划。

2. 收集、分析预测信息资料

预测实质是借助于历史统计资料和现实调查资料来推测未来，掌握的资料是否全面和准确，在很大程度上决定了预测的精度和运用价值。收集和分析历史资料的目的在于揭示市场发展变化的根源，在总结过去的基础上掌握历史发展规律和趋势，现实资料反映市场运行的现状，是预测未来发展的现实基础。在收集和分析资料的过程中，要做到分清主次，去粗取精，去伪存真，由此及彼，由表及里，力求准确、全面、及时、适用，以便保证预测能顺利开展，提高预测质量，整理出对市场预测有实用价值的资料和信息。

3. 选定预测方法，建立预测模型

选定预测方法和建立预测模型是整个预测工作的核心，它应建立在明确的预测目标、对象和大量占有资料的基础之上。一般而言，在掌握的数据资料不够完备、预测费用较少、准确度要求也不高或者事物发展变化幅度很大，不可定量因素较多的情况下，可选择定性预测方法，否则应采用定量预测方法和模型。在预测中，有时还可以把几种预测方法结合起来使用，以便相互验证和综合处理预测结果，提高预测的可信度。预测模型要在满足预测要求的前提下，尽量简单、方便、实用。

4. 进行科学预测，估计预测误差

在选择好预测方法和模型后，就要根据预测目标和有关资料，确定各变量之间可能存在的联系，并通过有关数据的运算，求得各有关参数，进而得出市场预测值。由于预测只是对客观事物发展的近似描绘，是将过去的、现在的模式推广到未来，因而会有某些误差。这就要求预测人员对模型中未考虑的因素进行分析，对初步预测结果的可靠性和精确性进行验证，估计预测误差的大小，并结合自己的知识、经验进行推理，进一步修正和充实已得到的预测结果。

5. 撰写预测报告，呈现预测结果

预测结果出来后，就要着手撰写预测报告，呈现预测结果。预测报告有一般性报告和专门性报告两种。一般性报告主要供领导参考，目的是提供市场预测结果和市场营销活动建议。其内容主要包括预测对象的过去和现在的状况、影响预测对象的各种因素、预测结果、预测对象未来发展趋势以及达到预期目标的各种方式和必须条件等。专门性报告主要是供市场研究人员、咨询人员参考。其内容主要包括获取和处理数据的方法、预测方法和预测模型、预测结果和主要计算程序、检验过程等。向有关人员呈现预测结果时应注意要阐明预测的效用，同时要使决策者相信预测结果与所需作的决策密切相关，大有用途，又要使决策者明确预测的结果，这最好用图表的形式，另外还要说明预测的可信性。

■ 3.3.4 房地产市场预测报告实例

我们以《2009～2010 年中国上海房地产市场研究预测报告》为例，给学生提供在实训过程中撰写房地产市场预测报告的一个参考范本。该报告是由北京中经纵横经济研究院行业研究人员根据国家统计机构、市场调查（监测）中心、行业协（学）会、进出口统计部门、科研学术研究团体等机构提供或发布的数据、信息，运用科学专业的统计与研究方法制作完成。

《2009～2010 年中国上海房地产市场研究预测报告》内容简介（根据中国市场研究网相关资料整理得到）：

第一章为房地产相关概况：

系统介绍房地产业的定义、类型、涵盖领域、形态和特点，以及影响房地产价值的因素。

第二章为房地产行业发展概况：

说明中国房地产业发展现状，进行 2007～2008 年中国房地产景气指数分析，回顾 2007 年中国房地产市场发展并进行 2008 年中国房地产市场现状分析，提出中国房地产行业面临的挑战和发展策略。

第三章为上海市房地产行业经济背景分析：

分析 2008 年上海市经济与社会发展概况、宏观政策环境和上海市产业结构。

第四章为上海市房地产行业分析：

介绍上海房地产具体类型发展史，进行上海房地产行业发展回顾、2008 年上海房地产行业现状分析，提出促进上海房地产市场发展的策略和上海房地产企业的经营管理策略。

第五章为上海市土地市场分析：

介绍中国土地市场状况，进行上海房地产市场供给分析。

第六章为上海市住宅市场：

全方位展示国内住宅市场和上海市住宅市场的现状，回顾 2008 年上海市高档住宅市场的发展情况，进行上海高档住宅市场的发展趋势分析、2009 年上海住宅用地供应预测和 2009～2010 年上海住宅价格趋势预测。

第七章为上海市公寓市场：

全方位展示上海市公寓市场的特点；上海酒店式公寓的分类、区域分布、经营管理、物业规模、房型；上海单身公寓的发展现状，包括其诞生史、设计定位的特点、客户对象群体和今后的发展前景；上海市小户型公寓的开发问题及其对策。

第八章为上海市别墅市场：

进行别墅市场需求特征分析，介绍中国别墅市场现状，进行上海市别墅市场发展分析，详细介绍上海别墅市场六大重点板块。

第九章为上海市商业地产市场：

内容包括上海商业地产市场分析、上海商业地产发展中存在的问题及对策、上海市商业地产发展趋势分析。

第十章为上海市写字楼市场：

采用图文结合的方式，内容包括写字楼投资的原则和要素分析、上海市写字楼发展状况回顾、2008年上海市写字楼行业现状、上海市写字楼发展前景与趋势，说明2008年下半年上海甲级写字楼预见红火，2009～2011年上海写字楼呈现郊区化趋势。

第十一章为上海市商铺地产市场：

内容主要有商铺及商铺投资的相关概念、上海商铺市场现状分析、上海市商铺地产发展趋势，指出2008年上海商铺分化现象严重、上海城市副中心商铺成投资新宠、上海市郊商业地产前景广阔、未来三年地铁商铺商机无限。

第十二章为上海市二手房市场：

主要进行中国二手房市场分析、上海市二手房市场分析及其发展趋势，详细说明了上海市二手房在2008年的特征，预测上海二手房市场将出现的新特点和未来走势。

第十三章为重点企业介绍：

分别具体介绍2007～2008年陆家嘴、外高桥、新黄浦这几个区域经营状况和存在的问题，并对新型房产和世贸股份的经营状况、存在问题与困难、解决困难的方法进行分析。

第十四章为上海市房地产行业投资分析：

这一章报告内容包括上海市房地产投资机会分析、投资热点分析、投资风险分析、投资建议。

第十五章为房地产行业融资分析：

介绍中国房地产的不同融资渠道和融资概况、房地产信贷分析，针对上海市房地产融资，进行上海房地产信托融资的发展分析、上海房地产证券化融资分析，指出典当成为上海房地产市场短期融资热门，说明外资融资对上海房地产行业的影响和上海房地产行业融资的新渠道。

第十六章为房地产行业发展前景分析：

展望中国房地产行业和上海市房地产行业发展前景，具体报告内容有未来几年国内房地产的宏观调控分析、中国房地产行业未来发展趋势、中国房地产市场未来的经营取向、未来中国房地产价格的发展趋势、2009～2010年上海房地产市场的展望、上海房地产市场的几大趋势和"十一五"上海房地产发展预测。

第十七章为房地产政策分析：

说明国家房地产宏观调控政策对上海房地产发展的影响进行说明。

第十八章为政策法规简介：

介绍中国房地产政策法规和上海市房地产政策法规。

3.4 房地产开发项目建设招投标

3.4.1 房地产开发项目招标投标概述

1. 招投标的含义、形式和原则

招投标是在国内外经济活动中常用的一种竞争性交易形式,在西方发达国家和地区招投标制度已经发展得非常成熟,1999 年 8 月 30 日,九届全国人大常委会第十一次会议通过的《中华人民共和国招标投标法》,确立了中国的强制性招标制度。

房地产开发项目施工的招标,就是指开发商(或开发商委托的招标代理机构),以工程建设标底为尺度(或以其他的符合国家法律法规的条件为尺度),择优选择承包商(建筑商)并与之签订合同的过程。房地产开发项目施工的投标,就是指承包商(建筑商)为了承揽开发商的工程项目,以投标报价的方式,争取获得工程项目施工权利并与开发商签订施工合同的过程。房地产开发项目施工的招投标可分为公开招投标、邀请招投标、协商招投标三种形式。

房地产开发项目施工招投标行为是一种通过市场化方式实现的双向选择的方法。根据《招标法》的规定,招投标活动中必须遵循"公开"、"公平"、"公正"的原则。

2. 招投标的程序

招标与投标是按法律规定程序进行的一种经济活动。其全过程必须严格依照法律的有关规定进行,否则就可能会引起一些纠纷。从招投标的程序来看,招标过程在先,投标活动表现为一种应和行为,因此,可以从招标角度对房地产开发项目建设招标投标的一般程序加以介绍。

(1) 准备阶段

该阶段主要进行下列工作:选择招标方式,组建招标工作小组或委托招标咨询机构进行招标,确定招标项目、招标指导思想及原则,通过新闻媒体向社会公开发布招标公告。

(2) 招标阶段

这阶段主要进行下列工作:编制招标文件,进行资格预审,发放招标文件,组织投标单位勘察现场,举行招标预审会,对招标文件答疑,编制与送审工程标底,接收投标文件,开标,评标,定标,签订合同。这是公开招标的典型程序。邀请招标的程序与公开招标大同小异,其不同点主要是邀请招标没有资格预审环节,但增加了发出投标邀请书环节。

3.4.2 房地产开发项目招投标书编制

房地产开发项目招投标书编制是整个招投标过程中最重要的一环,标书的编制是一项技术性、综合性都很强的工作，需要专业技术人才完成。招标文件的科学编制是保证招标工作成功的基础，它不仅有利于开发商选择合格承包商（建筑商），而且对指导开发项目的工程施工管理工作具有重要作用。编制招投标书应该遵循全面反映使用单位需求、科学合理的原则、公平竞争（不含歧视性条款）和维护本企业商业秘密及国家利益的原则。根据原建设部 1996 年 12 月发布的《建设工程招标文件范本》的规定，结合房地产开发项目的实际情况，对于公开招标的招标文件，设计如下：

目 录 内 容

第一卷　投标须知、合同条件及合同格式

　　第一章　投标须知

　　第二章　施工合同通用条款

　　第三章　施工合同专用条款

　　第四章　施工合同协议书

第二卷　技术规范

　　第五章　技术规范

第三卷　投标文件

　　第六章　投标书及投标书附件

　　第七章　工程量清单与报价单

　　第八章　辅助资料表

　　第九章　资格审查表

第四卷　图纸

　　第十章　图纸

邀请招标的招标文件的内容，除了上述第九章资格审查表以外，其余与公开招标文件的内容完全相同。接下来，我们对招标文件的目录内容各个项目进行详尽解释。

（1）投标须知

投标须知由招标机构编制，是招标文件最为重要的一部分内容，是投标单位有可能中标的最基本条件之一。它着重说明本次招标的基本程序，投标者应遵循的规定和承诺的义务，投标文件的基本内容、份数、形式、有效期和密封及投标其他要求，评标的方法、原则，招标结果的处理，合同的授予及签订方式，投标保证金。一般情况下，投标须知包括以下内容：总则、招标文件、投标报价说明、投标文件的编制、投标文件的递交、开标、评标、授予合同八项内容。一般时候在投标须知中有一张"前附表"。"前附表"是将投标者须知中最重要条款规定的内容用一个表格的形式列出来，以便投标者在整个投标过程中严格遵守规定和深入思考。

1）总则。在总则中主要说明的内容有：开发工程概况和资金来源；资质和合格投标文件的基本条件和投标费用；

2）招标文件。投标须知中既要写明招标文件的内容，还应写明对招标文件的解释、修改和补充内容。投标单位在接到招标文件后，若有问题需要了解、询问，应以书面形式向招标单位提出，招标单位应以通信的形式或招标预备会的形式予以解答，但不说明其问题的来源，答复将以书面的形式送交所有的投标者。在投标截止日期前，招标单位可以以补充通知形式修改招标文件。为使投标单位有时间考虑招标文件的修改内容，招标单位有权延长递交投标文件的截止日期。修改招标文件和延长投标截止日期应报招标管理部门备案；

3）投标报价说明。投标报价说明应指出对投标报价、投标价格采用的方式和投标货币三个方面的要求；

4）投标文件的编制。投标文件的编制主要说明投标文件的语言、投标文件的组成、投标有效期、投标保证金、投标预备会、投标文件的份数和签署等内容；

投标文件及投标单位与招标单位之间的来往信件应采用中文，在少数民族地区可以使用少数民族的语言文字；

投标文件一般包括：投标书、投标书附录、投标保证金、法定代表人的资格证明书、授权委托书、具有价格的工程量清单与报价表、辅助资料表、资格预审表（有资格预审的可不采用）、按本须知规定提出的其他资料。上述内容的完成包括具体的打印、装订，一般都有统一的格式，便于招标单位的审查；

投标有效期一般是指从投标截止日起至公布中标的这段时间。一般在投标须知的前附表中规定投标的有效期时间，投标文件在投标截止日期后的有效期内都有效。

投标保证金是投标文件的组成部分，它的形式可以是：现金、支票、汇票和在中国注册的银行出具的银行保函，银行保函应按招标文件规定的格式填写，有效期应与招标文件规定的投标有效期相符；

招标预备会的目的是澄清、解答投标单位提出的问题，组织投标单位考察和了解现场情况；

在投标文件中应明确标明"投标文件正本"和"投标文件副本"，其份数按前附表规定的份数提交。若投标文件的正本与副本不一致时，以正本为准。投标文件必须使用不能擦去的墨水打印和书写，由投标单位法定代表人亲自签署并加盖法人公章和法定代表人印鉴。全套投标文件应无涂改和行间插字，若有涂改和行间插字处，应由投标文件签字人签字并加盖印鉴；

5）投标文件的递交。投标单位应将投标文件的正本和副本分别密封在内层包封内，再密封在一个外层包封内，并在内包封上注明"投标书正本"或"投标书副本"字样。外层和内层包封都应注明招标单位和地址、合同名称、投标编号，并注明开标以前不得开封。在内层包封上还应注明投标单位的邮政编码、地址和名称，以便投标出现逾期送达时能原封退回。如果在内层包封上未按上述规定密封并加写标志，招标单位将不承担投标文件错放或提前开封的责任，对由此造成的提前开封的投标文件予以拒绝，并退回投标单位；

投标单位应在前附表规定的招标截止日期之前递交投标文件，因发出补充通知、修改招标文件而酌情延长投标截止日期时，招标和投标单位在投标截止日期前的全部权力、责任和义务，将延长至新的投标截止日；

投标单位在递交投标文件后，可以在规定的投标截止日期之前以书面形式向招标单位递交修改或撤回其投标文件的通知；

6）开标。招标单位应在前附表规定的时间和地点组织开标会议，其法人代表或授权的代表应签名报到，以证明出席开标会议。投标单位未派代表出席开标会议的视为自动弃权。一般地，投标标书如出现下列情况之一则无效：未密封；未按规定格式填写或填写不清；未加盖企业印章以及法人代表或委托的代理人印章；逾期送达等。招标单位在开标会议上当众宣布开标结果；

7）评标。评标要注意保密，在评标和授予合同过程中，投标单位对评标机构成员施加影响的任何行为，都将导致取消评标资格。评标时要进行资格审查、投标文件的澄清、投标文件的符合性鉴定、对投标书错误的修正、投标文件的评价与比较；

8）授予合同。经评标确定出中标单位后，在投标有效期截止前，招标单位将以书面的形式向中标单位发出"中标通知书"，并按规定提交履约保证，履约保证可由银行出具银行保函（保证数额为合同价的 5%），也可由保险公司、有实力的经济实体出具履约担保书（担保数额为合同价的 10%）。另外，由投标单位和招标单位的法定代表人按招标文件提供的合同协议书签署合同，招标单位应及时将评标结果通知未中标的投标单位。

（2）合同条件

合同条件由《建设工程施工协议书》、《建设工程施工合同专用条款》、《建设工程施工合同通用条款》三部分组成。

（3）合同格式

合同格式包括合同协议书格式、银行履约保函格式、履约担保格式、预付款银行保函格式等。

（4）技术规范

技术规范主要说明工程现场的自然条件、施工条件及本工程施工技术要求和采用的技术规范。

（5）投标书及投标书附录

投标书是由投标单位授权的代表签署的一份投标文件，投标书是对业主和承包商（建筑商）双方具有约束力的合同的重要组成部分。跟随投标书的文件有投标书附录、投标保证书和投标单位法人代表资格书及授权委托书。投标书附录是对合同条件规定的重要要求的具体化，投标保证书可选择银行保函，或由担保公司、证券公司、保险公司提供担保书。

（6）工程量清单与报价表

一般情况下，要在招标文件中列出报表汇总表、工程量清单报价表、设备清单及报价表、现场因素、施工技术措施及赶工措施费用报价表、材料清单及材料价差。

（7）辅助资料表

辅助资料表包括：项目经理简历表、主要施工管理人员表、主要施工机械表、拟分包项目表、劳动力计划表、施工方案或施工组织设计、计划开工、竣工日期和施工进度表、临时设施布置及临时用地表。

（8）资格审查表

资格审查表内容一般包括：投标单位企业状况；近三年来所承担的工程情况一览表；在建施工情况一览表；目前剩余劳动力和机械设备情况表；财务状况；其他资料（各种奖罚）；联营体协议和授权书。

（9）图纸

图纸是招标文件的重要组成部分，是投标单位拟订施工方案、确定施工方法、确定工程报价不可缺少的资料。图纸的详细程度取决于设计的深度与合同的类型。地质钻孔柱状图、水文地质和气象等资料也属于图纸的一部分，开发商和监理工程师应对这些资料的正确性负责，而对投标单位据此作出的分析判断以及在此基础上拟订的施工方案和施工方法，开发商和监理工程师不负责任。

3.5　房地产开发项目建设合同书

■ 3.5.1　房地产开发项目建设合同概述

房地产开发合同是指在房地产开发阶段，当事人就房地产开发用地的取得和房屋建设以及房屋销售的相关事宜设立、变更、终止权利义务关系而达成的协议。根据房地产开发的阶段划分，房地产开发合同主要包括前期工作类合同、建设实施类合同以及房屋销售服务类合同。其中房地产开发项目建设合同主要是指房地产开发工程承包合同，包括施工合同、勘察设计合同、监理合同。

1. 施工合同

施工合同即建筑安装工程承包合同，是发包人和承包人为完成商定的建筑安装工程，明确相互权利、义务关系的合同。根据我国《建筑工程施工合同》（示范文本）的要求，施工合同一般应包括以下主要内容：工程名称、地点、范围、内容，工程价款及开竣工日期、双方的权利、义务和一般责任、施工组织设计的编制要求和工期调整的处置办法、工程质量要求、检验与验收方法、合同价款调整与支付方式，材料、设备的供应方式与质量标准、设计变更、竣工条件与结算方法、违约责任与处置办法、争议解决方式、安全生产维护措施等。此外，关于索赔、专利技术使用、发现地下障碍和文物、工程分包、不可抗力、工程保险、合同生效与终止等也是施工合同的重要内容。

2. 勘察设计合同

勘察设计合同是委托方与承包方为完成一定的勘察设计任务，明确相互权利义务关系的协议。委托方指建设单位（开发企业），承包方指持有勘察、设计证书的勘察、设计单位。勘察、设计合同应包括如下主要条款：建设工程名称、规模、投资额、建设地点，委托方提供资料的内容、技术要求及期限，承包方勘察的范围、进度和质量，设计的阶段、进度、质量和设计文件份数，勘察、设计取费的依据，取费标准及拨付办法，违约责任。

3. 监理合同

监理合同是工程项目建设实施阶段房地产开发企业与监理机构所签订的对其他合同的履行过程进行监督、管理和协调工作，保证其顺利实施而签订的明确双方权利、义务关系的协议。监理合同应包括如下主要内容：总则性条款，主要包括合同主体、合同标的、合同责任期；委托人的权利和义务；监理人的权利和义务；合同变更；违约责任与索赔；解决合同争议的方法。

3.5.2 房地产开发项目建设合同书拟订

施工合同书的拟订

《建设工程施工合同条件》和《建设工程施工合同协议条款》组成了《建设工程施工合同示范文本》。《合同条件》是根据《中华人民共和国经济合同法》、《建筑安装工程承包合同条例》对承发包双方权利义务作出的规定，主要包括词语涵义及合同文件、双方一般责任、施工组织设计和工期、质量与验收、合同价款与支付、材料设备供应、设计变更、竣工与结算、争议、违约和索赔以及其他。下面是建设工程施工合同协议条款的格式：

甲方：

乙方：

按照《中华人民共和国经济合同法》和《建筑安装工程承包合同条例》的原则，结合本工程具体情况，双方达成如下协议。

第1条　工程概况

1.1　工程名称：

工程地点：

工程内容：

承包范围：

1.2　开工日期：

竣工日期：

总日历日期：

1.3　质量等级：

1.4　合同价款：

第 2 条　合同文件及解释顺序

第 3 条　合同文件使用的语言文字、标准和适用法律

3.1　合同语言：

3.2　适用法律法规：

3.3　适用标准、规范：

第 4 条　图纸

4.1　图纸提供日期：

4.2　图纸提供套数：

4.3　图纸特殊保密要求和费用：

第 5 条　甲方驻工地代表

5.1　甲方驻工地代表及委派人员名单：

5.2　实行社会监理的总监理工程师姓名及其被授权范围（如果有）：

第 6 条　乙方驻工地代表

第 7 条　甲方工作

7.1　施工场地具备开工条件和完成时间的要求：

7.2　水、电、电信等施工管线进入施工场地的时间、地点和供应要求：

7.3　施工场地内主要交通干道及其与公共道路的开通时间和起止地点：

7.4　工程地质和地下管网线路资料的提供时间：

7.5　办理证件、批件的名称和完成时间：

7.6　水准点与坐标控制点位置提供和交验要求：

7.7　会审图纸和设计交底的时间：

7.8　施工场地周围建筑物和地下管线的保护要求：

第 8 条　乙方工作

8.1　施工图和配套设计名称、完成时间及要求：

8.2　提供计划、报表的名称、时间和份数：

8.3　施工防护工作的要求：

8.4　向甲方代表提供办公和生活设施的要求：

8.5　对施工现场交通和噪声的要求：

8.6　成品保护的要求：

8.7 施工场地周围建筑物和地下管线的保护要求：

8.8 施工场地整洁卫生的要求：

第 9 条 进度计划

9.1 乙方提供施工组织设计（或施工方案）和进度计划的时间：

9.2 甲方代表批准的时间：

第 10 条 延期开工

第 11 条 暂停施工

第 12 条 工期延误

第 13 条 工期提前

第 14 条 检查和返工

第 15 条 工程质量等级

15.1 工程质量等级要求的经济支出：

15.2 质量评定仲裁部门名称：

第 16 条 隐蔽工程、中间验收

16.1 中间验收部位和时间：

第 17 条 试车

第 18 条 验收和重新检验

第 19 条 合同价款及调整

19.1 调整的条件：

19.2 调整的方式：

第 20 条 工程预付款

20.1 预付工程款总金额：

20.2 预付时间和比例：

20.3 扣回时间和比例：

20.4 甲方不按时付款应承担的违约责任：

第 21 条 工程量的核实确认

21.1 乙方提交工程量报告的时间和要求：

第 22 条 工程款支付

22.1 工程款支付方式：

22.2 工程款支付金额和时间：

22.3 甲方违约的责任：

第 23 条 甲方供应材料设备

23.1 甲方供应材料、设备的要求（附清单）：

第 24 条 乙方采购材料设备

第 25 条　设计变更

第 26 条　确定变更价款

第 27 条　竣工验收

27.1　乙方提交竣工资料和验收报告的时间：

27.2　乙方提交竣工图的时间和份数：

第 28 条　竣工结算

28.1　结算方式：

28.2　乙方提交结算报告的时间：

28.3　甲方批准结算报告的时间：

28.4　甲方将拨款通知送达经办银行的时间：

28.5　甲方违约的责任：

第 29 条　保修

29.1　保修内容、范围：

29.2　保修期限：

29.3　保修金额和支付方法：

29.4　保修金利率：

第 30 条　争议

30.1　争议的解决程序：

30.2　争议的解决方式：

第 31 条　违约

31.1　违约的处理：

31.2　违约金的数额：

31.3　损失的计算方法：

31.4　甲方不按时付款的利息率：

第 32 条　索赔

第 33 条　安全施工

第 34 条　专利技术、特殊工艺和合理化建议

第 35 条　地下障碍和文物

第 36 条　工程分包

36.1　分包单位和分包工程内容：

36.2　分包工程价款的结算办法：

第 37 条　不可抗力

37.1　不可抗力的自然灾害认定标准：

第 38 条　保险

第 39 条　工程停建或缓建

第 40 条　合同生效与终止

40.1　合同生效日期：

第 41 条　合同份数

41.1　合同副本份数：

41.2　合同副本的分送责任：

41.3　合同书制定费用：

合同订立时间：　　　　　　　年　　月　　日

发包方（章）：　　　　　　　承包方（章）

地址：　　　　　　　　　　　地址：

法定代表人：　　　　　　　　法定代表人：

委托代理人：　　　　　　　　委托代理人：

电话：　　　　　　　　　　　电话：

电挂：　　　　　　　　　　　电挂：

开户银行：　　　　　　　　　开户银行：

账号：　　　　　　　　　　　账号：

邮政编码：　　　　　　　　　邮政编码：

鉴（公）证意见：

经办人：

鉴（公）证机关（章）

年　　月　　日

3.6　实训作业

1. 我们给出 2008 年北京房地产市场的年终回顾（来源：中国指数研究院、中国房地产指数系统、搜房网），要求学生在此基础上结合北京统计局和中国房地产指数系统提供的相关数据，对 2009 年该市房地产市场进行简单预测，撰写市场预测报告，报告格式可参照前述预测报告实例，重点分析 2009 年北京政策性住房、土地供应情况、土地价格、楼市供应量和成交量等。

宏观经济环境：2008 年北京市经济增速回落，1～3 季度 GDP 同比涨幅为 9.1%；人均可支配收入持续增加，但消费者支出同比减少。

房地产开发经营情况：2008 年房地产开发投资总体仍呈下降趋势，带动固定资产投资回落；企业筹集资金的压力加大，定金及预付款占比下降，自筹资金上升；保障性住房用地推出力度加大，使得 2008 年土地购置面积大幅上涨；商品房供应指标同比持续下滑，2008年新开工面积、竣工面积同比均持续下降；商品房销供比逐步回落，供过于求矛盾日益显现。

商品住宅市场行情：保障性住房集中供应，大幅增加2008年住宅市场供应量；2008年住宅市场观望气氛弥漫，楼市持续低迷，成交量同比下降幅度将近50%；2008年住宅日均成交套数同比下降过百；保障性住房开发力度加大，新增供应较去年上涨近4倍；2008年北京上半年房价维持高位运行，下半年价格出现松动，保障性住房集中供应成交拉低住房成交价格；北京中房住宅指数2008年以来表现平稳，与住宅成交价格基本吻合；人均可支配收入持续增加，但房价收入比仍然过高。

房地产企业运行状况：面对当前低迷楼市，北京房企两极分化明显；面对金融海啸对整个实体经济及房地产的影响，部分开发企业采取放缓的营销策略。

2. 某建设单位准备建一座图书馆，建筑面积5000m^2，预算投资400万元，建设工期为10个月，建筑地点在××区××路中段。该房地产项目采用公开招标的方式确定承包商。根据本章所述房地产开发项目招标文件的编制方法和格式，按照《中华人民共和国招标投标法》和《中华人民共和国建筑法》的规定，帮助建设单位编制一份招标书，有关内容可以虚拟、充实。

3. 建设单位将某给水建设工程项目委托给某监理单位进行施工阶段的监理。在委托建设工程监理合同中，对建设单位和监理单位的权利、义务和违约责任所作的某些规定如下。要求学生指出以下各条中有无不妥之处？怎样才是正确的？

（1）在施工期间，任何工程设计变更均须经过监理方审查、认可，并发布变更指令方为有效，实施变更。

（2）监理方应在建设单位的授权范围内对委托的建设工程项目实施施工监理。

（3）监理方发现工程设计中的错误或不符合建筑工程质量标准的要求时，有权要求设计单位改正。

（4）监理方仅对本工程的施工质量实施监督控制，业主则实施进度控制和投资控制任务。

（5）监理方在监理工作中只对业主负责，维护业主的利益。

（6）监理方有最终审核批准索赔权。

（7）监理方对工程进度款支付有审核签认权；业主方有独立于监理方之外的自主支付权。

（8）在合同责任期内，监理方未按合同要求的职责履行约定的义务，或委托人违背对监理方合同约定的义务，双方均应向对方赔偿造成的经济损失。

（9）当事人一方要求变更或解除合同时，应当在42日前通知对方，因解除合同使一方遭受损失的，除依法免除责任外，应由责任方负责赔偿。

（10）当委托人认为监理方无正当理由而又未履行监理义务时，可向监理方发出指明其未履行义务的通知。若委托人发出通知后 21 日内没有收到答复，可在第一个通知发出后 35 日内发出终止委托监理合同的通知，合同即行终止。监理方承担违约责任。

（11）在施工期间，因监理单位的过失发生重大质量事故，监理单位应付给建设单位相当于质量事故经济损失 20％的罚款。

第4章 房地产投资实训

【实训目的】

在着手进行房地产开发之前，投资者必须考虑进行何种房地产投资，准备采用何种方式筹资，预备投入多少资金，愿意承受多大的风险，如何选择最佳投资时机，是自己单独投资还是和其他人合作投资等等问题。因此本章实训目的是使学生了解房地产投资专门知识，学习房地产投资分析报告和房地产可行性研究报告的撰写方法。

【实训要求】

重点掌握房地产投资风险分析，拥有掌握市场变化状况，运用房地产经济评价指标，分析房地产投资项目的能力，并且能够将这些结果撰写在房地产投资可行性研究报告中的实际操作技巧。

【实训内容】

（1）房地产投资具体程序了解，房地产投资的经济评价含义相关指标体系辨析；

（2）房地产投资风险分析流程以及风险评价方法掌握；

（3）房地产投资可行性研究的工作阶段，房地产可行性研究报告的撰写。

4.1 房地产投资概述

4.1.1 房地产投资

房地产投资是指国家、集体或个人等投资主体，以获取未来的房地产增值或收益为目的，预先垫付一定量的货币或实物，直接或间接地从事或参与房地产开发与经营活动的经济行为。即以获取房地产收益为目的，投放一定量的资金，用以开发经营房地产的行为。由于具有抗通货膨胀、风险适中等特点，房地产投资逐渐成为市场上较有吸引力

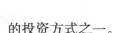

的投资方式之一。

4.1.2 房地产投资程序

要成功地进行房地产投资就必须对那些影响收益的重要因素进行细致地分析，其目的是判断某项投资所带来的收益能否使投资者满意。

在进行投资过程分析之前，我们必须先进行投资机会的选择，这个过程主要是投资机会的寻找。在投资机会寻找过程中，开发商首先要选择项目所处的城市或地区，然后根据自己对该城市或地区房地产市场供求关系的认识，寻找投资的可能性，亦即我们通常所说的"看地"。此时，开发商面对的可能有多种投资的可能性，对每一种可能性都要根据自己的经验和投资能力，快速地在头脑中初步判断其可行性。

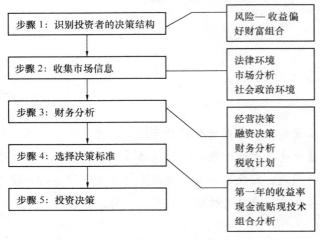

图 4-1　房地产投资程序

而具体的投资程序如图 4-1 所示。

1. 投资者的决策结构

第一步就是明确投资者决策结构。其中包括三个方面：风险——收益偏好、现有财富的组合以及总目标。

在一个竞争的房地产市场上，期望收益与潜在风险直接相关。对投资者而言，投资项目潜在收益越大，风险也越大，风险等级随房地产投资的类型以及投资地点的不同而不同。此外，投资过程中的金融杠杆作用程度也影响着投资收益及其风险。

房地产投资应该有一个或者多个目标，以便能恰当地对投资选择进行分析。但是，如果仅仅把投资目标限于避税和保值就太狭隘了，甚至是误导。比如，如果产生了负的现金流量，那么，能够提供最大税后庇护的投资将不是最佳投资。对大多数投资者来说，最佳目标应该是合理调整投资的风险和收益，使其资产能够得到最大限度的扩充。

2. 信息收集

投资过程中一个重要的步骤就是收集与投资有关的市场信息，这些信息包括房地产市场信息、城市建设信息、政府的土地批租信息、开发企业之间的土地转让信息等，以便了解房地产市场供求状况，为后面的财务分析做准备。

无论是宏观市场还是微观市场的状况都影响着房地产的价值和收益。宏观市场的通货膨胀、失业率、利率以及政府制定的有关房地产投资的经济政策等方面影响房地产投资价值和收益。对于某一特定地区的房地产市场，则必须收集当地的具体信息（微观）。总之，目的是为了综合宏观和微观的信息，使我们对影响房地产投资收益和风险的关键因素有一个总的认识。

3. 财务分析

收集完市场信息之后，就是利用收集的数据，估算要进行投资的房地产的期望现金流量。要估算的内容主要包括：租金水平、空置率、营运费用、债务流量、应税收入、税前和税后的现金流，以及持有期末的期望售价和剩余现金流量。

在房地产的经营管理过程中，房地产管理人员通常面临的一个问题就是，如何进行合理的经营决策，使投资的净营运收益最大以及资产转让时的售价尽可能高。管理者总是试图在减少营运费用的同时又为客户提供满意的服务，以便能维持较高的租金收入水平。对他们来说，减少成本的一个可能办法就是扩大经营规模，对大多数生产和服务行业来说，专业化和劳动力分工，以及一些技术因素能够使企业在扩大经营规模的同时减少单位成本。问题在于，这一规模经济原理是否适用于房地产投资。从统计资料来看，规模大的商业房地产，其平均营运成本并不低于规模较小的商业房地产。

4. 选择标准

第四步就是利用选择标准进行投资决策。比如，给定某项房地产的购价，投资者就要参照一定的标准，分析该房地产的预期利润是否能够弥补投资者的投资风险，然后进行投资决策。通常，选择标准由三种途径获得：

（1）第一年的收益和成本测量；

（2）现金流贴现（DCF）技术；

（3）资产组合分析。

第一种途径只是局限于对持有期第一年的利润和成本进行分析。一般来说，更普遍的测量方法包括测量的权益红利率、总收益乘数、总的资本化率（贴现率）和股本收益，其特点在于它的简便性，不需要复杂的数学模型，也不必预测未来不确定的收入流量。当然这种简便性也限制了它们在房地产投资分析中的有效使用。

第二种途径，现金贴现技术（DCF）是在上述基本测量方法的基础上，对一年后的净营运收入也进行分析。该技术依据的基本概念就是房地产投资的价值等于将来现金流的现值，该方法同时考虑了房地产的经营收入流量和回收现金流量的时间价值。

该技术有两种模式：净现值模式和内部收益率模式。净现值模式是根据所要求的收益率，将投资者期望的现金流量贴现。如果现值等于或者超过投资成本，投资就可以进行，反之就不能进行。内部收益率模式就是求出使收益率现值恰好等于成本现值的贴现率（即内部收益率），如果内部收益率不小于投资者要求的收益率，投资就可以进行，反之则不能进行。

上述两种模式都必须指明是以税前还是税后现金流为基础。传统房地产收益评估法一般采用税前净现值模式。另外，在大多数情况下，DCF 模式也只考虑房地产投资项目及其现金流量的风险，它认为该风险与投资者的其他风险收益不相关。

第三种途径是进行投资资产组合分析。给定资产组合风险水平，投资者必须选择合适的房地产投资，使它与其他投资进行组合时能给投资者带来最高的总体收益。从另一个角度看，分散投资可以在不减少收益的同时降低投资者面临的风险。因此，在选择投资项目时，重要的不是单独考虑项目的投资风险，而要看该项目投资于投资者资产组合中的其他投资如何相关。

投资组合概念框架清晰，即持有房地产组合资产或者说持有房地产与其他金融资产组合投资将有益于投资者获得高收益。

选择投资决策的方法主要取决于投资者能获得的信息。DCF 技术和资产组合技术都需要十分详细的投资信息，因此，比第一种方法更合理、更精确。对一个投资者来说，进行投资决策时，采用好的选择方法能够带来边际收益，但是也必须花费边际信息成本，两者之间存在损益交替问题。房地产市场充满竞争，只有了解更多的信息、采用更先进的分析技术，才能在竞争中取胜。

4.2 房地产投资风险分析

■ 4.2.1 房地产投资风险

所谓房地产投资风险是指房地产投资的实际收益与期望收益的偏差程度及其量值。房地产投资是一种特殊的投资方式，投资周期长、投资量大、投资的物具有不可移动性、投资易受政策影响等特点，都可能是形成房地产投资风险的原由。大体上讲，房地产投资存在以下各种类型的风险。

主要包括：①投资支出风险；②经营风险；③商业风险；④融资风险；⑤购买力风险；⑥市场风险；⑦政策风险；⑧法律风险；⑨其他风险。由于政治、经济因素变动，社会习俗、社会经济承受能力以及社会成员的心理状态等方面造成的投资损失叫做社会风险。由于人们对自然力失去控制或自然本身发生异常而造成的损失，如地震、洪水、风暴、雷电、海啸、旋风等自然灾害的发生，称作自然风险。有时，也将这些因自然灾害的发生或由于人的过失或故意破坏行为而引起的投资损失，称作意外风险。为避免这些意外风险可能造成的投资损失，投资者可通过参加保险将风险转嫁给保险公司。但由于交纳保险费也会引起投资收益的减少，故投资者应选择最佳的风险损失和保险费支出的组合。

■ 4.2.2 房地产投资风险分析流程

风险分析流程一般可以分为三个阶段：风险识别、风险估计和风险评价。

风险分析是针对风险的识别、估计和评价进行全面、综合分析的过程，其主要组成如图4-2所示。

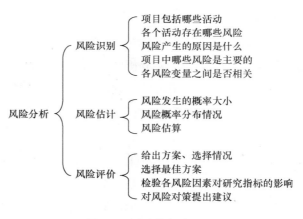

图 4-2　风险分析流程图

1. 风险识别

进行房地产投资风险管理，首先必须识别风险，房地产投资风险识别，就是在各种风险发生过程中，对风险的类型及风险生成的原因进行判断分析，以便实现对投资风险的计量和处理。

在此阶段主要分析：

（1）在投入与产出过程中有哪些风险应当考虑。

（2）引起这些风险的主要因素是什么？

（3）这些风险的后果及其严重程度如何？

风险识别过程通常由风险分析人员与房地产的规划、设计人员及有关专家一同进行。主要方法是通过调查、分解、讨论等提出所有可能存在的风险因素，并且分析和筛选那些影响微弱、作用不大的因素，然后研究主要因素间的关系。

2. 风险估计

风险估计就是对识别出的风险进行测量，给定某一风险发生的概率。对风险进行概率估计的方法有两种：一种根据大量实验，用统计的方法进行计算，这种方法所得数值是客观存在的，不以人的意志为转移，称为客观概率。另一种为主观概率，是根据合理的判断和当时能搜集到的有限信息以及过去长期的经验而由有关专家对事件的概率作出的一个合理估计。

由于在实际可行性研究中进行风险分析时，所遇到的事件通常不可能做实验。又因事件是将来发生的，因而不可能作出准确的分析。所以，很难计算出客观概率。但由于决策的需要，必须对事物出现的可能性作出估计。所以，主观概率在风险估计中的应用近年来已日益引起人们的重视。对于大型房地产项目，由于缺乏历史资料的借鉴，风险估计人员经常利用主观概率估计的方法对辨识出的风险进行评估。

另外，对大型房地产项目进行经济风险分析时，由于该项目的特征可以通过它的投入和产出流反映出来，因而各种风险因素的直接作用后果将使得项目在各个时期的投入、产出流发生变化，实际投入、产出流与预测值发生偏差将最终导致投入、产出的偏差。因此，在风险估计阶段的主要任务，就是在综合考虑主要风险影响的基础上，对随机投入、产出流的概率分布进行估计，并对各个流之间的各种关系进行研究。

3. 风险评价

风险评价就是评价风险对预期目标的影响，提出应采取的相应措施，以供决策者参考。风险评价是整个风险分析的核心所在。风险评价的方法很多，大致可以分为两类：第一类属于规范的决策方法，它能给出方案选择的规则并选出最佳方案；第二类方法只是用来检验各种风险因素对指标的影响，而不进行方案的选择。现行的各种项目评价规范所采用的方法均属于后一类，而广为应用的是，依据统计量的方法，先计算出目标概率统计量，再根据这些统计量并参考其他管理技术评价的方法得出最后结论。常用的统计量包括均值、方差、变异系数等。

为了正确对风险进行评价，必须遵循一定的评价程序：

（1）确定评价的目的；

（2）寻找风险的环境因素；

（3）收集评估资料；

（4）建立适用与科学的评价模型；

（5）提交评价报告。

风险分析的三个部分是一个完整的整体，缺少任何一个部分，风险分析都是不完整的。风险分析与决策密切相关，是决策的科学依据。风险分析的目的是提高决策的正确性，因此风险分析是决策过程中必不可少的部分。但风险分析不能取代决策，它是一种分析风险的技术，然而风险分析中的评价和采取相应的措施实质已包括了决策的成分，从这个角度来看，风险分析中的评价又包含有决策的成分。充分而有效的风险分析能大大提高决策的可靠性和正确性，从而将决策失误和损失的可能性降到最低。

■ 4.2.3　房地产投资风险评价方法

目前比较常用的房地产投资的风险评价方法有调查和专家打分法、盈亏平衡分析法、敏感性分析法、蒙特卡罗法这四种方法。

1. 调查和专家打分法

调查和专家打分法是一种最常用的、最简单的、易于应用的分析方法。它的应用由两步组成。

（1）辨识出某一特定房地产项目可能遇到的所有风险，列出风险调查表。

（2）用专家经验对可能的风险因素的重要性进行评价，综合成整个项目风险。步骤如下：

1）确定每个风险因素的权重，以表征其对项目风险的影响程度；

2）确定每个风险因素的等级值，按高风险、较高风险、一般风险、较低风险、低风险五个等级，分别打分；

3）将每个项目风险因素的权重与等级值相乘，求出该项风险因素的得分。再求出房地产项目风险因素的总分。显然，总分越高说明风险越大。

该项目适用于决策前期。这个时期往往缺乏项目具体的数据资料，分析主要依据专家经验和决策者的意向，得出的结论也不要求是资金方面的具体值，而是一种大致的程度值。它只能是进一步分析的基础。

2. 盈亏平衡分析法

盈亏平衡分析也称为量本利分析、盈亏临界分析和收支平衡分析，它是研究房地产项目在一定时期内的开发数量、成本、税金、利润等因素之间的变化和平衡关系的一种分析方法。各种不确定因素的变化会影响投资方案的经济效果，当这些因素的变化达到某一临界值时，就会影响方案的取舍。盈亏平衡分析的目的就是找出这个临界值，即盈亏平衡点，判读项目对不确定性因素的承受能力并以此为基础进行分析。

盈亏平衡分析可以分为线性盈亏平衡分析和非线性盈亏平衡分析。

3. 敏感性分析法

敏感性分析是研究项目的主要因素发生一定变化时其对经济评价指标的影响。在敏感性分析中，有一些因素稍有改变就可以引起某一经济评价指标的明显变化，这项因素被称为敏感性分析；也有一些因素，当其改变时，只能引起某一经济指标的一般性变化，甚至变化不大，这些因素被称为不敏感性因素，敏感性分析的主要目的就是通过分析找出敏感因素，并确定其对项目经济评价指标的影响程度，为投资决策提供依据。

房地产投资项目敏感性分析及其计算过程比较复杂，可按以下主要步骤进行：

（1）选择经济评价指标

在对项目进行分析、计算过程中，首先要选择最能反映项目经济效益的指标作分析、计算对象。根据房地产投资项目的特点及国家有关规定和要求，通过选择净现值、内部收益率、投资回收期等经济评价指标作为敏感性分析计算的对象。

（2）选择需要分析的不确定性因素

在敏感性分析、计算时，一般选择房地产产品产（销）量、房地产销（租）价格、成本（经营成本、原材料价格成本等）以及固定资产总投资等不确定性因素作为分析和计算的变量。

（3）确定变量的变化范围并计算其变动幅度

确定上述变量在某种情况下的变化范围是一种模糊的、本身误差性比较大的估计。常用的方法是根据企业历年来的统计资料、房地产开发经营特点以及房地产行业的专家经验对市场的调查预测作出综合估计。对这样一些估计值或变量，通过一系列财务基础计算表和计算公式，求出最能反映房地产项目经济效益指标的各相应的变化值和变动幅度。

（4）确定项目对风险因素的敏感程度

由于各变量在其变化范围内的变化引发经济评价指标的变动，给房地产开发项目带来了投资风险，因而找出对投资效益影响明显的风险因素以及确定项目对风险因素的敏感程度，以便在以后的开发经营过程中加以控制，就显得十分重要。具体方法是，将诸多条件变化后的项目盈利能力（即主要经济效益指标）计算结果与原先计算出的结果进行比较，确定项目对各风险因素的敏感程度，从而确定项目所能承受未来风险的能力。

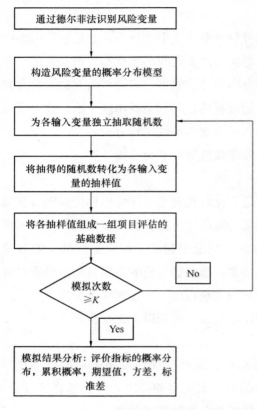

图 4-3　蒙特卡罗方法的分析过程图

蒙特卡罗方法的分析过程如图 4-3 所示。

4. 蒙特卡罗法法

蒙特卡罗法是蒙特卡罗模拟或随机模拟，又称统计实验法。它是一种模拟技术，即通过对每一个随机变量进行抽样，代入数据模型中，确定函数值，这样独立模拟实验许多次，得到函数的一组抽样数据，由此便可以决定函数的概率分布特征，包括函数的分布曲线，以及函数的数学期望、方差、均方差等重要的数学特征。

蒙特卡罗分析是基于评估中的基本报表——财务现金流量表的一种分析方法。这种方法考虑了概率和相关性问题，能够确定每个变量对项目结果可能产生的影响，它也考虑了工期延误和其他事件可能对项目结果造成的损害，有助于评价项目的净期望现值、项目结果概率分布以及项目失败的概率。通过按项目结果的影响和发生概率对变量进行排序，蒙特卡罗法有助于分析人员设计更好的项目，找出应在项目实施过程中监控的变量。

4.3　房地产投资可行性研究报告

可行性研究是指对拟建项目进行调查、预测分析、研究、评价等一系列工作，论证项目的必要性和技术经济合理性，评价投资的技术经济社会效益与影响，从而确定项目可行还是不可行。房地产可行性研究，是房地产开发经营企业在投资决策前，通过对房地产市场有关方面的条件和情况进行调查、研究、分析，对各种可能的建设方案和技术方案进行比较论证，并对建成后社会经济效益进行预测和评价的一种科学分析方法。它主要是考察房地产各类型产品开发在技术上的先进性和适用性，在经济上的盈利性和合理性，在建设上的可能性和可行性的依据。

房地产项目可行性研究的任务主要是通过对拟建项目进行投资方案策划、工程技术论证、经济效益分析和预测，经过多个方案的比较和评价，为项目决策提供可靠依据和可行性建议，一般要回答以下几个问题：

（1）为什么要投资开发这个房地产项目。

（2）资源及市场需求情况如何，建多大的规模比较合适。

（3）该房地产项目建设地点选在哪里最佳。

（4）该房地产项目建设需要采用什么样的技术方案，有什么特点。

（5）与该房地产项目建设配套的外部条件如何。

（6）该房地产项目总的建设时间多长，需要投入多少资金。

（7）该房地产项目所需资金如何筹措，是否能够落实。

（8）该房地产项目建成后，其经济效益和社会效果如何。

通过房地产项目可行性研究，可以避免或减少项目投资和决策的失误，强化投资决策的科学性和客观性，提高房地产投资项目的综合收益。

4.3.1 房地产可行性研究步骤

由于房地产市场的复杂性和多变性，势必要求房地产可行性研究按照从总体到局部、从重点到一般、从粗略到细致的原则，并遵循一定的客观、科学的步骤来进行，否则，就会浪费大量的人力、物力和财力，事倍功半。通常，进行房地产可行性研究分为四步，如图 4-4 所示。

1. 筹划准备

（1）明确房地产可行性研究的工作范围和目标。在项目建议书被批准之后，可委托有经验、有资格的咨询公司进行可行性研究，双方应进行多次协商，明确可行性研究的工作范围和目标意图，也就是确定应该干什么，达到什么目的。

（2）安排工作进度计划。工作进度计划是一项很细致的内容，需全面地、综合地考虑参与可行性研究人员的数量、结构、素质等，以及工作进程的制约因素如资金、地域等。确定工程量、费用及其支付办法。

（3）收集基础资料。收集获得项目建议书和有关项目的背景文件，有关的基础资料、基本参数、规范、标准和指标等资料。

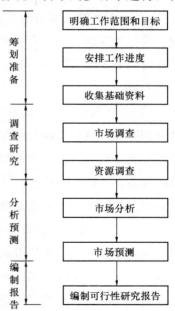

图 4-4 房地产可行性研究的流程图

2. 调查研究

也就是资料收集阶段，主要从市场调查和资源调查两方面进行。

（1）市场调查

房地产市场调查是房地产可行性研究的重要步骤，在调查过程中，应当运用科学的方法，系统地收集、整理市场购买力、购买对象、顾客习惯、竞争形式等信息资料。

1）市场需求调查。主要包括以下内容：

①确定潜在需求量。这是指了解一定时期、地区内房地产购买力的实际水平。例如，某时某地有多少企事业单位和个人，可能拿出多少资金来购买商品房。

②了解市场占有率。这是指了解整个行业和同类产品在市场上的销售量，本企业或竞争对手的市场占有率，从而确定本企业在行业中的地位，确定开发项目的规模。

③了解销售发展趋势。这是指调查顾客的喜好和购买行为，销售量中各类型房屋所占的比重，掌握销售的变化及其趋势，为企业的拓展提供指导作用。

④人口调查。这是市场潜在需求量的决定因素，它的发展变化趋势与房地产市场密切相关。进行人口调查应了解人口数量、家庭结构、流动情况和地区分布情况等。

⑤家庭收入。居民的收入水平及其消费结构是影响房地产市场需求的重要因素。收入调查的内容包括总收入、可自由支配的收入、实际收入增加量、增长速度及发展趋势等。

2）顾客和购买能力的调查。没有顾客就不存在购买者，但顾客只有主观的购买愿望，没有相应的购买能力，仍不能成为现实的购买者。只有掌握足够的资金的个人或单位才可能成为现实的购买者。因此，谁是顾客？购买者满足程度如何？这些都是主要的调查内容。

3）竞争调查。有商品的生产者就必然存在竞争，房地产开发企业欲在竞争中求得生存和发展，就必须进行调查。竞争调查的目的是发挥优势，扬长避短。主要内容应包括产品竞争能力调查、竞争对手调查和市场转换的调查。应当明确哪些方面是自己的优势，应该发挥的；哪些方面是自己的劣势，存在多大的差距，应该弥补的，了解市场的竞争对手的情况，不断提高自身的竞争能力。

4）房地产开发经营条件调查。包括调查影响房地产开发经营企业开发经营的一切主客观因素。主观因素如组织管理状况、职工队伍素质、技术装备程度、业务经营和管理水平等。客观条件如国民经济的结构及其发展水平、速度，国民经济管理体制及其配套改革情况，房地产经济体制改革的进程，可能产生的变化趋势等。

（2）资源调查

资源调查包括可能开发的地点调查，土地条件，本地区劳动力、材料机械、交通运输条件、基础设施、环境保护、水文地质、气象等方面的因素。通过对这些因素的调查结果，从多个有待开发项目意向中优选最佳项目，并为下一步规划方案设计提供准确的资料。如果没有后续项目背景，也为开发经营企业的下一步决策提供参考。

3. 分析和预测

（1）市场分析。经过市场调查取得了相当数量的第一手资料和数据后，还需要对其进行科学的综合分析。所谓市场分析，就是对所调查整理所形成系统的、条理化的综合资料，进行推理判断，找出其本质和规律性。这是一个透过现象看本质、由定量到定性的认识过程。在这个过程中，必须了解各方面的评价标准、规范及惯例。比如，经过调查了解开发企业的市场占有率，那么这个份额是大还是小呢？这时就需要综合考虑、细致分析，如果本企业的资金力量、技术水平、规模等都明显高于其他同类型企业，那么这个市场占有率不能令人满意，说明企业在产品形式、质量、内部经营管理等方面存在不尽如人意的地方，应当加以解决。反过来，如果本企业的资金力量、技术水平、规模等都明显不能与本地区的其他公司、开发商相匹敌，那么这个市场占有率就已经不错了。

（2）市场预测。房地产市场预测是指运用科学的方法与手段，根据房地产调查、分析提供的信息与资料，对房地产市场的未来及其变化趋势做出测算和判断，以满足确定房地产开发经营战略的需要。包括以下内容：

1）需求预测。如前所述，影响房地产市场需求的因素很多，需求预测就是对这些因素的变化趋势进行测定，以确定未来房地产市场的需求量。它主要有标定需求和有效需求预测两种方法。

①标定需求预测法。也称客观需求预测法。它是由国家有关部门首先确定出社会所能认可、接受的住房标准，然后与实际居住水平比较，计算出缺房量和未来需要量，预测期一般为 5～20 年。

②有效需求预测法。也称主观需求预测法。它是根据用户对住宅的支付（购买或租用）能力，测定住宅市场的需求量，它侧重于反映住户的主观要求与支付能力。

2）产品发展预测。随着科学技术的发展和现代生活方式的变化，人们对房屋的配套、造型、功能和环境等方面的要求越来越高，因此，房地产开发经营企业要掌握科技发展规律，研究产品寿命周期及其影响因素，从而进行产品发展预测。

4. 编制房地产可行性研究报告

经过上述分析、评价和预测，就可编制详细的可行性研究报告，真实、可靠、客观的可行性研究报告为企业决策提供科学的依据。

4.3.2　可行性研究报告内容

可行性研究报告作为房地产投资项目可行性研究结果的体现，是申请立项、贷款以及和有关部门签订协议、合同时的必备资料。每个可行性研究报告必须说明评估什么、为什么评估、得出什么结论和凭什么得出这些结论。可行性研究报告通常由开发商委托房地产评估、咨询机构来撰写。

可行性研究报告内容也不同，归纳起来，包括以下内容：

（1）总论

1）房地产项目名称，拟建的项目目标和规模等概述；

2）房地产项目提出的背景，投资的必要性和经济意义；

3）房地产项目研究工作的依据和范围；

4）房地产项目研究结果的概论。

（2）市场需求情况和拟建规模

1）国内外市场对产品目前需求情况；

2）国内现有房地产开发经营能力估计；

3）房地产产品销售预测，价格分析，竞争能力，以及进入国际市场的前景；

4）拟建项目的规模，产品方案，将来拟采用的生产方法、生产设备、使用原材料，以及发展方向的技术经济比较和分析。

（3）资源、原材料、燃料和公用设施情况

1）资源储量、品位及利用条件评述；

2）原料、辅助材料、燃料的种类、数量、来源和供应可能条件等情况；

3）动力等外部协作条件；

4）所需公用设施的数量、供应方式和供应条件。

（4）建设地点选择

1）建设地点与原料产地、市场距离、选择建厂地址的理由；

2）建设地点的地理位置、气象、水文、地质、地势和地貌条件，社会经济现状等；

3）交通、运输、水电气等的现状和发展趋势；

4）与现有企业的关系，居住条件等；

5）厂址面积、占地范围、征用土地面积、厂区布置方案、搬迁户和动迁情况，安置规划，厂址方案比较，选择方案的论证等。

（5）设计方案

1）设计方案应用文字、各种功能图、平面图表示；

2）项目的构成，主要的单项工程及其位置，总平面图及运输；

3）主要生产方法，技术工艺和设备选型方案比较；

4）土建工程量估算和初步设计方案；

5）公用、辅助设施和厂内外交通运输方式的比较及初步选择。

（6）环境保护

环境现状，拟建项目，三废治理，对环境影响的范围和程度，对环境影响预估价。

（7）生产组织、劳动定员和人员培训

1）生产管理机构的设置，对选择方案的论证；

2）劳动定员的配备方案，各部门需要人数及其来源；

3）人员培训的规划和费用估算。

（8）项目实施计划和进度要求

1）勘察设计的周期和进度要求；

2）设备制备所需时间；

3）工程施工所需时间，试生产日期；

4）整个项目的实施计划和进度选择的方案。

（9）投资估算和资金筹措

1）主体工程占用的资金和使用计划；

2）与主体工程有关的外部协作配合的投资和使用计划；

3）生产流动资金的估算；

4）建设资金总计，各项基建费用；

5）资金来源，筹措方式。各种资金所占比例，资金数量和利率；

6）生产成本计算，总生产成本和单位生产成本计算。通过计算总销售收入确定逐年的毛利收入。

（10）经济效果评价

1）进行财务评价。方法有简单收益率法、投资回收期法、净现值法、内部收益率法、收支平衡点分析、敏感性分析等；

2）运用各种数据从技术、财务、经济方面论述房地产项目在技术上是否先进和适用，在财务上是否盈利，在经济上是否合理和可能；

3）存在的问题和建议；

4）编制单位签字盖章，编制日期，装订成册。

不同的房地产项目对可行性研究的内容可进行适当增减和有所侧重。

4.4　房地产投资经济评价

4.4.1　房地产投资经济评价的含义

经济评价是开发企业在做好房地产市场需求预测及技术研究的基础上，通过对收入和支出的比较来判断投资方案优劣，用市场价格等参数分析投资方案的费用与效益，以考虑项目的经济效益。经济评价分为国民经济评价和财务评价。

国民经济评价从宏观经济角度考察项目的效益和费用，从国民经济和全社会的角度来考察项目所引起的投入产出的变化对国民经济的影响及其他相关收益，判断项目经济上的合理性。财务评价反映项目微观经济效益和对抗风险的能力。根据国家现行财税制度和价格体系，分析、计算项目直接发生的财务效益和费用，编制财务报表，计算评价指标，考察项目的盈利能力、清偿能力以及外汇平衡等财务状况，据以判别项目的财务可行性。

经济评价的目的一般要能回答以下三个问题：①投资方案是否可取。②如何在不同方案之间进行比较和取舍。③项目投资应如何对待风险。

■ 4.4.2 房地产投资经济评价指标体系

1. 房地产投资经济效果的表现形式

（1）开发投资

房地产开发投资的经济效果主要表现为销售收入，其经济效果的大小则用开发利润、成本利润率、投资利润率等指标来衡量。

（2）置业投资

对置业投资来说，房地产投资的经济效果主要表现在租金、物业增值、股权增加等方面。租金通常表现为月租金收入，而增值和股权增加效果则既可在处置（转让）物业时实现，也可以针对物业的再融资行为来实现。

置业投资经济效果的好坏受市场状况和物业特征变化的影响。个人或企业进行置业投资的目的是要获得预期的经济效果，这些预期经济效果在没有成为到手的现金流量之前，仅仅是一个模糊的期望。因此，置业投资经济效果的四种表现形式（租金、物业增值、减少纳税、股权增值）仅能说明投资者可获得的利益类型，在没有转换为一个特定时间点的现金流量之前，经济效果是无法定量描述的。

2. 房地产经济评价指标体系

房地产开发投资项目经济评价的目的，是考察项目的盈利能力和清偿能力。

盈利能力指标是用来考察项目盈利能力水平的指标，包括静态指标和动态指标两类。其中，静态指标是在不考虑资金的时间价值因素影响的情况下，直接通过现金流量计算出来的经济评价指标。静态指标的技术简便，通常在概略评价时采用。动态指标是考虑了自己的时间价值因素的影响，要对发生在不同时间的收入、费用计算资金的时间价值，将现在流量进行等值化处理后计算出来的经济评价指标。动态评价指标能较全面反映投资方案整个计算期的经济效果，适用于详细可行性研究阶段的经济评价和计算期较长的投资项目。

清偿能力指标是指考察项目计算期内偿债能力的指标。除了投资者重视项目的偿债能力外，为项目提供融资的金融机构更加重视项目偿债能力的评价结果。

应该指出的是，由于房地产开发投资项目与房地产置业投资项目的效益费用特点不同，在实际操作中，两种类型投资项目的评价指标体系略有差异（表4-1）。

两种类型投资项目的评价指标体系的差异　　　　　　　表 4-1

项目类型	盈利能力指标		清偿能力指标
	静态指标	动态指标	
房地产开发投资	成本利润	财务内部收益	借款偿还期
	投资利润	财务净现值	利息备付率
	资本金利润	动态投资回收	偿债备付率
	静态投资		资产负债率
房地产置业投资	投资报酬	财务内部收益	借款偿还期
	现金报酬	财务净现值	偿债备付率
	静态投资	动态投资回收	资产负债率
			流动比率、速动比率

（1）盈利能力分析

投资项目盈利能力分析主要用以考察投资的盈利水平，需计算财务内部收益率、投资回收期等主要评价指标。根据项目特点及实际需要，也可计算财务净现值、投资利润率、投资利税率、资本金利润率等指标。高的盈利能力是防范风险的基础；利润的提高本身便意味着投资风险的降低。

1）财务净现值（FNPV）

财务净现值是评价项目在计算期内盈利能力的动态指标，指按同区域房地产投资的基准收益率或设定的折现率，将投资项目计算期内各年净现金流量折现到建设期初的现值之和。

财务净现值可根据财务现金流量表计算求得，其数学表达式为：

$$FNPV = \sum_{t=1}^{n} \frac{(CI - CO)_t}{(1 + i_c)^t}$$

式中　$FNPV$——项目在第零年时的财务净现值；

　　　　CI——现金流入量；

　　　　CO——现金流出量；

　　　　i_c——基准收益率或设定的目标标准率；

　　　　n——计算期；

$(CI - CO)_t$——第 t 年的净现金流量。

如果 $FNPV \geqslant 0$，说明项目的获利能力达到或超过了基准收益率的要求，因而在财务上是可以接受的。基准收益率是净现值计算中反映资金时间价值的基准参数，是导致投资行为发生所要求的最低投资报酬率，称为最低要求收益率。决定基准收益率的因素主要是资金成本和项目风险。

财务净现值（$FNPV$）是房地产开发项目财务评价中的一个重要的经济指标。计算期的选择规则如表 4-2 所示。

计算期的选择规则 表 4-2

项目类型		计算期（开发经营期）界定
开发投资	出售	为项目开发期与销售期之和。开发期是从购买土地使用权开始到项目竣工验收的时间周期，包括准备期和建造期；销售期是从正式销售（含预售）开始到销售完毕的时间周期，当预售商品房时，开发期与销售期有部分时间重叠
	出租或自营	为开发期与经营期之和。经营期预计出租经营或自营的时间周期；以土地使用权剩余年限和建筑物经济寿命中较短的年限为计算期；为计算方便，也可视为分析精度的要求，取 10～20 年
置业投资		为经营准备期和经营期之和。经营准备期为开业准备活动所占用的时间，从获取物业所有权（使用权）开始，到出租经营或自营活动开始截止；经营准备期的时间长短，与购入物业的初始装修状态等因素相关

2）财务内部收益率（FIRR）

财务内部收益率是评估项目盈利性的基本指标。它指项目在开发或经营年限内，各年净现金流量现值累计等于零时的折现率，反映项目所占用资金的盈利率，是考察项目盈利能力的主要动态评价指标。其基本计算公式如下：

$$FNPV = \sum_{t=1}^{n} \frac{(CI - CO)_t}{(1 + FIRR)^t} = 0$$

式中　$FNPV$——项目在第零年时的财务净现值；

　　　　CI——现金流入量；

　　　　CO——现金流出量；

　　　　n——计算期，即项目开始进行的时间点；

$(CI - CO)_t$——第 t 年的净现金流量。

$FIRR$ 可以通过内插法求得，其计算公式为：

$$FIRR = i_1 + \frac{|PPV|(i_2 - i_1)}{|PPV| + |NPV|}$$

式中　i_1——当净现值为接近于零的正值时的贴现率；

　　　i_2——当净现值为接近于零的负值时的贴现率；

　PPV——采用 i_1 时的正净现值；

　NPV——采用 i_2 时的负净现值。

可先按实际贷款利率求得项目的净现值，如为正，则采用更高的利率直至求得一个贴现率，使净现值为接近于零的负值。但最后求出 i_1 和 i_2 之差不应超过 1%～2%。

求出的 $FIRR$ 可与贷款利率及同行业同区域的投资基准收益率作比较，$FIRR$ 可视作为接受贷款的最低条件。$FIRR$ 如大于投资基准收益率，则项目才具有财务上的可行性。也可将 $FIRR$ 与投资者偏好的投资收益率相比较，作为投资决策的依据。

3）投资回收期（P_t）

投资回收期（P_t）是考察投资项目在财务上的投资回收能力的主要静态评价指标，指以投资项目的净收益抵偿全部投资（固定资产投资、投资方向调节税和流动资金）所需要的时间，投资回收期（以年表示，通常从建设开始年算起）。投资回收期数学表达式为：

$$\sum_{t=1}^{P_t} (CI - CO)_t = 0$$

投资回收期可根据财务现金流量表（全部投资）中累计净现金流量计算求得，计算公式为：

$$P_t = 累计净现金流量开始出现正值年份数 - 1 + \frac{上年累计净现金流量的绝对值}{当年净现金流量}$$

求出 P_t 后，与同行业的基准投资回收期（P_c）相比较，如 $P_t \leqslant P_c$，则说明此投资基本具备可行性。

4）投资利润率

投资利润率指房地产投资项目在竣工验收后进行出售或出租经营的一个正常生产年份的年利润总额与项目总投资的比率，是评价投资盈利能力的静态指标。计算公式为：

$$投资利润率 = \frac{年利润总额}{项目总投资} \times 100\%$$

如果投资项目进入经营阶段后各年的利润总额变化幅度较大，则可用年平均利润总额代替年利润总额进行计算。

年利润总额＝年产品营业收入－年产品销售税金及附加－年成本费用
年产品销售税金及附加＝年营业税＋年资源税＋年城市维护建设税＋年教育费附加
项目总投资＝土地取得成本(地价)＋固定资产投资＋投资方向调节税
＋建设期利息＋流动资金

可通过损益表中有关数据计算投资利润率，并与同区域一般房地产投资利润率对比，判断投资项目的可行性。

5）资本金利润率

$$资本金利润率 = \frac{年利润总额或年平均利润总额}{资本金} \times 100\%$$

其中年利润总额和年平均利润总额的确定方法同上，资本金是企业在工商行政管理部门登记的注册资本。资本金利润率也称资本金报酬率，反映投资者原始投资所取得的盈利情况，此指标越高，说明盈利能力越强。

（2）清偿能力分析

清偿能力分析主要计算资产负债率、借款偿还期、流动比率、速动比率等指标，来考察计算期内各年的财务状况及偿债能力，揭示一个企业财务风险的大小。进行企业清偿能力分析主要需计算以下指标：

1) 资产负债率

$$资产负债率 = \frac{负债合计}{资产合计} \times 100\%$$

资产负债率反映出企业全部资金中有多大的比例是通过借债而筹集的，是反映投资项目各年所面临的财务风险程度及偿债能力的指标。这个比率越低，说明企业偿债能力越好，但也有个限度，并非越低越好。

由于资产负债率的计算中包含了短期债务，为了更科学地考察企业的长期偿债能力，可计算长期负债比率：

$$长期负债比率 = \frac{长期负债合计}{资产合计}$$

2) 短期偿债能力指标

①流动比率

$$流动比率 = \frac{流动资产总额}{流动负债总额} \times 100\%$$

流动比率说明了能在短期内转化成现金的资产对需要在短期内偿还的负债的一种保障程度，反映了投资项目各年偿付流动负债的能力，流动比率太低，说明企业随时可能发生财务风险；流动比率太高，说明企业存在资产闲置或流动负债利用不足；根据国际惯例，流动比率在 2 左右最佳。

②速动比率

$$速动比率 = \frac{流动资产 - 存货}{流动负债总额} \times 100\%$$

速动比率反映了投资项目快速偿付流动负债的能力。根据国际惯例，一般行业的速动比率为 1 左右最合适。

除流动比率和速动比率外，还可用现金比率和现金净流量比率对投资项目各年的短期偿债能力进行补充说明。

$$现金比率 = \frac{可立即动用的资金}{流动负债} \times 100\%$$

其中可立即动用的资金主要是指库存现金和银行活期存款。

$$现金净流量比率 = \frac{现金净流量}{流动负债} \times 100\%$$

其中，现金净流量可通过现金流量表用现金流入量扣减现金流出量而得。

3) 借款偿还期

$$借款偿还期 = (借款偿还后开始出现盈余年份数) - 开始借款年份 + \frac{当年偿还借款额}{当年可用于还款的资金额}$$

当根据上述公式求得的借款偿还期满足贷款机构的要求期限时，便可认为项目是具有清偿能力的。

4.5　实训作业

依据上面给出的房地产市场项目可行性研究报告的相关内容完成"世邦魏理仕—××国际华城项目"的可行性研究报告。

"世邦魏理仕—××国际华城项目"是唯一位于某市并拥有一线开阔××湖景观的精装修服务式湖景别墅项目，公寓部分将成为依托于整个别墅项目形象之内的精装修全配之服务式湖景公寓。以下给出相关的可行性研究报告的目录以供参考，学生在完成的过程中可以进行调整。

目　　录

1. 我们对本案考虑的出发点
2. 上海市高档别墅总体市场研究
2.1　上海高档住宅需求及价格走势
2.2　高级别墅板块简介
2.3　上海土地转让政策及操作形式研究
2.4　重点项目简介
2.5　市场小结
3. 相关高档别墅案例研究
3.1　个案分析一：湖庭
3.2　个案分析二：江南华府
3.3　个案分析三：太阳湖大花园Ⅱ
3.4　个案分析四：绿城。千岛湖度假公寓
4. 项目地块环境分析
4.1　地块本身的特点以及限制
4.2　周边现有生活设施
4.3　周边自然环境及可利用的资源
4.4　未来生活配套设施的分布
4.5　周边交通环境
4.6　区域房产物业分布
5. 项目SWOT分析
5.1　本案项目整体优势
5.2　本案项目整体限制

思 考 题

1. 简述房地产投资过程的步骤?

2. 简述房地产投资风险分析流程?

3. 什么是盈亏分析? 有哪些具体方法?

4. 敏感性分析的概念和步骤是什么?

5. 风险分析的一般过程和方法是什么?

6. 简述房地产开发项目可行性研究的工作阶段?

7. 简述房地产开发项目可行性研究的主要步骤和主要内容?

8. 简述房地产投资经济评价的指标?

第 5 章　房地产估价实训

【实训目的】

　　使学生了解房地产价格的组成，掌握房地产估价程序，能熟练运用房地产估价几种常用方法。

【实训要求】

　　学生掌握几种常用的房地产估价计算方法，并对房地产估价报告要熟悉，善于辨别其中的内容，能发现估价报告中的错误之处。

【实训内容】

　　(1) 房地产价格形成条件及特征认识；

　　(2) 房地产估价原则、估价的常用几种方法和房地产估价的程序；

　　(3) 房地产报告常见错例解读。

5.1　房地产估价的概述

5.1.1　房地产估价的概念

　　房地产估价是指房地产专业估价人员，根据估价目的，遵循估价原则，按照估价程序，采用科学的估价方法，并结合估价经验与对影响房地产价格因素的分析，对房地产的特定权益，在特定时间最可能实现的合理价格所作出的判断与推测。

　　房地产估价既是一门科学也是一门艺术，正确的房地产价格的推测与判断，必须依赖于一套科学严谨的房地产估价理论和方法，但又不能完全拘泥于有关的理论和方法，还必须依赖于估价人员的经验，因为房地产价格形成的因素复杂多变，不是任何人用某些公式就能够计算出的，评估时应考虑该房地产的特性及房地产市场的所有潜在的影响因素。为此，必须建立房地产估价制度，规定要成为估价师，不但要具备相当程度的估价理论知识，还必须具有两年以上的估价实务经验，只有取得了估价师资格，才能独立地开展估价业务。

房地产估价不是对房地产价格的主观给定，而是把房地产客观实在的价值通过评估活动正确地反映出来。估价有时带有主观色彩，因此，在估价中，估价人员与被估价的房地产有利害关系时，应回避，同时应制定估价规范或标准，防止无一准则而导致不同估价人员对同一宗房地产的估价结果出现较大的偏差。估价人员除了要掌握估价理论、方法和经验外，还要有良好的道德修养。

无论是房地产的买卖、交换、租赁、抵押贷款、入股、征用赔偿、课税、保险、典当、纠纷处理，还是合资、合营、合作、企业兼并、企业承包经营，以及房地产管理和会计成本分析等，都需要房地产估价。房地产估价是房地产开发经营全过程中一项必不可少的基础性工作。房地产专业估价人员，是指经房地产估价资格考试合格，由注册管理部门审定注册取得资格证书后专门从事房地产价格评估的专业技术人员。我国目前正在建立房地产估价制度，制定房地产估价师注册试行办法，并且将规定房地产估价师必须经过注册后才能从事房地产估价业务。

房地产的估价目的众多，可分为买卖、租赁、入股、抵押、保险、典当、纠纷处理、征用补偿、房地产管理、课税和会计成本分析等。不同的估价目的将影响估价结果，因为估价目的的不同，考虑的估价原则和采用的估价方法就可能不同。

房地产估价的方法有多种，如收益还原法、市场比较法、成本估价法、假设开发法、路线价法、残余估价法、长期趋势法、购买年法等。每种估价方法都有特定的适用范围和条件，有时可同时并用，以相互验证，但有时也是互补的。前三种方法一般认为是房地产估价的三大基本方法，其他方法是这三大方法的派生。

5.1.2 房地产估价原则和估价程序

1. 房地产估价原则

（1）供给与需求原则

在社会主义市场经济条件下，房地产商品价格的高低除由生产房地产商品的社会必要劳动时间决定外，还应考虑市场供求力量的作用。因而，在实际评估过程中，估价人员应清楚地把握本地区房地产市场的形势及其对房地产市场价值和价格的影响。

（2）替代原则

根据经济学原理，在同一市场上，具有相同使用价值和质量的物品，应有同样的价格，房地产价格也符合这一规律。房地产价格是由具有相同性质的替代性房地产来决定的。面对相同条件及效用的房地产，价格低的一个将会被购买者选中。相反，相等价格的房地产，效用高的也会被选中。这个原则是基于一种比较关系，而比较的理论依据就是替代原则的应用。

当然，在实践中，由于房地产商品的个别性，使得完全相同的房地产几乎是没有的。但是，在同一市场上的具有相近条件及效用的房地产，其价格也应相近。在评估一宗房地产的价格时，如附近地区有若干相近效用的房地产价格存在，则可依据替代原则推断出被评估的房地产的市场价格，在通常情况下，为了评估一宗房地产的价格，评估人员很难找到各种条件完全相近的可供比较的房地产作为评估依据。因此评估人员也可以找一些与被评估房地产密切相关又具有一定替代性的房地产作为比较参照物来进行评估，对它们之间的差别作适当的修正。

（3）依法和合法原则

1）房地产评估工作必须依法进行，要以法律为依据。这些法律包括国家和地方政府颁布的法律、法规。如《城市规划法》规定了城市建设必须服从城市规划。那么，城市规划拟订的土地的用途、建筑容积率、绿地覆盖率、建筑物高度与建筑风格等，就成为房地产价格评估的依据。评估人员，除了必须熟悉这些法律、法规外，更要严格地遵守这些法律、法规。只有这样，才能做到依法评估，保证评估工作的严肃性；

2）房地产价格评估选用的方法要合法。对于某种类别的房地产，采用什么样的方法来评估，才能使评估结果更为客观、准确，这既取决于评估的目的与意图，又依赖于房地产的权属，如占用情况、类别、用途、经营范围以及房地产市场交易数据的动态信息。所以，房地产评估人员必须掌握各种评估方法及其适用范围和限定条件。

（4）预期收益原则

对于价格的评估，应着眼于未来，对过去和现状收益的估算在于为推测未来的收益变化动向提供依据。由于房地产的价格受预期收益形成因素的变动所左右，所以房地产投资者是在预测该物业将来所能带来的收益或效用后进行投资的，这就要求估价者必须了解过去的收益状况，并对房地产市场现状、发展趋势、政治经济形势及政策规定对房地产市场的影响进行细致分析，以准确预测该物业现在至未来能给权利人带来的利润总和，即收益价格。

预期收益原则，对估价中的地区分析、交易实例价格的检查、纯收益及还原利率的确定非常重要。土地估价实践中，剩余法估价及收益还原法估价中土地利益的确定，都是预期收益原则的具体应用。

（5）最高效用与最佳利用原则

所谓最高效用与最佳利用原则是指既考虑经济效益，又考虑社会环境效益，科学、合理地利用土地的原则。它有两层含义，一是指土地、资本、劳动力、经营管理等生产要素的内部均衡组合；二是指土地的使用类型和使用方式要适合外部环境条件，即要根据土地的区位条件和产生收益的能力合理布局生产力。同一块土地具有多种用途，可用于商业，也可用于行政办公或住宅。因此，在确定其用途时，应根据这两个含义来配置用途。比如位于黄金地段内的市中心用地，按照最高效用和最佳利用原则，安排商业服务最合适，就不应该布置住宅或行政办公。同理，对于一块不合理的用地，在地价评估时，就不能按照现状用途，应按今后的最佳用途评估确定地价水平。例如天津市解放路一带，从规划发展来看，最佳用途是建设高级金融业，但目前一些地段仍为住宅和行政办公占用，价格评估就要必须按发挥土地的最高效用原则，以高级金融业为准来确定房地产价格。

判断土地是否为最有效使用时，首先应考虑该地块的最佳利用方式是什么？目前的利用方式是否是最有效使用？如果不是，转换为最有效使用方式的判定至关重要，因为这直接影响将来的使用方式及收益量，与预测原则相关联。

（6）竞争和剩余生产力原则

一般的商品竞争是在供给和需求双方发生的，价格正是在供需关系均衡点上的竞争结果，所以竞争原则是供给和需求原则的前提，二者有密切关系。商品竞争的结果是供需双方均不能企望得到合理利润之外的超额利润，除垄断利润，或政府限制及其他因素保护外，否则都会因存在竞争而使超额利润倾向于零。

拿土地来说，因为具有不可移动性等特点，尤其在我国，土地一级市场供给量是由政府控制，所以在供给方面不容易引起竞争，竞争主要是在需求者之间进行。需求者之间的竞争，又是在该地块价格明显低于其收益的情形下发生的，即利用土地能获取平均利润之上的超额利润时，该土地的需求将增加、竞争加剧，超额利润又会随土地需求提高、地价上涨而消除。这种竞争，对替代性较小的土地来说，价格更有提高的倾向，如商业用地，可供给量少、替代性小、竞争比住宅等用地剧烈，价格上涨也快。因此，竞争原则与替代原则也密切相关。

对于前述的最佳利用原则来讲，竞争原则也是其基础之一，因为最佳利用是指一定时期内能从土地上获取最大纯收益的利用方式，所以最佳利用原则应根据其收益量判定，而竞争原则可说明土地外部竞争程度如何，对收益大小影响至关重要，因此，可成为判定最佳利用的一项原则。

竞争原则也是收益还原法估价的基础之一，因为该方法中的纯收益是对将来一定时期土地市场的竞争关系及供求关系作出正确判断的基础上预测出来的。

剩余生产力原则也称为剩余产品原则或超额利润原则。级差收益测算、从房租中剥离地租、从房价中分离地价等估价方法的依据就是这条原则。

（7）贡献原则

按经济学中的边际收益原则，衡量各生产要素的价值大小，可依据其对总收益的贡献大小来决定。对于房地产估价，这一原则是指不动产的总收益是由土地及建筑物等构成因素共同作用的结果，其中某一部分带来的收益，对总收益而言是部分与整体之间的关系。估价时，可以根据收益还原法分别估算土地、建筑物价格，进而评估整个不动产价格，也可根据整个不动产价格及其他构成部分收益递增递减规律的应用，也是收益还原法和剩余法估价的基础。

同时，这一原则还可用于土地或建筑物的追加投资，不动产的部分改良、改造等，它可根据对不动产整体价格的贡献大小，判断追加投资是否适当，又可应用这一原则判断最佳使用的上升程度，即将现在的最佳使用与投资后的最佳使用相互比较，以确定纯收益最大点。

（8）变动原则与期日修正原则

一般商品的价格，是伴随着构成价格的因素的变化而发生变动的。土地价格也有同样情形，它是各种地价形成因素相互作用的结果。而这些价格形成因素经常处于变动之中，所以土地价格是在这些因素相互作用及其组合的变动过程中形成的。动态地分析某一城市或区域的地价历史变化过程和发展规律及发展趋势，进行期日修正，可使评估地价较准确地反映评估时日的实际地价水平。

期日修正原则的意义在于，一方面，政府有关房地产方面的有关法律、法规、标准、税收等的颁布、变更、实施日期等，均有可能影响评估的房地产时值。另一方面，用市场比较法评估一宗房地产的时值，由于价格的动态变化，比较实例的成交时日不同，其时值也不同。因此，要把不同时间的比较实例的价格都修正到一个标准时间，这些实例才能成为等价的替代物，即具有可比性。

（9）定价适度和比较协调原则

地价水平的高低对区域—城市的社会经济发展有较大的影响，因此，在制定城市基准地价时，既要从土地的使用价值和价值出发，又要与城市社会经济发展水平相协调，即地价体系的实施不至于使国家应从土地上获得的经济收益流失，也不会影响和制约城市社会经济发展的速度。例如天津市地价评估时就将其放在全国范围内与同类城市进行横向比较；其次，将市区与滨海三区再作比较；最后根据全市社会经济发展战略和政策，进行综合分析，适当修正，制定出基准地价体系；使土地有偿使用并与其他各项经济建设能相互配套，同步协调发展。

（10）收益递增递减原则

收益递增递减原则，是指增加诸生产因素的一个单位投资量时，收益随之增加，但达到某一数值以后，如再追加投资，其收益不再会与追加投资成比例增加。

假设在某地段建设高楼大厦，那么当超过某一层数后，收益就很难成比例增加，所以收益达到最高点的层数，在经济上是最有利的。为了确定这一点，必须就不同高度的建筑物的必要的资本、预计收入、经营支出等加以组合作假定性计算，以寻找总收益上升和下降的转折点。理解这项原则，即可找出房地产的边际使用点。这个边际使用点就是最大收益点，也可视为最有效使用点。这项原则与均衡原则也有密切关系。均衡原则是以房地产内部构成要素的均衡状态为侧重点，而收益递增递减原则是以构成要素的一个数量逐次增加或减少，来发现收益的边际点，然后以此边际点来检查构成因素的均衡情况。所以，这项原则对于检查均衡原则的均衡状态很有用处。

（11）收益与分配原则

由劳动、资本、经营及大地四种生产要素组合而产生的收益，应该由各要素分配，例如利用土地产生的收益，扣除工资、资本利息、经营报酬，所剩下的收益就应当归属于土地，这实际上就是土地的地租。

依此原则，分配给土地的收益是总收益的最后部分，如果这是最大的，即可认为该土地是处于最有效使用状态。房地产价格，可以适当利率使地租还原而求得，故在房地产估价中具有重要意义。但现实中的总收益并不一定依各要素的贡献程度分配，土地所获得的效益可能高于土地本身所持有的价值，也可能低于其价值。所以当判定供生产用的土地的适当地租时，就要充分检查该土地是否处于最有效使用状态，土地以外的生产要素是否适当，生产要素的组合是否均衡等。

显然，收益与分配原则是普遍的经济法则，而与收益还原法、土地残余法有密切关系，所以也可以说它是与估价本身有直接关联的原则。

以上已就房地产价格评估原则作了概略说明。应当注意，这些原则并非孤立的，它们相互之间都有直接或间接的联系，所以从事估价的人员，除应充分了解各项原则的意义外，还应了解各项原则彼此之间的关系，灵活动用，才能把握正确的房地产价格。

2. 房地产估价的程序

房地产估价程序是进行房地产估价工作所必须经过的工作阶段及各阶段间内在联系。虽然不同房产其估价的程序也有所不同，但就一般来说，房地产估价程序大致有：评估项目的受理、评估前的准备、现场勘测、计算、分析、编写估价报告、复核与审批。这七大步骤是在长期实践中摸索出来的科学程序，只有严格地依次进行，才能保证估价的质量。

（1）评估项目的受理。专业评估部门可接受下述范围的评估项目：

1）房屋买卖、交换；

2）房屋继承、赠与、析产；

3）房屋有偿转让；

4）旧公房的出售；

5）房屋的拆除；

6）房产纠纷的诉讼；

7）房屋作价收购；

8）房产抵押；

9）企业资产承包；

10）企业合资入股等。

受理评估项目时，客户应提供完备的产权证明和有关资料，并办理有关手续，受理单位只能依照评估委托合同进行评估工作。

（2）评估前的准备

评估前要准备充实、可靠的资料和必需的测算工具。要根据其要求收集相应的资料并进行必要的分析。其中的主要资料有：①产权资料。反映房地产所有权归属及其变化情况的综合资料，包括产权所有证、土地所有证、地形图、平面位置图；房地产产权的占用方式（独有还是共有）；产权使用权的合法性，房地产是否存在抵押、被占、债务等其他权利事项以及国家政策、规则、地方法规可能对产权的影响。②房地产的建造开发资料。包括建造开发的年代、主要结构材料、内部设计布局、设备装修、建筑造价。③房地产使用资料。包括房地产使用年限、程序、方式；房地产出租性质、期限、价格；房地产维修保护及现存的借用、占用资料等。④市场资料包括房地产所处的地区环境、地理位置、繁荣程度、交通状况、客观环境的优劣；政府的城市规划、政策对房地产征用、改扩建的限制及市场交易的限制。以及相似房地产市场行情，包括成交价格、租赁条件、维持费用、使用收益及当前市场供需状况。

（3）现场勘测

其内容主要包括：①核对房屋的地址、坐落部位；②认定房屋结构、类型、式样；③勘查房屋装修、设备、层高及使用情况；④测定房屋地段、朝向、层次等；⑤确定房屋年代和折旧率；⑥鉴定房屋完好程度；⑦勘测、绘图、摄影等。

（4）计算和分析

将房屋产权资料、市场交易资料以及现场勘测数据等加以集中、整理，进行相应的计算和分析，为房地产估价提供真实可靠的数据。

（5）编写估价报告

房地产估价报告一般有表格式和文字式两种，其主要内容有：

1）估价委托者和房屋产权人姓名；

2）报告编号；

3）评估日期。评估日期关系到估价标准问题，所以一定要写明；

4）房屋的坐落地址，要填写全称；

5）评估部位，即房屋全幢或层、间；

6）房屋的修缮和保养情况，作为调整折旧率的依据；

7）房屋平面图；

8）房屋的建筑面积，并详细列出各个面积的计算公式与结果，以利于复核；

9）房屋价格计算，一般应参照当地的房屋估价标准进行；

10）评估人员签名，以利于贯彻责任制。

（6）评估的复核与审批

复核审批制度使评估工作更加完备。在实际工作中，一般采取三级审核制度。复核内容包括：①程序复核；②对房屋的复核，做到原始资料与现场勘测相符合；③评估依据的复核；④对房屋综合平衡的复核，防止前后矛盾；⑤对评估项目的复核，防止疏漏和错误；⑥提出复核意见。

审批是对评估工作的最后认定，是评估工作的法定程序。审批过程中如有异议，可对指定项目或全案进行复查，以保证评估工作的质量。

5.2 房地产价格

5.2.1 房地产价格的形成

1. 房地产价格的概念

价格是人们和平地获得某种商品或劳务所必须付出的代价，是商品的经济价值（交换价值）的货币表现。在市场经济条件下，房地产也是商品，房地产价格自然可定义为：房地产价格是人们和平地获得他人房地产所必须付出的代价，是房地产的经济价值（交换价值）的货币表示。

房地产价格的形成原因来源于两个方面：

一是来源于从规划设计、土地开发到房屋施工安装等过程凝结了物化劳动和活劳动所形成的地产价值和房产价值。这部分价值表现出的房地产价格与一般商品价格的形成机理一样是由社会必要劳动时间决定的，即在社会正常生产条件下，在社会平均的劳动熟练程度和强度下，开发某一土地或建造某一房产所花费的必要劳动时间决定的。价值由（$C+V+M$）三部分组成。C是开发土地成建造房屋过程中消耗的生产资料的价值，包括所用固定资产折旧和建筑材料、构配件等流动资产价值的转移；V是劳动者为自己劳动所创造的价值，包括劳动者的工资及工资性的各种津贴；M是劳动者为社会创造的价值，包括利润和税金。

二是来源于资本化的地租，即土地使用权价格（或所有权价格）。对于没有经过开发，处于自然物质状态的土地来说，是天然形成的，不是劳动的产物，因而本身没有价值。但没有价值不等于没有价格，土地是有价格的，否则，现实中普遍存在的土地价格就不能被理解。所以说，土地是一种特殊商品（导致房地产也为特殊商品的根本原因），土地价格不是对土地实体的购买价格，而是对土地预期收益的购买价格。在土地所有权的情况下，其土地价格为：

$$土地价格＝地租/资本化率$$

对土地价格的深入分析见有关地租理论和价格理论。

2. 房地产价格的形成条件

任何商品之所以有价格，需要满足3个条件：①效用性；②相对稀缺性；③有效需求。房地产价格的形成条件也是如此。

（1）效用性

效用是一项产品满足人类意愿、需求或欲望的能力。房地产的效用性是指房地产消费者对消费房地产所产生的主观和心理上的满足程度。由于房地产在诸多方面的不可替代性，人们生活、学习、居住、工作等均离不开房地产这一最基本的要素，因此房地产的效用性是毋庸置疑的。房地产如果没有效用，人们就不会产生占有房地产的要求或欲望，更谈不上花钱去消费，从而也就不会有价格。同时，各宗房地产的效用性一般来说是不相同的，因而会有不同的价格。

（2）相对稀缺性

房地产仅具有效用性还不能使其有价格。比如像空气这样的物品，尽管对人类至关重要，没有它我们人类一天也生存不下去，但由于数量丰富，供给充足，人们随时随地都能自由取用，不具有可界定的经济价值，因而它无法形成价格。因此，房地产要形成价格，还必须要具有稀缺性。房地产的相对稀缺性是指房地产的数量相对于人们的欲望而言处于相对不足的状态，也即不能满足人人敞开的需要。随着经济、社会的发展和人们生活水平的提高，加上人的欲望永无止境的本质以及自然资源尤其是不可再生资源的有限性特点，自然资源的稀缺性是绝对的。但在一定社会经济发展时期，这种绝对性表现为一定程度的不足，即相对稀缺性。房地产中，土地是有限的不可再生的资源，建筑物是人工建造之物，相对于人的欲望而言，都是不足的。

（3）有效需求

有了效用性和相对稀缺性，房地产是否就有了价格呢？答案是否定的。房地产的效用性和相对稀缺性是房地产价格形成的必要条件，要使房地产真正具有价格，还必须再加上房地产有效需求这一条件。

有效需求是个人或团体参与市场，用现金或其他等值物以取得物品或劳务的能力。房地产的有效需求是指消费者经济上能够承受、有现实支付能力的房地产需求。广义来讲，人类的需要欲望是无限的，就住房消费而言，人人都希望拥有比目前面积更大、质量更好、功能更全、区位更优的住房，客观上都存在购买欲望和需要，但如果没有足够的钱，即现实购买力，只会有价无市，不能实现消费行为。分清需要欲望与有效需求是非常重要的，只考虑人们的需要欲望而不考虑有效需求，盲目投资开发房地产，必将产生房地产的积压和浪费，导致投资失败。我国 20 世纪 90 年代初的房地产投资热潮，尤其是某些沿海地区的房地产盲目投资，形成泡沫经济，造成大量的房地产积压就是这样的实例，应引以为戒。

综上所述，任何一个房地产价格的形成都要同时具备房地产的效用性、相对稀缺性和有效需求这 3 个条件，它们构成了房地产价格的要素，任何影响房地产价格的具体因素都是通过这三者起作用的。不同房地产的价格之所以有高有低，同一房地产的价格之所以有变化，归总起来是由于这三者的程度不同及其变化引起的。

3. 房地产价格的特征

房地产价格与其他一般商品价格比较，具有以下特征：

（1）价格实体基础构成的双重性

房地产商品的物质构成从总体上说，是房屋与土地的有机统一体，房地产价格是房屋建筑物价格和土地价格的统一。这就规定了房地产价格在其内涵上具有双重的实体基础：其中一部分来源于开发和房屋建筑安装劳动所形成的价值，另一部分则来源于土地使用权价格（从经济意义上说，它是地租的资本化）。房地产价格的这一特征，是房地产价格的本质特征。

（2）价格的明显地区性

任何商品都有地区差价因素，商品产地价格一般总低于销售地，但由于房屋是建造在土地上，而土地本身固有的特点——位置的固定性，使房屋不可转移，无产地与售地之分。房地产价格地区性主要反映在不同城市区域之间的房地产差价。一般来说，相同质量的房地产。其价格大城市高于中小城市；商品经济发达城市高于商品经济发展中城市。同时，房地产价格即使在同一城市，也有明显地域差别。有好地段与差地段之分，并且差价很大。

（3）房地产价格通常不具备形成市场价值的条件

房地产的现实价格，通常是个别形成的，而且经常受急于脱售或急欲购买等特殊情况的影响，所以它的价格并不是由交易市场形成的。这是由于土地的不动性、不增性、个别性等自然特性，而使房地产不易形成交易市场。其他商品可以进行样品交易、品名交易、其价格可以在交易市场上形成。但土地，却不能将其搬至一处作比较，要认识土地，必须亲临现场观察。就现实情况而言，房地产不可能具备完全的自由市场。正因为此，它不具备任何人都容易识别的适当价格，而这正是需要进行房地产估价的原因。

（4）价格数额高

房地产是一种高价值的商品。以住宅为例，一套 $50m^2$ 建筑面积的住房，按现行价格计算，一般都要在数万元甚至十几万元以上。与其他生活资料相比，它无疑是一项价格很高的商品。

（5）价格趋升性强

在时间序列上，房地产价格在总体上是不断上升的趋势。现代社会经济生活中，虽然其他商品的价格水平也多在上涨。但一般而言，房地产价格的趋升性更强。据有关资料统计，近几年来，全国商品房价格涨价幅度平均为 15％以上，大城市商品房平均每年涨价幅度达 38％左右，大大高于社会平均物价指数的上涨。

但从产业经济的特殊性上说，稀缺性和土地投资的积累性是造成房地产价格趋升性强的重要因素。

（6）价格政策性强主要原因在于政法管制

由于房地产价格问题在整个社会生活中的特殊重要性，政府必然要强化对它的有效管理和调整，要制定一系列政策，市场对房地产价格的调节作用仅被限定在一定范围内。即使在商品经济发达的国家中，房地产价格的这一特征也表现得比较明显。

5.2.2　房地产价格的类型

从事房地产估价，必须弄清房地产价格的类型和每一种房地产价格的确切含义，以正确理解和把握待估房地产价值或价格的内涵。我们把房地产价格类型按下列角度考虑划分。

1. 按房地产价格形成基础的不同划分为：市场价格、理论价格、评估价格

这是一组分别从现实、理论和评估角度考虑的房地产价格类型；

（1）市场价格

市场价格是指某区域某类房地产在市场上的一般、平均水平价格，是该类房地产大量成交价格的抽象结果。它是已经发生的价格，具有统计的意义。

（2）理论价格

理论价格是经济学理论中认为最严厉的"公开市场价值"，即如果将该房地产放到合理的市场上交易，它应该实现的价格，或者说是真实需求与真实供给相等的条件下形成的价格。它与市场价格相比，市场价格是短期均衡价格，而理论价格是长期均衡价格。在正常市场情况下，市场价格基本上与理论价格相吻合，围绕着理论价格上下波动。

（3）评估价格

评估价格简称评估价，是估价人员对房地产客观合理价格作出估计、判断的结果。评估价格不是已发生的价格，它是市场交易价格的参考依据。同一宗房地产利用不同的评估方法，可能得出不同的评估价格；同时由于评估人员的知识、经验、职业道德情况的不同，评估结果也有可能不同。但正常情况下不应该有大的差距。从理论上说，一个良好的评估价格等于市场价格，等于理论价格。

2. 按房地产实体存在形态划分为：土地价格、建筑物价格、房地价格

房地产实体有三种存在形态，因而有下列三种价格：

（1）土地价格

土地价格简称地价，单纯的土地及附有建筑物的土地的价格都是土地价格。土地位置不同，其价格会不同；同一块土地，其开发条件不同；也会有不同的价格。根据土地的生熟程度不同，土地可以粗略地分为生地、毛地和熟地，相应地有生地价、毛地价和熟地价。生地价是指未开发的农地、荒地的价格；毛地价一般指城市中需拆迁而未拆迁的土地的价格；熟地价是指经过开发和拆迁后可供直接建设使用的土地。

（2）建筑物价格

建筑物价格是指纯建筑物部分的价格，不包含其占用的土地的价格。对建筑物价格是否包含建筑物内动产（包括营业设备）的价格（价值）需要作详细分析与说明。

动产包括两个方面，一是不长久附着于房地产（不动产）的可移动财产，如写字楼、宾馆中的办公设备和家具等，不包括嵌入结构体内的装修；另一方面是包括建筑物内的营业设备，也称动产设备，如为使人们舒适而装置的固定建筑设备，包括管线、照明、散热器和空调等，尽管可能是建筑物的定着物，但它不是不动产，为承租人拥有，安置在承租空间或建筑物内，被商业性经营使用。动产不拥有不动产财产所有权的各项权利，因此，建筑物价格一般不包括建筑物内动产的价格（价值），若建筑物价格包含建筑物内的动产的价格，一定要在估价报告中详细说明。

（3）房地价格

房地价格又称房地混合价，即人们平常所说的房价，是指建筑物连同其占用的土地的价格，是一宗房地产的总价格。房地产市场上的商品房价格，通常包含建筑物所占用的土地的价格，与建筑物价格的内涵不同。

"一宗"的含义，就住宅来说，可以是一套住宅，可以是一栋住宅，也可以是整个住宅小区。对于同一宗房地产来说，房地价格＝土地价格＋建筑物价格。

需要说明的是，上述土地价格、建筑物价格和房地价格之间的关系是指对于同一宗房地产来说，只存在土地、建筑物、房地三种形态，因此，同一宗房地产的价值只能归属于这三种状态。当房地产在分割、合并的前后，在土地、建筑物各自独立考虑时，上述关系可能不成立。

3. 按房地产权属划分为：所有权价格、使用权价格、转让价格、租赁价格和抵押价格

这一组价格类型是依据我国城市房地产管理法所规定的几个主要权利划分的，其中前两个价格类型是一级市场价格，后三个是二级市场价格。

（1）所有权价格

所有权价格是房地产所有权的价格。所有权是物权的最高形式，是所有权形式中最完整最重要的权利，其他权利只是对其不同程度的分割或削弱，如使用权、地上权、地役权等。当所有权设定其他权利时，其价格将会有所降低。

（2）使用权价格

使用权价格是指房地产使用权的价格。在我国，城市土地的所有权属于国家，不能进入市场流转，土地使用单位（或使用者）可拥有土地使用权，因此地价一般是土地使用权价格。土地使用权价格可以使用年限的不同区分为各种使用年期的价格。尽管在法律含义上说，使用权与所有权具有本质的区别，土地所有权价格高于土地使用权价格，但鉴于我国房地产产权制度中，土地使用权具有较特殊的含义，就价格评估而言，两者差异不大。

（3）转让价格

转让价格是指房地产权利人将其合法的房地产转移给其他人时所形成的价格。转让可以有多种形式，如买卖、继承、赠与等。转让房地产时，应符合国家房地产管理的有关法律法规的规定。

（4）租赁价格

租赁价格常称为租金，在土地场合称为地租，在房地混合场合称为房租。它是指房地产权利人将其合法的房地产出租给承租人，由承租人定期向房地产权利人所交纳的款项。按租金的内涵划分，主要有毛租金和净租金，其中毛租金中包含由业主出面来支付的绝大部分经营费用和房地产税费，而净租金一般则只含业主的净收益；按租金支付的时间划分，主要有年租金、月租金等；按租金金额是否变化划分，主要有等额租金、增租租金或降租租金、指数租金等。所谓等额租金是指在整个租赁期中保持某一特定金额的租金。与此相反，增租租金或降租租金则是要求在某些特定时间改变租金，一般在开始一段时间租金维持不变，在后续时间段里租金随着上升或下降。指数租金是指根据经济指标变化而作阶段性调整的租金。消费者物价指数通常用做长期性租约租金金额的调整指标。

（5）抵押价格

抵押价格是指以抵押方式将房地产作为债权担保时的价格，或者说是为获抵押贷款而评估的房地产价格。由于要考虑抵押贷款清偿的安全性，抵押价格一般比市价要低。

4. 按房地产公共价格管理划分为：基准地价、标定地价和建筑物重置价格

基准地价、标定地价和建筑物重置价格是城市房地产管理法提到的三种价格，都属于评估价格。这一组价格类型不是面对具体的估价对象，尽管与政府主管部门和政府行为有密切关系，但本质上属于日常专业业务管理的范畴。

（1）基准地价

基准地价是政府对城镇各级土地或均质地域及其商业、住宅、工业等土地利用类型分别评估的土地使用权单位面积平均价格，或者说是以一个城市为对象，在该城市一定区域范围内，根据用途相似、地块相连、地价相近的原则划分地价区段，调查评估出的各地价区段在某一时点的平均水平价格。

基准地价的根本特点是基准性：在某一区域内有统一的土地开发程度，土地使用年期为各用途土地的法定最高出让年期。这使其具有宏观控制地价等作用。

（2）标定地价

标定地价是指一定时期和一定条件下，能代表不同区位、不同用途地价水平的标志性宗地的价格。目前，标定地价的实际应用还很少。

（3）建筑物重置价格

建筑物重置价格是某一基准日期，不同建筑结构、用途或等级下的特定状况的房屋，建造它所需的一切合理、必要的费用、税金加上应得的利润。也可定义为，采用估价时点的建筑材料和建筑技术，按估价时点的价格水平，重新建造与估价对象具有同等功能效用的新建筑物的正常价格。建筑物重置价格对于成本法估价方法具有重要意义，关于它的详细内容，参见本书成本法中的有关章节。

5. 按政府行为划分为：土地使用权出让价格、征用价格、课税价格、补地价

这一组价格类型面对具体的估价对象，具有较强的政策性和一定的强制性，评估时需要根据具体的政策规定进行估价，属于政府行为性质。

（1）土地使用权出让价格

土地使用权出让价格是指政府将国有土地使用权在一定年期内出让给土地使用者，并由土地使用者向国家支付土地使用权出让金的价款。政府根据城市规划和土地利用要求等情况，确定出让土地的位置、面积及有关使用条件，其出让价格因出让方式的不同而不同（见后面拍卖价格、招标价格、协议价格）。

（2）征用价格

征用价格是为确定政府强制征用的房地产的补偿额而评定的价格。在旧城改造、基础设施建设、农用地征用中都涉及征用价格。征用价格一般是一种补偿性价格，远较正常市场价格为低。

（3）课税价格

课税价格是指政府为课征赋税而对房地产评定的价格，是作为对房地产计税依据的价格。课税价格一般要按照政府公布的房地产价格标准并适当参考房地产所在区位等因素，或按市场交易价格的一定比例评定。

（4）补地价

补地价是指更改政府原出让土地时规定的用途，或增加容积率，或转让、出租、抵押划拨土地使用权，或出让土地使用权续期等时需要补交给政府的一笔地价。

对于改变用途来说，补地价的数额通常等于改变用途后与改变用途前的地价的差额，即：

$$补地价＝改变用途后的地价－改变用途前的地价$$

对于增加容积率来说，补地价的数额可用下列公式计算：

$$补地价＝［（增加后容积率－原容积率）/原容积率］×原容积率下的地价$$

补地价的实质是把由于政策性原因造成的土地的增值部分补交给土地的所有者——政府。

6. 按房地产出让方式划分为：拍卖价格、招标价格、协议价格

在房地产的产权让渡过程中：一般有拍卖、招标和协议三种方式，因而形成三种相应价格类型。采用拍卖方式交易（出让）房地产而形成的价格称为拍卖价格，采用招标方式交易（出让）房地产而形成的价格称为招标价格，采用协议方式交易（出让）房地

产而形成的价格称为协议价格。

从我国目前城镇国有土地使用权出让来看，采用拍卖方式出让国有土地使用权，是指在指定的时间、公开场合，在拍卖主持人的主持下，用公开叫价的方法，最终将土地使用权拍卖给最高应价者。这种方式适用于竞争性强的、盈利性的房地产，如金融业、商业用地等。采用招标方式出让国有土地使用权，是指在指定的期限内，由符合规定条件的单位或个人，以书面的形式竞买某块土地，最终择优选择土地受让者。这种出让方式，土地使用权的获得者不一定是出价最高者，不仅要考虑报价；还要考虑开发建设方案、企业资信等其他条件。采用协议方式出让国有土地使用权，一般是政府与特定的用地者协商确定出让价格。这种方式受行政干预较多，所形成价格是一种优惠性价格。因此一般适用于市政工程、公益事业、福利设施、基础设施及政府需要扶持的高科技项目的用地出让。通常协议价格最低，拍卖价格最高，招标价格居中。

需要指出，房地产拍卖中，存在一类消极性拍卖，即资产处置性拍卖。它是资产变现的手段，以清偿债务为目的，故其拍卖价格往往很低，与竞争性房地产的拍卖具有本质的区别。

7. 按商品房销售中出现的价格形式划分为：起价、标价、成交价格、均价

这是一组与商品房销售相关联的房地产价格类型。

（1）起价

起价是指所销售的商品房的最低价格。这个价格通常是最差的楼层、朝向、户型的商品房价格，甚至有时这个价格并不存在，仅是为了起到广告作用，为吸引人们对所销售商品房的关注而虚设的价格。

（2）标价

标价又称报价、表格价，是商品房出售者在其价格表上标注的不同楼层、朝向、户型的商品房出售价格。一般情况下，这个价格高于成交价格。但购买者可在此价格基础上与出售者讨价还价，可能使实际交易的价格低于标价。

（3）成交价格

成交价格简称成交价，是房地产交易双方实际达成交易的价格。通常我们所说的成交价格是指狭义的成交价格，也就是买卖价格。成交价格是一个既成的事实。成交价格可分为正常成交价格和非正常成交价格。正常成交价格是指交易双方在正常情况下交易形成的价格，不受一些不良因素的影响。反之则为非正常成交价格。成交价格界于卖者出售所愿意接受的最低卖价（最低界限）与买者购买所愿意接受的最高买价（最高界限）之间，至于具体价位的高低，取决于商品房出售者与商品房购买者双方的谈判能力，以及该种房地产市场是处于卖方市场还是买方市场。在卖方市场下，成交价格往往是偏高的；在买方市场下，成交价格往往是偏低的。

正常成交价格形成的条件：①公开市场。在市场上交易双方进行交易的目的在于最大限度地追求经济利益，双方都掌握必要的市场信息，有充裕的时间进行交易，对交易对象具有必要的专业知识，交易条件公开并不具有排他性。②交易对象具备市场性。③交易双方都具有完全信息。④交易双方的交易不受任何压力，完全出于自愿。⑤理性的经济行为。

（4）均价

均价是所销售商品房的平均价格，具体有标价的平均价格和成交价的平均价格。这个价格反映了所销售商品房的价格水平。均价也具有统计的意义，但它与市场价格相比，其范围要小得多。

8. 按房地产价格表示单位划分为：总价格、单位价格、楼面地价

它是一组主要与价格的内涵、面积范围和面积内涵相联系的房地产价格类型。

（1）总价格

总价格是指一宗房地产的总体价格，可以是一宗土地的土地总价格，也可以是一宗建筑物的建筑物总价格，或是房与地合一的房地产整体价格。

（2）单位价格

单位价格是指分摊到单位面积的价格，通常，对土地而言，是单位地价，它是指单位土地面积的土地价格；对建筑物而言，是单位建筑物价格，它是指单位建筑面积上的建筑物价格；对房地产整体而言，是单位房地产价格，它通常是指单位建筑面积上的房地产价格。现在商品房销售上出现一种新的计价方式，即按使用面积计价，其单位房地产价格是指单位使用面积上的房地产价格。房地产的单位价格能反映房地产价格水平的高低，而房地产的总价格一般不能说明房地产价格水平的高低。

弄清单位价格应从两方面考虑，否则只是一个单纯的数字，无经济意义：①正确理解和把握房地产的价格和面积的内涵，参见表5-1房地产单位价格类型；②认清衡量单位即货币单位和面积单位。

房地产单位价格类型 表 5-1

实体面积类型 价格类型	土地面积	建筑面积	建筑物使用面积
土地总面积	单位地价	楼面地价	单位使用面积地价
建筑物总价格	无	单位建筑物价 （单位建筑面积建筑物价）	单位使用面积建筑物价
房地产总价格	无	单位房地产价格 （单位建筑面积房地产价）	单位使用面积房地产价

（3）楼面地价

楼面地价，又称为单位建筑面积地价，是平均到每单位建筑面积上的土地价格，是一种房地产的单位价格。因为楼面地价＝土地总价格/建筑总面积，而容积率＝建筑总面积/土地总面积，所以楼面地价＝土地单价/容积率。楼面地价在实际工作中有重要意

义，其往往比土地单价更能反映土地价格水平的高低，因为土地的单价是针对土地而言的，而楼面地价实质上就是单位建筑面积上的土地成本。

例如，有甲、乙两块土地，甲土地的单价是 600 元/m²，乙土地的单价是 700 元/m²，如果两块土地的其他条件完全相同，显然，甲土地比乙土地便宜，明智的买者会购买甲土地而不会购买乙土地；但如果甲乙两块土地的容积率不同，甲土地的容积率为 5，乙土地的容积率为 7，除此之外的其他条件都相同，这时仅靠土地单价难以判断两块土地的价格高低，应根据楼面地价来比较。由于甲、乙两块土地的楼面地价分别是 120 元/m² 和 100 元/m²，甲土地反而比乙土地贵（每平方米建筑面积贵 20 元），那么，理智的买者会购买乙土地而不会购买甲土地。

9. 按估价方法划分为：收益价格、比准价格、积算价格

这是一组与房地产估价三种基本估价方法相对应的房地产价格类型，都属于评估价格。

房地产估价方法有多种，其中最主要最基本的估价方法是收益法、市场比较法、成本法三种。

收益价格是指采用收益法评估出的房地产试算价格；比准价格是指采用市场比较法评估出的房地产试算价格；积算价格是指采用成本法评估出的房地产试算价格。

■ 5.2.3 房地产价格影响因素分析

房地产估价，主要工作是对影响房地产价格的因素进行分析。影响房地产价格的因素很多，而且这些因素又经常变动。在此时，某一因素对房地产价格影响较大；而在彼时，就可能影响很小乃至没有影响。在此地，某一因素对房地产价格影响较大，而在彼地，就可能影响很小乃至没有影响。因此，只有准确把握影响房地产价格的各项因素，充分调查分析其过去、现状及未来的变动趋势，才能正确评估房地产价格。

影响房地产价格的因素虽然很多，但我们可以根据其影响范围的大小将其分为一般因素、区域因素和个别因素三类。

1. 一般因素

一般因素通常是指那些对房地产所在地区以全面性影响，并由此确定该社会经济条件下的房地产价格水准，因而成为各个房地产具体决定价格基础的因素。一般因素可分为社会因素、经济因素及行政因素三大项。

（1）社会因素

1）人口状态

人口状态是最主要的社会因素。人口增加，则人地比率增大，从而对土地的需求上升，导致房地产价格上涨。如日本所有城市土地价格增长率 1955～1960 年为 11%～13%，1960～1961 年为 17%～18%，1962～1964 年为 6%～9%。而在美国，1956～

1966 年土地价格增长率仅为 5.6％～6.9％。其主要原因是因为日本是经济发达国家中城市人口密度最大、人口增长率最高的国家，而美国的人口密度要比日本低得多。另外，人口素质、家庭道德观念等也对房地产价格有一定影响。

2）城市公共设施

城市公共设施的完善程度，直接影响房地产效用。公共设施完善程度高，则房地产效用大，从而增加对该房地产的有效需求，提高房地产价格。如原为一块普通的土地，当城市规划在其修建一例高等级的公路之后，立刻会使该地块价格迅猛上涨。所以，在进行房地产估价时，应充分注意公共设施的完善程序及建设规划。

3）房地产交易及使用收益方式

我国城市土地属国家所有，交易的只是土地使用权，这与所有权交易价格有较大差别。另外，有些城市以实物地租为主，交换价格不用货币表现，而以提供实物（完成一定的市政工程等）来代替，这也会影响价格水平。

（2）经济因素

1）经济增长速度

经济增长意味着国民生产总值和国民收入的增加，财政、金融景气，经济繁荣，就业机会增加，物价、工资处于有利于经济发展的状态，社会总投资增加，对房地产总需求增加，致使房地产价格上升。在美国，30 年代的经济危机使地价跌入低谷。1925 年为地价高峰，随后直线下降，1933 年降至低谷，其水平比 1894 年还低。1920～1930 年，地价年增长率为 2.1％，而在 1930～1938 年地价年增长率为－2.1％，尽管 1933 年后地价有所回升。而在二次大战后，美国经济增长速度一度为世界之冠，获得迅猛发展，其地价也持续上升，其上升幅度高于经济增长幅度，年增长率 60 年代达到 6.9％。从各国经济发展与地价变动趋势来看，房地产价格变动趋势大体与经济循环一致。

2）税收政策

税收负担，无论是对个人还是对企业影响都至关重要。税赋增加则居民和企业的储蓄减少，从而减少社会投资，使房地产价格降低。反之，税赋减少，则储蓄增加，房地产价格上升。

3）金融政策

房地产投资者大多通过金融渠道获得资金。如银行利率下调，放宽通货，就会刺激投资，致使房地产价格上涨；如银行利率上调，紧缩银根，就会抑制投资，致使房地产价格下落。我国 1991～1992 年放宽对房地产投资的信贷，致使房地产投资增加，房地产价格迅速上升。

4）交通体系状态

交通体系状态如何，对地区经济发展、衰退影响极大。新的路线开通，会使某些地区加速发展，而废除某些交通线路，会导致某些地方经济衰退，自然会影响房地产价格水平。

5）市场完善程度

市场发育越完善，买卖双方越能得到足够的市场信息，房地产交易价格就越符合房地产的真实价值；市场发育越不完善，各种行政干预越多，房地产价格就越与房地产真实价值相背离。

（3）行政因素

行政因素是政府从社会利益出发对房地产的交易与利用加以行政干预与调节，以提高全部房地产的效用。

1）国家政策

如我国的特区政策和沿海城市开放政策，使得各特区和开放城市的投资环境大为改善，从而吸引了大量的国内外资金，致使对房地产需求增加，房地产价格上涨。如我国海南省，其经济基础十分落后，只因近年辟为全国最大经济特区，有特殊的优惠政策，从而吸引国内外各方投资者云集，从而使地价迅速上升。海南地价的上升不同于日本和香港。日本是以发达的工业为基础，地价上升与工业发展同步；香港是以发达的贸易为基础，地价上升与其贸易在世界贸易中地位上升同步。海南省没有工业和贸易的基础，只有国家政策。另外，国家管制政策对房地产价格影响也很大。如日本为了抑制土地投机，对土地价格上升较快、土地投机严重地区实行国家管制。在管制期间，土地交易数量及价格均由国家直接管理与控制。

2）土地利用计划与规划

耕地和城市土地利用计划，大大限制了土地交易数量和土地利用方向。如我国对耕地实行保护政策，所有将耕地进行非农业利用的单位和个人，都必须缴纳耕地占用税，从而使耕地转移价格上涨。市地买卖又受到城市规划的限制，市场土地供应量根据城市发展速度及土地总供给量而定，而规划中的商业用地、住宅用地、工业用地等，其价格就大不相同。

3）租金、价格政策

政府对地租、房租、地价、房价是否限制，对房地产价格水平影响很大。如北京市对私房交易价格曾有严格标准控制，因而大大限制了私房价格的迅猛上涨。

2. 区域因素

所谓区域因素，是指构成该房地产所在地区的自然、经济、社会、行政等因素相结合的地区特性，并影响该地区房地产价格水平的各项因素。

（1）住宅区

在对住宅区房地产进行估价时，应考虑的区域因素有：

1）住宅区的自然因素

即日照是否充足；温度、湿度、风向是否适宜；自然灾害发生频率程度；内部或周围有无较好的自然景观等。

2）住宅区的社会因素

包括：①当地居民的职业、教育水准、社会阶层等居住环境如何。②公共设施配套是否完善。如街道的宽度、构造；商店的配置状态；学校、公园、医院是否齐全合理；离市中心的距离及交通设施状态；上下水道、电力、通信、垃圾处理等是否良好；噪声、空气污染等公害发生程度；住宅区的社会治安；建筑风格、式样等。

3）住宅区的经济因素

包括：①各宗地的面积、配置及利用状态。②对土地利用的限制程度。③区域规则是否合理、科学。

在上述因素中，最为重要的是离市中心的距离及交通设施状态，与居住环境的好坏。

（2）商业区

对商业区的房地产估价，关键在于把握商业区的收益程度，因此，主要应收集有关收益的资料。对商业区房地产估价，主要也是分析这些因素与商业收益的相关程度。

1）商业区腹地的大小及顾客的质与量

商业区腹地指该商业区的营业半径。如北京市的王府井、东单、西单、前门等商业街，单就北京市范围讲，可以覆盖全北京市，而北太平庄，则只能覆盖该区的一小部分。另外，商业顾客的质与量对营业额影响很大。

2）顾客的交通手段及交通状态

道路及交通工具越好，越有利于顾客流动。

3）商业区内营业种别及竞争程度越小，越有利于吸引更多的顾客。

4）该地区经营者的开创能力。

5）繁荣程度、盛衰状况。

6）土地利用管制程度。

（3）工业区

对工业区来讲，估价时首先要关注的是对外交通状况，即原料与产品的进出是否方便畅通。其次是工业用水的质与量，劳动力来源，是否靠近原料产地或产品销售地等。

3. 个别因素

个别因素指使房地产形成个别性，进而形成个别价格的因素。具体可分为以下几项：

（1）土地的个别因素

1）位置

位置的好坏直接影响土地利用，从而影响地价。级差地租产生的条件之一就是土地位置差异，特别是在城市，由位置而产生的级差地租是城市地租的主要形态。自然地理位置虽然是固定的，但经济地理位置的好坏却随经济发展而变动。

2）面积

土地利用方向是决定土地价格水平的重要因素，而地块面积大小对土地的利用方向有着严格的制约。这样，地块面积随其用途不同而使其价格发生差异。如在商业区，面积大者可建造商业大厦，面积小者只能搭设小店铺之类，其价格自然不可相提并论。各宗地面积究竟多大合适，主要取决于该宗地的利用方向及所属地区的社会经济情况。

3）地势

宗地的倾斜程度影响土地开发费用，也影响采光通风条件，故对价格有重要影响。

4）地质

土层结构决定土地承载力，进而影响土地用途和利用强度及建设费用等，从而影响土地价格。

5）宗地形状

宗地宽度、长度等指标，是衡量宗地形状的主要依据。宗地形状对建筑物的用途和规模有重要制约作用。

6）日照、通风、干湿等，这在高层建筑区尤显重要。

7）临接街道状况

与宗地相临接的街道，是否为道路干线，铺设等级、宽度如何，也是宗地价格形成的重要因素。

此外，与公共设施、商业设施的距离；与变电所、污水处理站、垃圾站等特定设施的距离，也对房地产价格产生一定的影响。

（2）建筑物的个别因素

1）高度与面积

建筑高度不同，单位建筑面积的成本也就不同；建筑总面积及各楼层面积不同，建筑物的重置成本也不同。

2）结构与材料

建筑结构、式样不同，建筑难易也不同，材料则直接影响重置成本。

3）设计与装修

建筑设计符合使用者意愿，价格自会较高；装修等级，建筑物内部设施是否齐备良好，对建筑物价格影响很大。

4）施工质量

对建筑物成本及建筑物质量有直接影响。

5）符合社会要求

是否符合规划控制（如我国城市对某些地区的建筑层数有严格控制），是否符合周围环境要求。

影响房地产价格因素很多，且对不同的房地产影响的因素又不一致，同时，各个因素影响程度也不同。这就要求估价人员要有严谨的工作态度和丰富的实践经验，能在纷纭复杂的因素中抓住主要因素，并准确地赋予其权重。

5.3 房地产估价的方法

房地产价格的评估是一个具有内在规律性的客观过程，科学可行的估价方法是确保其质量的根本前提。从已掌握的国内外情况来看，房地产价格评估的方法很多，如市场比较法、收益还原法、成本估价法、假设开发法、长期趋势法、路线价法等等。针对我国当前的实际情况，这里介绍几种常用的估价方法。

5.3.1 市场比较法

1. 市场比较法的基本原理

市场比较法是指在优算评估对象房地产价格时，将待估对象房地产与在近期内已经发生交易的类似房地产加以比较对照，然后根据已经发生交易的类似房地产的价格，经过各种修正后，求得待估对象房地产价格的一种评估方法。一般用这种方法评估求得的试算价格，称为比准价格。此外，在市场比较法中，还把评估对象房地产称为勘估标的房地产或勘估标的物，而把供比较对照的交易类似房地产称为比较标的房地产或比较标的物，通常也称交易实例房地产，简称交易实例。估价时，交易实例房地产要求是近期成交的，且在功能用途、建筑结构、所处地段等方面与评估对象房地产的功能用途、建筑结构、所处地段等相同或相似。

市场比较法是以商品的相关、替代原则为其理论依据的。根据一般的商品价值关系，在同一市场中，应该有两种市场行为存在：一是具有相同使用价值和性质（效用）的商品，其价格应相同，即完全替代原则；二是在两个以上具有替代关系的商品同时存在时，商品的价格是经过相互竞争后产生的，即具有替代关系的商品，其价格会相互影响，相互牵引，最终使它们的价格相互接近，趋于一致。

进一步分析，作为经济主体——个人、企业、单位等，他们在市场上的行为，一般是以要求利润最大化为第一原则，以比较利益原则作抉择。也就是说，经济主体是要以最小的费用（或代价），获取最大的利润（或效用），或者至少要求得同等的利润。因此，他们在选择购买商品时，必然要选择购买效用大且价格低的商品。如果把价格和效用作比较，显示价格过高或利润过小，则大家都会放弃。结果是，市场上性能效用均等的商品之间将产生相同的价格。

具体就房地产而言，它与一般商品有此同样共性。即两宗或两宗以上功能效用相同的房地产同时存在于市场时，明智的购买者会选择价格最低的；同理，若两宗或两宗以上价格相同的房地产同时存在时，明智的购买者将会选择效用最大的。换言之，在从事房地产交易时，任何有理性的当事人，都会依据"替代原理"，将准备交易的房地产价格与类似的房地产价格作比较，再决定其行动。

市场比较法正是基于房地产交易中"替代原理"的作用，所以，在评估一宗房地产价格时，可用类似房地产的已知交易价格，比较求得待估对象房地产的未知价格。

2. 市场比较法的估价步骤

市场比较法估价的步骤如下：

（1）搜集交易实例资料

运用市场比较法对土地估价前，应通过查阅政府有关部门关于土地交易的资料，查阅报刊上有关土地租售的广告，与地产经纪人交流等各种形式，尽可能多地搜集土地交易案例。内容一般包括交易价格、交易日期、交易时的状态，如坐落位置、用途、土地状况、建筑物状况、环境条件、交易双方及交易情况。在了解地方土地交易市场特性的同时，从中选择那些在近邻地区或同一供需圈内的类似地区中的正常的土地销售案例、可能作时间差异修正的案例、可能作个别因素比较的实例和评估目的一致的实例。

（2）比较实例的选取

在对某一房地产进行估价时，在搜集到的较多的交易实例中，还需要选择其中符合一定条件的交易实例，作为比较参照的交易实例。选取的供比较参照的交易实例应与估价对象房地产的用途相同、建筑结构相同、所处的地区相同、价格类型相同、估价时点接近，且该交易实例必须为正常交易，或可修正为正常交易。

（3）价格比较基础的建立

选取了比较实例后，应先使各比较实例的价格之间及其与拟评估的估价对象的价格具有比较的基础，然后再作有关修正。价格比较基础的建立包括：①统一化为单价（土地除单价外还可化为楼地价）。②统一货币单位，通常用成交当时的市场汇率来折算。③统一面积单位。④统一面积内含。

（4）差异修正

差异修正是进行待估房地产与比较实例的差异修正，将比较实例向待估房地产修正，求出比实例与待估房地产完全一致时应有的价格，修正后的比较实例价格就是待估房地产的价格。差异修正的主要内容有：

1）交易情况修正。交易情况修正，是排除掉交易行为中的一些特殊因素所造成的交易价格偏差，使其成为正常价格。造成价格偏差的因素主要有：亲戚、熟人之间的交易通常价格偏低；协议招标的土地价格偏高；购买邻接地时，土地价格偏高；急欲脱售的价格往往偏低等。基于特殊情况下的交易价格是一种偏差价格，在市场比较法上不宜直接作为比较对象，必须将个别特殊情况排除，使其正常化，才适合作为比较对象。

2）交易日期修正。交易实例的交易日与估价对象的房地产估价日不可能是在同一时间。随着时间的推移，房地产价格可能发生的变化是：平静无波、上涨或下跌。在房地产价格呈现平静无波的发展趋势时，可不进行交易日期修正；而在房地产价格呈现上涨或下跌的趋势时，则必须进行适当的交易日期修正，以符合估价时的实际市场情况。

3）区域因素与个别因素修正。区域因素与个别因素是构成房地产使用功能、质量好坏的因素。进行区域因素与个别因素修正，是将比较实例房地产相对于估价对象房地产在使用功能、质量好坏上的差别所产生的交易价格差别排除。这是市场比较法中的难点和关键。

区域因素比较修正的内容主要包括：交通、繁华程度、噪声、景观、城市规划等影响房地产价格的因素。个别因素比较修正的内容主要包括：面积、形状、临街状态、位置、地势、土地使用权年限、容积率、生熟程度、建筑结构、施工质量、装修标准、新旧程度等影响房地产价格的因素。由于不同使用性质的房地产，影响其价格的区域因素与个别因素不同，因此具体比较的内容也不尽相同。如商业区着重繁华程度；住宅区讲求宁静、安适；工业区重视交通运输；农业区则重视土壤的肥沃程度。在实际比较时，应将所要比较的内容列表，使其规范化，且一目了然。值得注意的是，比较实例的区域因素与个别因素是比较实例交易当时的区域因素状况与个别因素状况。

（5）确定估价值

由上可见，以市场比较法来求取估价对象房地产的价格时，通常需要进行交易情况修正、交易日期修正、区域因素修正、个别因素修正。通过这几个方面的修正，就把比较实例房地产的价格转变成了估价对象房地产的价格。其计算公式如下：

估价对象房地产的价格＝比较实例房地产的价格×交易情况修正系数×

交易日期修正系数×区域因素修正系数×

个别因素修正系数

由于选取用来比较参照的交易实例有多个，通过上述各种修正之后，每个比较实例者会综合求出一个价格，而且不可能完全一致，最后需要应用综合的方法如：简单算术平均、加权算术平均、中位数、众数、混合法，求出一个最终估价结果，定为估价对象房地产的估价额。

3. 市场比较法总结与运用

市场比较法是以房地产市场的竞争性为前提，所以必须有足够的市场参与者，拥有充分的信息渠道，这样才使得替代原理可应用于这一特殊的市场。因此，市场比较法有一定适用范围和适用条件。

适用范围：有广泛市场交易的房地产类型，如普通住宅、商铺、写字间、厂房、空地等，这类房地产可以收集到大量的可比较交易实例，使市场比较法具有使用的基础。

适用条件：①有充分的市场资料可查阅，包括数量充足、质量合格、可靠的市场资料。②估价专业人员具有丰富的估价经验。

第 5 章　房地产估价实训

5.3.2　收益现值法

1. 收益现值法的基本原理

收益现值法，又称收益还原法、收益资本化法、投资法、地租资本化法，简称收益法。

所谓收益现值法，是在求取估价对象房地产的价格时，运用某种适当的贴现率，将预期的估价对象房地产未来各期的正常纯收益折算到估价时点的收益（现值），并求其之和来确定估价对象房地产的价格的一种估价方法。采用收益现值法估价求得的价格，通常称为收益价格。它是房地产估价中最重要的方法之一，用于对具有收益或潜在收益的土地、房屋、房地合一的房地产进行估价。

收益现值法的理论基础是房地产预期收益理论。由于房地产具有永续性和耐用性的特点，当占用房地产时，不仅现在能取得一定的纯收益，而且能期待在将来一定年限内源源不断地继续取得纯收益。房地产的价格是由人们对其收益能力大小的期望所决定的，房地产价格的高低与人们对其未来收益的期望值大小有关。投资者对一项收益性房地产所支付的价格，不会高于他对该房地产未来收益现值总和的预期。

把未来继续取得的纯收益折算为现在价值的总额，称为收益价值或资本价值，用数量表示，称为现在货币价值。如果将一宗房地产的资本价值存入银行收取利息，也会带来与这个纯利益等量的收入，用一个简单的公式表示，就是：

某一笔货币额定×利息率＝纯收益

这笔货币额实际就是这宗房地产的价格。由此可概括为：将某项可能在未来年间不断取得的纯收益，以适当的贴现利率折算为现在的总额，即是该房地产的价格。这也是收益现值法的基本原理。

2. 收益还原法估价的计算公式

（1）购买年途径

购买年途径是收益现值法的传统方法。

基本公式为

$$V = a_1 \times YP = a_1 \times f(I)$$

式中　a_1——待估房地产估价时点纯收益。

$YP = f(I)$，表示 YP 是 $f(I)$ 的函数。

可见购买年途径的特点在于以待估房地产当前的纯收入为普通年金，可见其收益的变化放在资本化率中加以考虑。资本化率的大小反映了该房地产投资的内部收益率的大小及收益增长情况。

（2）折现现金流量途径

假定一房地产能获得的年限为 n 年，期间各年纯收益为 a_1，a_2，a_3，…，a_n，投资

者所需要的回报率为 r，则该房地产的现值即其估价时点的价格为

$$V = a_1/(1+r) + a_2/(1+r)^2 + \cdots + a_n/(1+r)^n$$

式中 V——房地产的价格；

  $a_1, a_2, a_3, \cdots, a_n$——各年年末的预期收益；

                r——投资者所要求的回报率，即内部收益率。

折现现金流量途径采用的是通过对收益变化的预期而明确反映收益变化的方法。

3. 收益还原法的估价步骤

运用收益现值法估计房地产价格的操作步骤一般为：

（1）求取待估房地产的每年总收入。计算总收入的条件是：它应是房地产在正常经营使用情况下的收益；它应是有规则的持续产生的收益；它应是建立在科学的市场预测基础上的最可能实现的收益。

（2）估计每年由于空置及坏账所造成的租金损失。

（3）总收入减去空置及坏账损失后得到的有效收入。

（4）求取待估房地产的每年营运成本。营运成本所包括的项目，一般以正常经营所持续支付且直接必要的费用为限。土地租赁标准总费用的构成：①税收，如土地使用税等；②管理费；③维护费。房屋租赁标准总费用的构成：①维修费；②管理费；③折旧费；④房屋保险费；⑤房屋空置损失费；⑥房地产税和土地使用税。有效总收入减去营运成本得到纯收入。

分析相似房地产及可比较投资，选取合适的贴现率及贴现方法。贴现利率是房地产价格计算中最敏感的因素。确定贴现利率的依据为：历年银行存款利率和物价指数的统计资料；国家债券与公司债券的利率；历年工商企业的年均获利；国家公布的经济增长统计资料；国家公布的城市规划发展资料；房地产租赁出售价格；房地产投资风险的大小等。应用最广泛的三种贴现利率是：综合贴现利率、建筑物贴现利率、土地贴现利率。

（5）将各年的纯收入贴现求得待估房地产的价值。贴现方法常用的有两种截然不同的基本途径，即购买年途径和折现现金流量途径。

例：对某新建成的写字楼进行估价，估价人员掌握了在估价时点时的相关资料（表5-2），并用收益法评估该写字楼的市场价值。

估价对象相关资料   表 5-2

名 称	数 值	名 称	数 值
总建筑面积	25000m²	房屋重置价格	2000 元/m²
可出租建筑面积	22000m²	房屋耐用年限	50 年
设备用房建筑面积	2500m²	房屋维修费率/年	房屋重置价格的 2%
管理用房建筑面积	500m²	月物业管理费	5 元/m²

续表

名　称	数　值	名　称	数　值
营业税及附加	5.55%	土地剩余年限	45 年
按租金收入计的房产税率	12%	年报酬率	5%
平均正常空置率	10%	管理费用率 （含保险费、租赁费用）	租金的 3%
可出租建筑面积的月租金 （不含物业管理费）	50 元/m²		

（1）年有效毛收入

$$22000 \times（50+5）\times 12 \times（1-10\%）=13068000 \text{ 元}$$

（2）年运营费用

1）年维修费用

$$25000 \times 2000 \times 2\% = 1000000 \text{ 元}$$

2）年管理费用

年管理费用＝年有效毛收入×管理费用率＋管理用房租金损失

$$=13068000 \times 3\% + 500 \times 50 \times 12$$

$$=692040 \text{ 元}$$

3）年营业税及附加年营业税及附加＝$13068000 \times 5.55\% = 725274$ 元

4）年运营费用小计

年运营费用＝$1000000 + 692040 + 725274 = 2417314$ 元

（3）年净收益＝（1）项－（2）项＝$13068000 - 2417314 = 10650686$ 元

（4）估价结果

估价结果＝$（10650686/5\%）\times [1-1/（1+5\%）50] = 194438130$（取整）

4. 收益还原法总结与运用

收益现值法是建立在货币时间价值的观念上，是以求取待估房地产纯收益为前提条件的估价方法。因此，此法最适宜于以获取收益为目的的房地产价格评估，如对租赁房地产或企业用房地产以及有潜在收益的房地产的估价最有效，但不适宜于对机关、学校等无收益的房地产价格评估。

5.3.3　成本估价法

1. 成本估价法的基本原理

成本估价法，简称成本法，又称原价法、承包商法、重置成本法等。所谓成本估价法，是在求取估价对象房地产的价格时，以重新开发或建造估价对象房地产或类似房地产所需花费的成本为基础，扣除与新建筑物相比价值损耗的部分，再加上房地产基地地价来确定估价对象房地产的价格的一种估价方法。成本估价法求出的价格是由各项费用加总而来，因而被称为积算价格。这里所谓的成本，包括了各项实际的成本、费用、利润、税金，相当于承包商的报价，因而又称承包商法。

成本估价法的理论依据，从买方的角度看，是替代原理，即买方愿意支付的价格不能高于他重新开发或建造该房地产所需要花费的费用，如果高于该费用，他还不如自己开发或建造。从卖方角度看，是房地产的生产费用价值论，即卖方愿意接受的价格不能低于他开发或建造该房地产已花费的费用，如果低于该费用，他就要亏本。

成本估价法在各种估价方法中有其特殊的用途，特别适用于独立或狭小市场上无法运用市场比较法进行估价的房地产的估价。另外，对于既无收益又很少出现买卖情况的学校、图书馆、医院、政府办公楼、军队营房、公园等公共建筑、公益设施的估价也很适用。

2. 成本法估价的估价步骤

（1）求得土地价格

将待估房地产所在基地视为空地，即可以直接在上面兴建房屋的空地。通过市场比较法或其他方法，求出土地的价格。

（2）求建筑物重新建造完全价值

估算重新建造同样或同功能的新建筑物的成本，作为重新建造完全价值。注意考虑土地的改良成本。

（3）求建筑物的损耗

根据建筑物的实际情况，考虑引起其价值损耗的各种因素，求出总损耗值。

（4）求建筑物净值

建筑物的净值是建筑物重新建造完全价值与建筑物损耗的差。

（5）求建筑物的价格

土地价格与建筑物净值相加，就是所求的房地产价格。

3. 成本估价法的计算方法

（1）新开发土地成本估价法的估价

新开发土地包括：填海造地；开山造地；征用农地后进行三通一平或五通一平、七通一平，拆除城市旧区中旧建筑物整理后出售土地等情况。在这些情况下，成本估价法的基本公式为：

新开发土地价格＝取得待开发土地费用＋开发土地所需费用＋正常利税

上述基本公式在具体情况下又会有具体形式，如新开发区土地的分宗估价，运用成本法是个有效的方法，其公式如下：

$$开发区某宗地的价格＝\frac{取得开发区用地的总费用＋开发区土地开发的总费用＋正常的开发利税总额}{开发区总面积×可转让土地面积的比率×用途、区位等因素修正系数}$$

式中　可转让土地面积的比率$=\dfrac{可转让土地面积}{开发区总面积}$

实际估算时通常分三步：①计算开发区平均每单位面积的成本价格。②计算开发区可转让土地平均每单位面积的成本价格。此步用第一步计算的成本价格除以可转让土地面积的比率即可求得。③计算开发区中具体某宗地的价格，此步将第二步计算的成本价格，根据宗地的用途、区位、使用年限等适当的增减修正即可求得。

（2）新建房地产成本估价法的估价

在新建房地的情况下，成本估价法的基本公式为：

新建房地价格＝取得土地费用＋建造建筑物费用＋正常利税

若不含取得土地费用，即：

新建建筑物价格＝建造建筑物费用＋正常利税

新建房地产价格在目前实际评估时，可具体化为下列公式：

新建房地产价格＝取得土地费用＋开发商投资利息＋销售费用

＋开发商负担的两税费＋开发商利润

（3）旧有房地产成本估价法的估价

旧有房地产成本估价法的基本公式为：

旧有房地产价格＝土地的重新购置价＋旧有建筑物的重新建造完全价－建筑物折旧

这种方法通常被称为重置成本或重建成本法。其步骤为：①求取土地在估价期日重新购置所需的原价；②求取建筑物在估价期日重新建造所需的原价；③估算该房地产中建筑物的折旧额；④用土地和建筑物的重新建造完全价扣减折旧额即可。

4. 成本法总结与运用

成本估价法适用于缺乏市场交易实例、较为特殊的房地产，如我国城市中的建筑物大多是钢混结构或混合结构。全木结构或全钢结构的建筑物是较为特殊的房地产，就可以用该方法进行估价。另外，适用于不进入市场交易的房地产，如政府部门的建筑物、学校、医院、教堂庙宇、图书馆等公共建筑及公共设施等。对于这类不进入市场交易又没有收益的房地产，成本估价法是唯一有效的方法。

5.3.4　假设开发法

1. 假设开发法的基本原理

假设开发法是房地产估价实践中一种科学而实用的评估方法。又称剩余法、预期开发法，净余估价法、余值法、倒算法。

假设开发法是将估价对象房地产预期开发后的价值，扣除预期的正常开发费用、销售费用、利息、税金和开发商利润，将剩余的部分作为估价对象房地产价格的一种估价方法。

应用假设开发法评估房地产价格的基本原理是价格构成原理和地租原理。

根据价格构成原理，任何商品的销售价格都由成本、税金和利润构成，房地产商品的销售价格构成不例外，只不过其成本构成要比一般商品复杂而已。即：

房地产销售价格＝房地产开发建设成本＋税金＋利润

由于房地产价格是房产价格与地产价格之和，又由于房地产开发成本由土地成本、建筑物成本和期间费用所构成。土地成本包括了土地使用权的购买价格和土地开发费用，因此，可透过房地产的销售价格求取土地使用权的购买价格，即：

土地使用权购买价格＝房地产销售价格－除土地价格以外的房地产开发建设成本

－税金－利润

根据地租原理，土地使用者所愿意支付的代价，是从土地的"生产物"份额中扣除有关成本费用及普通利润后的余额，这一余额是租地人在不亏本前提下所愿意接受的最小份额或最大代价，因此，可通过预测未来房地产混合价（楼价）减去正常的设计费、建筑费等专业费用及利息、税费和正常利润后所剩余额的方法评估房地产价格。

2. 假设开发法估价的操作步骤

假设开发法估价一般分下列六个步骤进行。

（1）调查待开发房地产的基本情况；

（2）选择最佳的开发利用方式；

（3）估算开发经营期；

（4）预测开发完成后的房地产价值；

（5）测算开发成本、管理费用、投资利息、销售费用、销售税金、开发利润及投资者购买待开发房地产应负担的税金；

（6）进行具体计算，求出待开发房地产的价值。

下面以评估出让土地价格为例，说明如何调查待开发房地产的基本情况和选择最佳的开发利用方式。

土地使用权有偿出让的地块，主要是待开发土地。政府出让土地使用权的方式有招标、拍卖、挂牌和协议四种。无论是哪种出让方式，对于待开发土地，都需要估价，以确定出让底价或做到心中有数；有意购买者也需要估价，以确定购买时的出价或者作为与政府讨价还价的参考依据。待开发土地的使用年限、城市规划设计条件（如用途、建筑高度、容积率）等，通常政府在事先均已确定，购地者如果获得该类土地，只能在政府的这些限制之内开发利用。因此，政府关于出让土地的规划设计条件，是评估待开发土地价格时必须遵守的前提条件。

调查待开发土地的基本情况主要包括下列四个方面。

（1）待开发土地的位置

包括三个层次：①土地所在城市的性质；②土地所在城市内的区域的性质；③具体的坐落状况。调查待开发土地的位置，主要是为选择最佳的土地用途服务。例如，位于上海浦东新区的一块待开发土地需要估价，搞清楚该块土地的位置，就需要搞清楚上海的性质、地位，需要搞清楚浦东新区的性质、地位，包括它与上海市区的关系以及政府对该区的政策和规划建设设想等，此外还需要搞清楚这块土地在该区内的具体坐落状况，譬如周围环境、交通便捷性等。

（2）待开发土地的面积大小、形状、地质和水文状况、基础设施完备程度、平整程度等

调查待开发土地的面积大小、形状、地质和水文状况、基础设施完备程度、平整程度等，主要是为测算开发成本、费用等服务。

（3）城市规划设计条件

包括规定的用途、建筑高度、容积率等。调查待开发土地的城市规划设计条件，主要是为确定最佳的开发利用方式服务。

（4）待开发土地的权利

包括搞清楚权利性质（目前均为使用权）、使用年限、可否续期，以及对转让、出租、抵押等的有关规定等。调查待开发土地的权利，主要是为预测未来开发完成后的房地产价格、租金等服务。

选择最佳的开发利用方式，包括用途、规模、档次等的确定。这些内容的确定都要在城市规划允许的范围内选取，也就是说在这个允许范围内的最佳。在选择最佳的开发利用方式中，最重要的是要选择最佳的用途。最佳用途的选择，要考虑土地位置的可接受性及这种用途的现实社会需要程度和未来发展趋势，或者说分析当地市场的接受能力，项目建成后市场上究竟需要什么类型的房地产。例如，某块土地城市规划规定的用途可为宾馆，可为公寓，也可为写字楼，但在实际估价中究竟应选择哪种用途？这首先要调查该块土地所在城市和区域的宾馆、公寓、写字楼的供求关系及其走向。如果对宾馆、写字楼的需求开始趋于饱和，表现为客房入住率、写字楼出租率呈下降趋势，但希望能租到或买到公寓住房的人逐渐增加，而近年能提供的数量又较少时，则应选择该块土地的用途为兴建公寓。

3. 假设开发法的计算公式

运用假设开发法估价最基本的计算公式为

待开发房地产价值＝开发完成后的房地产价值－开发成本－管理费用－投资利息－销售费用

　　　　　－销售税金－开发利润－投资者购买待开发房地产应负担的税金

对于公式中具体应减去的项目，掌握的基本原则是设想得到估价对象之后，往后至开发完成还需要支出的一切合理、必要的费用、税金及应获得的利润。因此，如果是已经投入的费用，则它已包含在待开发房地产的价值内，不应作为扣除项。例如，评估毛地的价值，即该土地尚未完成拆迁补偿安置，这时减去的项目中应包括拆迁补偿安置费；如果评估的是已完成拆迁补偿安置后的土地价值，则不应扣除拆迁补偿安置费。《城市房地产开

发经营管理条例》第 22 条规定："房地产开发企业转让房地产开发项目时，尚未完成拆迁补偿安置的，原拆迁补偿安置合同中有关的权利、义务随之转移给受让人。"

运用上述公式估价，一是要把握待开发房地产在开发前后的状况；二是要把握开发后的房地产经营方式。待开发房地产在开发前的状况，即估价对象状况，有土地（又可分为生地、毛地、熟地）、在建工程和旧房等；在开发后的状况，有熟地和房屋等。

综合起来可归纳为下列几种情况：①估价对象为生地，在生地上进行房屋建设；②估价对象为生地，将生地开发成熟地；③估价对象为毛地，在毛地上进行房屋建设；④估价对象为毛地，将毛地开发成熟地；⑤估价对象为熟地，在熟地进行房屋建设；⑥估价对象为在建工程，将在建工程续建成房屋；⑦估价对象为旧房，将旧房装饰装修改造成"新房"等。

开发后的房地产经营方式，有出售（包括预售和现售）、出租和营业（如商场、宾馆、度假村、游乐场这类房地产，投资者将其建成后可能自己直接经营）等。

（1）评估生地价值的公式

1）适用于在生地上进行房屋建设的计算公式

生地价值＝开发完成后的房地产价值－由生地建成房屋的开发成本－管理费用－投资利息－销售费用－销售税金－开发利润－买方购买生地应负担的税金

2）适用于将生地开发成熟地的计算公式

生地价值＝开发完成后的熟地价值－由生地开发成熟地的开发成本－管理费用－投资利息－销售费用－销售税金－土地开发利润－买方购买生地应负担的税金管理费用

（2）评估毛地价值的公式

1）适用于在毛地上进行房屋建设的计算公式

毛地价值＝开发完成后的房地产价值－由毛地建成房屋的开发成本－管理费用－投资利息－销售费用－销售税金－开发利润－买方购买毛地应负担的税金

2）适用于将毛地开发成熟地的计算公式

毛地价值＝开发完成后的熟地价值－由毛地开发成熟地的开发成本－管理费用－投资利息－销售费用－销售税金－土地开发利润－买方购买毛地应负担的税金

（3）评估熟地价值的公式

估价对象为熟地，在熟地上进行房屋建设的计算公式为

熟地价值＝开发完成后的房地产价值－由熟地建成房屋的开发成本－管理费用－投资利息－销售费用－销售税金－开发利润－买方购买熟地应负担的税金

（4）评估在建工程价值的公式

在建工程价值＝续建完成后的房地产价值－续建成本－管理费用－投资利息－销售费用－销售税金－续建投资利润－买方购买在建工程应负担的税金

（5）评估旧房价值的公式

旧房价值＝装饰装修改造完成后的房地产价值－装饰装修改造成本－管理费用－投
资利息－销售费用－销售税金－装饰装修改造投资利润－买方购买旧房
应负担的税金

（6）评估待开发房地产开发完成后出售经营的公式

$$V = V_p + C$$

式中　V——待开发房地产的价值；

　V_p——用市场法或长期趋势法测算的开发完成后的房地产价值；

　C——开发成本的相关项目。

（7）评估待开发房地产开发完成后出租经营和自主经营的公式

$$V = V_R - C$$

式中　V_R——用收益法测算的开发完成后的房地产价值；

　C——运营成本的相关项目。

4. 假设开发法总结与运用

（1）假设开发法特点

1）假设开发法的可靠性基于对待开发不动产的各种假设。比如：是否根据最有效使
用原则合理确定不动产最佳利用方式；是否正确掌握了不动产市场行情及供求关系，并正
确判断了开发完成后的物业总价值；是否正确确定了不动产开发费用和正常利润等；

2）假设开发法以种种假定或限制条件为前提。例如：假设估价中涉及的不动产总
价、租金和成本数据在开发期间不会发生大的变化；假设租金和不动产交易价格在开发
期间不会下降，并且不考虑物价上涨的影响；假设在开发期间各项成本的投入是均匀或
分段均匀投入的；

3）假设开发法有动态与静态两种计算方式。所谓静态与动态之分，主要是是否考
虑到资金的时间价值。静态计算不考虑时间因素，即不需要对发生在不同时点的费用进
行贴现。而动态计算则要将所有不同时点发生的费用全部贴现到地价发生的时点，由于
考虑了时间的因素，因而包含了利息的概念，利息就不必再单独计算，这一点与静态计
算法要单独计算利息不同。

（2）假设开发法适用的范围

从假设开发法的计算公式和特点可以看出，假设开发法主要适用于下列几种类型的
不动产估价：

1）待开发土地的估价（如生地、毛地、熟地）；

2）土地整理、复垦；

3）待拆迁改造的再开发房地产的估价；

4）现有新旧房地产中地价的单独评估。

5.4 房地产估价报告

5.4.1 房地产估价报告概述

1. 房地产估价报告的要求

估价报告是记述估价过程、反映估价成果的文件，应当体现全面性、客观性、准确性以及高度的概括性。全面性，应完整地反映估价所涉及的事实、推理过程和结论，正文内容和附件资料应齐全、配套；公正性和客观性，应站在中立的立场上对影响估价对象价格或价值的因素进行客观的介绍、分析和评论，作出的结论应有充分的依据。准确性用语应力求准确，避免使用模棱两可或易生误解的文字，对未经查实的事项不要轻率写入，对难以确定的事项应予以说明，并描述其对估价结果可能产生的影响。未经查实的事项和难以确定的事项是指在估价过程中由于缺乏资料或者资料不足，对某些事项无法查实或者难以确定。例如，某建筑物由于建成年代已久，内部结构资料缺乏或者不全，因此对该建筑物的结构状况无法查实或者难以确定。概括性，应用简洁的文字对估价中所涉及的内容进行高度概括，对获得的大量资料应在科学鉴别与分析的基础上进行筛选，选择典型、有代表性、能反映事情本质特征的资料来说明情况和表达观点。

2. 房地产估价报告的形式

估价报告的形式分为书面报告和口头报告。书面报告按照其格式，又可分为叙述式报告和表格式报告。对于成片多宗房地产同时估价且单宗房地产的价值较低时，估价结果报告可采用表格的形式，其余的估价结果报告应采用文字叙述的形式。叙述式报告能使估价人员有机会充分解释其分析、意见和结论，使估价结果更具有说服力。叙述式报告是估价人员履行对委托人的责任的最佳方式，所以，叙述式报告是最普遍、最完整的估价报告形式。

5.4.2 房地产估价报告的组成

一份完整的房地产估价报告应包括以下 8 个部分：封面、目录、致委托方函、估价师声明、估价的假设和限制条件、估价结果报告、估价技术报告、附件。

1. 封面

（1）标题：这是估价报告的名称，如"房地产估价报告"。

（2）估价项目名称：说明本估价项目的全称。

（3）委托方：说明本估价项目的委托单位的全称，个人委托的为个人的姓名。

（4）估价方：说明本估价项目的估价机构的全称。

（5）估价人员：说明参加本估价项目的估价人员的姓名。

（6）估价作业日期：说明本次估价的起止年月日，即正式接受估价委托的年月日至完成估价报告的年月日。

（7）估价报告编号：说明本估价报告在本估价机构内的编号。

2. 目录

目录中通常按前后次序列出估价报告的各个组成部分的名称、副标题及其对应的页码，以使委托人或估价报告的使用者对估价报告的框架和内容有一个总体了解，并容易找到其感兴趣的内容。

3. 致委托方函

致委托方函是正式地将估价报告呈送给委托人的信件，在不遗漏必要事项的基础上应尽量简洁。其内容一般包括以下几项。

（1）标题：致委托方函。

（2）致函对象：委托方的全称。

（3）致函正文：说明估价对象、估价目的、估价时点、估价结果等。

（4）致函落款：估价机构的全称，并加盖机构公章，法定代表人签名、盖章。

（5）致函日期：致函的年月日，也即正式出具估价报告的日期。

4. 估价师声明

在估价报告中应包含一份由所有参加该估价项目的估价师签字、盖章的声明。该声明告委托方和估价报告的使用者，估价师是以客观公正的方式进行估价的，同时对签字的估价师也是一种警示。估价师声明通常包括下列内容。

我们郑重声明：

（1）我们在本估价报告中陈述的事实是真实的和准确的。

（2）本估价报告中的分析、意见和结论是我们自己公正的专业分析、意见和结论，但受到本估价报告中已说明的假设和限制条件的制约。

（3）我们与本估价报告中的估价对象没有（或有已载明的）利害关系，也与有关当事人没有（或有已载明的）个人利害关系或偏见。

（4）我们依照《房地产估价规范》进行分析，形成意见和结论，撰写本估价报告。

（5）我们已（或没有）对本估价报告中的估价对象进行实地查勘（在本声明中应清楚地说明哪些估价人员对估价对象进行了实地查勘，哪些估价人员没有对估价对象进行实地查勘）。

（6）没有人对本估价报告提供重要专业帮助（若有例外，应说明提供重要专业帮助者的姓名）。

（7）其他需要声明的事项。

参加本次估价的注册房地产估价师签名、盖章（至少有一名）。

5. 估价的假设和限制条件

该部分应说明本次估价的假设前提、未经调查确认或无法调查确认的资料数据、估价中未考虑的因素和一些特殊处理及其可能的影响、本估价报告的限制条件。

在估价报告中陈述估价的假设和限制条件，一方面是规避风险、保护估价机构和估价人员，另一方面是告知、保护委托方和估价报告的使用者。

6. 估价结果报告

房地产估价结果报告应包括以下方面。

（1）委托方：说明本估价项目的委托单位的全称、法定代表人和住所，个人委托的为个人的姓名和住所。

（2）估价方：说明本估价项目的估价机构的全称、法定代表人、住所、估价资格等级。

（3）估价对象：概要说明估价对象的状况，包括物质实体的状况和权益状况。其中，对土地的说明应包括：名称，坐落，面积，形状，四至，周围环境、景观，基础设施完备程度，土地平整程度，地势，地质、水文状况，规划限制条件，利用现状，权属状况；对建筑物的说明应包括：名称，坐落，面积，层数，建筑结构，装修，设施设备，平面布置，工程质量，建成年月，维护、保养、使用情况，公共配套设施完备程度，利用现状，权属状况。

（4）估价目的：说明本次估价的目的和应用方向。

（5）估价时点：说明所评估的客观合理价格或价值对应的年月日。

（6）价值定义：说明本次估价采用的价值标准和价值内涵。

（7）估价依据：说明本次估价依据的房地产估价规范，国家和地方的法律、法规，委托方提供的有关资料，估价机构和估价人员掌握和搜集的有关资料。

（8）估价原则：说明本次估价遵循的房地产估价原则。

（9）估价方法：说明本次估价的思路和采用的方法以及这些估价方法的定义。

（10）估价结果：说明本次估价的最终结果，应分别说明总价和单价，并附大写金额。若用外币表示，应说明估价时点中国人民银行公布的人民币市场汇率中间价，并注明所折合的人民币价格。

（11）估价人员：列出所有参加本次估价的人员的姓名、估价资格或职称，并由本人签名、盖章。

（12）估价作业日期：说明本次估价的起止年月日。

（13）估价报告应用的有效期：说明本估价报告应用的有效期，可表达为到某个年月日止，也可表达为多长年限，如一年。

7. 估价技术报告

估价技术报告应包括以下方面。

（1）个别因素分析：详细说明、分析估价对象的个别因素。

（2）区域因素分析：详细说明、分析估价对象的区域因素。

（3）市场背景分析：详细说明、分析类似房地产的市场状况，包括过去、现在和可预见的未来。

（4）最佳使用分析：详细分析、说明估价对象最佳使用。

（5）估价方法的选用：详细说明估价的思路和采用的方法及其理由。

（6）估价测算过程：详细说明测算过程、参数确定等。

（7）估价结果确定：详细说明估价结果及其确定的理由。

8.附件

附件通常包括：估价对象的位置图、四至和周围环境图、土地形状图、建筑平面图、外观和内部照片、项目有关批准文件、产权证明、估价中引用的其他专用文件资料、估价人员和估价机构的资格证明等。

5.4.3　房地产估价报告常见错误分析

1.估价报告书中的内容不完整

在房地产估价实务中，有时估价报告书中的内容不完整，如：

（1）缺估价委托方。有时误将房地产所有权人当成委托估价单位而不在估价报告书中加以说明。

（2）缺估价受理方。估价报告中无估价机构。

（3）缺估价目的。估价报告中没有说明估价目的，或者对估价目的的叙述不准确，如为什么而评估，评估的是什么价格的类型，是什么状态下的评估价格，是生地还是熟地，是现房还是期房。

（4）缺估价时点。误将估价日期当做估价时点。

（5）估价的主要依据未交代或交代不清。

（6）估价对象房地产概况描述不全面、不清楚。如估价对象房地产的产权归属（土地使用权、房屋产权以及他项权利）未交代或交代不清楚；土地的利用现状或开发利用方式未交代；土地使用权的取得方式（行政划拨或有偿出让、转让）未交代，土地使用权的起止日期模糊不清等。

（7）估价所采用的技术路线或采用某种估价方法的理由未作必要说明。

（8）缺估价技术分析测算过程或专业的估价报告。

（9）估价结论和确定最终估价额的理由未交代或交代不清楚。

（10）缺少必要的说明。如估价结论的应用范围及有效时间、本次估价依据的前提条件、应用估价结论时的注意事项、外币与人民币的汇率等。

（11）缺估价人员及相关情况说明。

（12）缺估价日期或与估价时点相混。

（13）缺少必要的附件。如土地使用权证、地籍图、四至图、地形图、房屋所有权证书、建筑平面图、估价人员和估价机构证书等。

（14）估价结论的金额应同时用大、小写注明，往往容易漏掉大写。

2. 专业术语运用不当

容易混淆的专业名词有：

（1）估价作业日期与估价时点

估价作业日期，说明本次估价的起止年月日；

估价时点，估价结果对应的日期。

（2）单位地价与楼面地价

单位地价，单位土地面积的土地价格；

楼面地价，又称单位建筑面积地价，是平均到每单位建筑面积的土地价格。

$$楼面地价＝土地总价/总建筑面积＝土地单价/容积率$$

（3）基准地价与标定地价

基准地价是政府对各级土地或均质区段及其商业、住宅、工业等土地利用类型分别评估出的土地使用权平均价格；

标定地价是指一定时期和一定条件下，能代表不同区位、不同用途地价水平的标志性宗地的价格。

（4）建筑密度与容积率

建筑密度又称建筑覆盖率，通常是指一块土地上所有建筑物的基底总面积占该块土地总面积的比例，即建筑密度＝建筑基地总面积/土地总面积；

容积率是一块土地上建筑物的总建筑面积与该块土地总面积的比值，即容积率＝总建筑面积/土地总面积。

（5）重置价格与重建价格

重置价格是采用估价时点的建筑材料、建筑构配件、设备和建筑技术等，按照估价时点的价格水平，重新建造与估价对象建筑物具有同等效应的新建筑物的正常价格；

重建价格是采用与估价对象建筑物相同的建筑材料、建筑构配件、设备和建筑技术等，按照估价时点的价格水平，重新建造与估价对象建筑物完全相同的新建筑物的正常价格。

（6）综合资本化率、土地资本化率、建筑物资本化率

综合资本化率是求取房地产价值时应采用的资本化率，这时对应的净收益是土地与建筑物共同产生的净收益；

土地资本化率是求取单纯土地的价值时所应采用的资本化率，这时对应的净收益必须是土地所产生的净收益；

建筑物资本化率是求取单纯建筑物的价值时所应采用的资本化率，这时对应的净收益必须是建筑物所产生的净收益。

一般情况下，土地资本化率<综合资本化率<建筑物资本化率

（7）自然寿命与经济寿命

自然寿命是指建筑物从建成之日起到不堪使用时的年数；

经济寿命是指建筑物从建成之日起预期产生的收入大于运营费用的持续年数。

3. 词不达意，语义含糊

表达分寸的词语，比如范围、程度、条件等，在房地产估价报告中都会经常使用，要有客观恰当的把握。不能使用"大概"、"可能"等字样，特别是估价结论，不能模棱两可。例如"估价对象房地产每平方米建筑面积的价格大约在 800 元左右。""大约"、"左右"这样的词出现在估价结论中是不妥当的。

4. 用词不可带有强烈的感情色彩

估价报告中的用词要得当，尽量使用中性的词汇，避免采用过于华丽的词藻。如有的估价报告中这样写到"该地区发展潜力与其他地区相比，不可同日而语"，这样过分吹嘘估价对象而贬低其他的做法是不可取的。

5. 容易混淆的词语

坐落（不是"座落"）

坐标（不是"座标"）

制定（不是"制订"）

签订（不是"签定"）

图像（不是"图象"）

部分（不是"部份"）

内涵（不是"内含"）

账目（不是"帐目"）

抵消（不是"抵销"）

6. 基本概念不清或运用错误

（1）客观成本与实际成本

实际成本是某个具体的开发商的实际花费；

客观成本是假设开发建造时大多数开发商的正常花费，在估价中要采用客观成本而不是实际成本。

（2）客观收益和实际收益

实际收益是在现状下实际取得的收益，一般来说不能用于估价；

客观收益是排除了实际收益中属于特殊的、偶然的因素之后所能得到的一般正常收益，它才能作为估价的依据。

（3）估价折旧与会计折旧

估价上的折旧注重的是市场价值的真实减损，科学地说不是折旧，而是减价修正。

会计上的折旧注重的是原始价值的分摊、补偿或收回。在会计上，C 为资产原值，不随时间的变化而变化；在估价上，C 为重新购建价格，而且是估价时点的，因此估价时点不同，C 的值也不同。

5.5 实训作业

下列估价报告存在多处错误，请指明其中的 13 处。

致委托估价方函（略）

××别墅房地产估价结果报告（略）

××别墅房地产估价技术报告

1. 委托估价方

××市恒通房地产开发公司

2. 受理估价方

××市房地产估价事务所

3. 估价目的

恒通房地产开发公司对××别墅项目按现状整体转让进行估价。

4. 估价时点

1998 年 4 月 15 日

5. 估价对象概况

（1）××市概况（略）

（2）××别墅项目概况

1）土地情况

①土地使用权性质：出让土地使用权，1995 年 1 月 6 日取得国有土地使用权证。

②土地总面积 70000m²。

③用途：别墅及配套设施。

④108 栋别墅，建筑总面积 35285m²。

其中：一期工程建设 33 栋别墅，建筑面积 10378m²。

2）地上物情况

该别墅项目开发分为一、二两期，户型有 a、b、c、d、四型，款式达数十种，主要为二层砖混结构。目前一期工程 33 栋中已有 24 栋完成全部工程，建筑面积 7548m²，另有 9 栋尚未完工，但主体结构已完，装修设备未完，建筑面积 2830m²。建筑材料及设备（略）。

6. 估价采用的方法和步骤

（1）采用的估价方法为：市场比较法、成本法和假设开发法；

（2）分析、比较上述估价方法求出的结果，然后进行综合处理，最终求得该别墅项目按现状整体转让的价格。

7. 估价过程

（1）方法一：房地分别估价

1）土地估价：采用成本法与市场比较法两种进行估价，综合平均得出土地评估价格。

①利用成本法进行土地估价

计算公式：土地价格＝取得土地费用＋土地开发费用＋土地使用权出让金

根据估价人员实地勘察，在估价时点，城市边缘某宗地实际取得土地费用为每平方米396元，土地开发费用为每平方米158元，土地使用权出让金为每平方米2770元。以上三项合计为每平方米3324元。

②利用市场比较法进行土地估价（表5-3、表5-4）

用市场比较法作土地估价（1）　　　　　　　　表5-3

	a	b	c	估价对象
用途	别墅	别墅	别墅	别墅
交易情况	协议	拍卖	招标	协议
交易日期	1992年	1996年	1996年	1998年
区域因素	五类	四类	六类	五类
个别因素	一般	较好	较差	一般

用市场比较法作土地估价（2）　　　　　　　　表5-4

	a	b	c
土地单价（元/m²）	3100	4800	3700
交易情况修正	100/100	100/130	100/110
交易日期修正	110/100	100/100	100/100
区域因素修正	100/100	98/100	98/100
个别因素修正	100/100	96/100	98/100
修正后的单价（元/m²）	3410	3474	3230

根据测算，上述三个交易实例修正后的价格比较接近，故采用算术平均综合出一个价格作为结果：

$$比准价格＝（3410＋3474＋3230）÷3＝3371 元/m^2$$

成本法与市场比较法的结果相近，故取算术平均值得出：

$$土地单价＝（3324＋3371）÷2＝3348 元/m^2$$

③土地估价综合结果

$$土地总价＝土地单价×土地总面积＝3348×70000＝23436 万元$$

2）别墅建筑物估价

别墅建筑物估价采用成本法，以该类别墅的建筑物及相关费用为基础，加上正常的利税，求取该别墅建筑物的重新建造成本。

①据测算别墅建筑物的重新建造成本为 3428 元/m²，包含建筑费（含结构、装修、设备、红线内外市政费）、专业费 8%、年利率 15%、利润率 20%、销售税费 10%。

②根据建筑情况分别求出已完别墅和未完别墅的建筑物重新建造成本。108 栋别墅建筑物全部完工后的评估价格为 3428×35285＝120957000 元＝12095.7 万元。

根据委托估价方提供的资料和估价人员现场勘察，确定未完的 9 栋别墅建筑物重新建造成本为已完建筑物的 50%，则未完别墅建筑物的重新建造成本为 3428×50%＝1714 元/m²。

③现有别墅建筑物价格：

$$428×7548＋1714×2830＝30725100 元＝3072.51 万元$$

④别墅现有房地产价格

$$23436＋3072.51＝26508.51 （万元）$$

（2）方法二：别墅项目整体估价

根据假设开发法的思路，先运用市场比较法求取本项目完工后的总楼价，再扣减销售中发生的税费及建筑物未完工部分的价格，便可求得别墅区现有房地产总价格。

1）别墅总楼价

市场研究分析（略）。

据掌握的市场资料，经综合分析，确定估价对象平均售价为 11200 元/m²，则本项目完工后的总楼价为 11200×35285＝395192000 元＝39519.2 万元

2）销售税费（含买卖手续费，代理及广告费，营业税及附加，所得税等）为项目完工后总楼价的 10%，则 39519.2×10%＝3951.9 万元

3）建筑物未完工部分的价格＝全部完工后别墅建筑物总价格现有别墅建筑物价格＝12095.7－3072.51＝9023.19 万元

4）别墅现有房地产价格＝39519.2－3951.9－9023.19＝26544.11 万元

8. 估价结论

以上两种估价思路的估价结果如表 5-5 所示。

两种估价思路的估价结果（万元）　　　　　　　　　　　　　表 5-5

估价的方法	土地的价格	别墅建筑物的总价	房地产总价
方法一	23436	3072.51	26508.51
方法二			26544.11
平均值			26526.31

估价结果：别墅现有房地产总价格为 26526.31 万元。

9. 附件，说明，其他资料（略）

参　考　答　案

此估价报告有如下一些错误和不足：

（1）没有写明估价依据及估价原则；

（2）没有写明估价作业起讫日期；

（3）没有写明估价人员姓名及注册房地产估价师签名；

（4）关于土地权属情况介绍不全，土地使用权如何取得，土地使用费用多少；

（5）土地使用权年限没有，这一点非常重要；

（6）缺少对土地的自然状况介绍，如坐落、位置、地形、地势、地质条件以及环境和交通通达程度等；

（7）对土地开发利用状况未作介绍；

（8）对项目规划条件介绍不全面；

（9）利用成本法进行土地估价的计算公式有误，应该包括正常的利税；

（10）上述计算公式中关于土地取得费用不能采用某宗地的实际数据，应用社会平均成本或者客观成本；

（11）利用市场比较法进行土地估价的交易实例 a 不能用做可比实例，因其交易日期与估价时间已有六年，相差时间过长；

（12）在区域因素修正中，b 与 c 的分子与分母颠倒，修正出错，且 b 与 c 的修正系数不恰当；

（13）在个别因素修正中，b 与 c 的分子与分母颠倒，修正出错，且 b 与 c 的修正系数不恰当；

（14）土地估价的综合结果没有作年期修正；

（15）对建筑物估价中，建筑费一项不应包括红线外的市政费；

（16）方法二的销售税费中，不应包括所得税；

（17）销售税费重复计算；

（18）最后的估价结果总价格应用大写书写；

（19）房地产估价事务所应注明资质并附营业执照，报告书上要盖公章；

（20）提供报告书日期未注明；

（21）估价报告使用应注意的事项应加以说明；

（22）应对估价人员临勘现场情况加以说明；

（23）应说明估价人员与委托单位和待估物业无利害关系；

（24）对建筑物状况介绍过于简单；

（25）对交易日期未作修正应予说明；

（26）一份完整规范的估价报告应包括封面、目录、致委托估价方函、估价结果报告、估价过程报告及有关的附件、资料。

第6章 房地产市场营销实训

【实训目的】

房地产行业是一个高投入、高收益、高风险的行业。随着房地产业逐步走向成熟，就更需要良好有效的市场营销工作与之配套。本章的实训目的是使学生系统掌握营销技能和方法，并能将其更好地运用于房地产市场营销实践中。

【实训要求】

了解房地产市场调研的方法和步骤；掌握房地产市场调查问卷的编写方法；熟悉房地产调研报告的编写技巧；了解房地产展会营销和网上营销的方法；熟悉房地产广告营销的方法；掌握编写房地产营销策划书的技巧。

【实训内容】

（1）房地产调研工作的方法和各自的使用技巧；

（2）房地产调查文卷的组成和设计方法，能独立的设计调查文卷；

（3）房地产调研报告的撰写方法和技巧；

（4）房地产展会营销和网上营销的内容及各自的特点；

（5）房地产广告营销的技巧和广告途径的选择方法；

（6）房地产营销策划书的撰写要点和编写方法。

6.1 房地产的市场调研

6.1.1 房地产的市场调研方法

房地产的市场调研方法按照获得的调查资料的类型可以分为间接调查和直接调查；按照调查的对象可以分为全面调查、重点调查和抽样调查。

1. 直接调查

直接调查是指调查的工作者为获得第一手资料亲自对调查对象进行的调查。常采用的方法有：观察法、实验法和访问法。

（1）观察法指通过观察收集资料，获取信息，通常分为三种：

1）直接观察法。例如调查人员在房地产展销会、楼盘的售楼处和房地产销售代理公司中进行观察，收集资料；

2）痕迹测量法。例如通过在报刊广告下附一个回条，请顾客填写后剪下寄回，以此来了解哪种报刊上刊登广告的效果好；通过观察在展销会中房地产广告发送的多少可以了解消费者对各类房地产的欢迎程度；

3）行为记录法。例如给消费者家中的电视安装某种装置，从而记录该家庭收看电视的时间、偏好等情况。

（2）实验法是研究因果关系的一种重要方法，例如，选定一些消费者作为调查对象，对他们进行广告宣传，在其他因素不变的情况下销售量增加，就可以看成完全是广告的影响造成的。实验法就是将调查范围缩小到一个很小的范围，通过模拟试验取得定结果，然后再推断出总体可能的结果。在房地产调研中的试销法就属于实验法，通过试销一两个单位，观察市场的反映。通过实验法可以得到访问法和观察法所无法得到的材料。

（3）访问需预先设计好问卷，然后以不同的方式向被调查者提问，进而从对方的回答中收集有关信息的调查方法。访问法有以下三种。

1）电话调查。市场调查人员根据设计好的问题借助电话对消费者进行调查。房地产公司应该拥有所有购买本公司房地产商品的客户的名单和电话号码，并对他们进行跟踪调查，可以定期询问重点住户对房屋设计、环境、质量、服务的感觉，有什么想法，有什么改进意见等；

2）座谈会法。市场调查人员和被调查者进行面对面的交流谈话，让大家畅所欲言，座谈会中调查者要注意引导谈话的主题，使主题始终围绕设计好的问卷。也可以针对重点调查对象进行个别谈话，深入调查；

3）问卷调查法。通过将问卷在路上发放给行人、邮寄给被访者或者将被调查者集中在一起作答的方式进行调查。

2. 间接调查

间接调查是指收集利用现有的有关资料进行分析，其所收集的资料称为第二手资料。二手资料的主要来源有国家统计局、地方统计局出版的年鉴，政府工作报告，房地产年鉴，有关的专著、报刊、杂志、网络资源等。间接调查也可以采用委托调查的方法，委托有关调研、咨询公司调查，购买经过加工处理的资料。

■ 6.1.2 房地产市场调研的基本程序

为保证调研质量，使调研工作能够顺利进行，市场调研应一般分五个步骤进行。

1. 初步调查阶段

初步调查阶段是整个调研工作的前奏，任务是了解、掌握调查对象大致的情况，提出进一步调研的方向，决定市场调研的范围和方式。初步调查一般由企业的市场营销部门承担。营销部门的调研人员把企业内部的报表、记录、业绩等资料汇总、分类、归纳、筛选出有调研参考价值的内容，向有关专家咨询导致问题的原因。调研人员通过归纳、分析得出初步调查的结果，确定正式调查的方式、范围。

2. 调查设计阶段

在初步调查结果的基础上，就可以开展正式的调研。房地产市场调查的设计主要内容包括以下六个方面。

（1）选择调查主体。依据是本企业是否有足够的能力完成拟进行的调查，决定是委托专业的调研公司调查还是由本公司营销部门调查。通常，初涉房地产开发领域的公司不具备进行正式市场调研的能力，因为他们不具备房地产开发方面的经验教训，通常也没有比较完善、成熟的市场营销部门。一些中小型房地产公司，没有配置完善的营销部门，特别是没有善于组织市场调研的人员，也不宜自行组织正式调研。

（2）确定重点调查对象。明确市场调研的目的以后，重点调查对象也就可以确定下来。确定重点调查对象，对于保证调研所取得的资料切合待解决的问题很重要。重点调查应该以具有代表性的单位、区域或消费者作为调查对象。如调查高档住宅需求情况，由于住宅往往代表着住户的社会地位，因此可选择高收入阶层作为调查对象，高收入阶层对住宅的质量、面积、交通条件和环境条件的要求，具有对高档商品住宅需求的代表性，从而可推断出整个市场对高档住宅的需求。

（3）选择调查方法。房地产市场调研的方法按调查的对象可分为全面调查、重点调查和抽样调查，按获得的调查资料类型可分为间接调查和直接调查。市场调研可以采用不同的方法进行，不同的方法施行的成本高低不同、获得信息的数量和层次也不同。企业应该根据需获得的信息的类型选择可以适用的调查方法，也可以多种方法结合进行，例如采用观察法、问卷调查法与间接调查法相结合的方式进行。

（4）计划调查进度。计划调查进度是对整个调研步骤的总体安排，一般采用进度计划表的形式。在计划表中要写明调查各阶段名称、时间节点、各阶段主要任务、经费预算等内容。

（5）做好调查人员的组织和分工。调研人员包括前期准备人员、资料整理人员、访员、资料汇总人员和报告撰写人员。在调研正式开始之前，必须做好调查人员的组织和分工。调研的每个环节设计精密与否直接决定了最终获得的信息的科学性，因此每个环节的人员必须认真地完成自己的任务，并且相互协调地使整个调研连贯流畅地进行。

（6）设计问卷。问卷是以书面的形式了解被调查对象的反应和看法，并借此获取资料和信息的载体。问卷设计就是根据调研的目的，列出所了解的项目，并以一定的格式将其排列组合成问卷的过程。

3. 实地调查阶段

实地调查阶段即按调查设计的方法、进度、分工到调查现场获取第一手的资料。调查人员必须经过一定的培训，按指定的内容、范围、方式进行调查，并按计划在指定的时间内完成。

4. 调查资料整理分析阶段

调查资料的整理分析，是对调查收集到的资料进行整理、统计和分析。企业进行市场调研获得资料以后，只有经过科学地分析才能转化为有价值的信息。第一步，要进行编辑整理，即把零碎的、杂乱的、分散的资料加以筛选，从而保证资料的系统性、完整性和可靠性。资料编辑整理过程中，要核查调查资料的误差，剔除那些错误的资料；然后对资料进行评定，确保资料的真实与准确。第二步，要进行分类编号，就是把调查资料归入适当的类别并编上号码，以便查找、归档和使用。第三步，统计数据，将已经分类的资料进行统计计算，并制成各种计算表、统计表、统计图。最后一步，对各个项目中资料的数据和事实进行比较分析，得出一些可以说明有关问题的统计数据，直至得出必要的结论。

企业对取得的原始资料进行加工，以了解客户对产品或服务的期望，或挖掘出某一现象存在的原因，分析出企业下一步应该采取的行动。这些有价值的信息将作为企业作出决策的依据。

5. 调研报告形成阶段

调查报告反映了调查工作的最终结果，撰写和提交调查报告是房地产调查工作的最后环节，应该十分重视调查报告的撰写，并且及时提交调查报告。

撰写调研报告应做到：客观，简洁，突出重点，表达准确，清楚美观。撰写时要注意把握市场定性分析与定量分析的尺度，既不能过分偏重于结论和概括，不依靠数据，让定性分析空泛，缺乏说服力，也不能为了获得精确数据，而对所有细项进行过多的统计工作，这样花费精力搜集过于精确和详实的数据并没有必要。调研报告一般是写给投资人或公司决策者看的，不是学术报告。市场调研报告在撰写时要注意图文并茂、简明扼要，附上必要的表格、附件与附图，方便阅读和使用。

6.2　房地产市场调查问卷的设计

■ 6.2.1　房地产市场调查问卷设计的原则和步骤

1. 明确房地产市场调查问卷设计的原则

房地产市场营销的起点是做好市场调查。一份好的调查问卷，对于调查的成功与否具有非常关键性的作用。在设计调查问卷时，应遵守以下原则：

（1）调查问卷中的问题使用的词语要通俗易懂，文字简短。

（2）每个问题只有一项内容。问题要具体，避免把两个或两个以上的问题合在一起问，否则被调查者是很难做出回答的。

（3）问题中不宜使用过于专业的术语，如"您认为小区的绿化率应达到什么水平？"这类问题有的人就不知道绿化率概念，不知如何作答。

（4）问题答案不宜设计得过多。过多的问题答案会引起被调查者的反感情绪。

（5）要注意设计问题的方式。有时采取间接方法比直接问问题反而会得到更好的答案。如果房地产公司为了销售某一处商品房做了广告，想知道和了解广告效果的，与其直接询问被调查者的看法如何，还不如采用间接地方式去了解有多少人知道该处房地产的情况。

（6）确定问题的排序。对问卷中所设计问题的编排，一般应遵循以下顺序：①问卷开头的问题应能引起被调查者的兴趣和注意，难度较大的问题和敏感性问题应尽量往后放。按问题的复杂程度，先易后难，由浅入深进行排列。②问题的排列要有逻辑性，同类性质的问题应尽量安排在一起，问题次序安排方面，先问范围较广的问题；然后把范围逐渐缩小，问一般性问题；最后是具体的专门性问题。③开放性问题应放在问卷的最后，在编排问题顺序的同时，还应注意把一些无关紧要或被调查者难以回答的问题剔除，保证问题设计的科学性、客观性和可行性。

2. 房地产市场调查问卷的设计步骤

问卷设计过程中，为了实现更好地收集满足调查者需要的信息资料的目的。既要把握调查的目的和要求，又要取得调查对象的充分合作，保证提供准确有效的信息。问卷设计具体可分为以下几个步骤：

（1）根据研究目的，列出需要收集的信息

在设计问卷之前，调查人员必须确定在调查过程中，需要了解哪些方面的信息资料，才能较好地说明所要调查的问题，实现调查目的。要求调查人员对所要了解的信息资料进行归类，列出具体的调查项目清单。

（2）问题的选择与设计

确定了所要收集的信息后，接下来就是具体问题的设计了。首先应按照所要收集的信息清单，并确定其应包括什么类型的问题，问题如何提出，有些信息一个问题不足以答复，可考虑设计一组问题，以确保获得全面的信息。需要注意，问题设计的并不是越多越好，因为问卷的空间有限，一份问卷中问题太多，会使调查对象感到厌倦而拒绝合作，而且也会增加调查的成本和时间。

（3）确定问题的排序

设计好各项单独问题后，应按照问题的类型、难易程度、选择题型来安排好询问问题的次序。因为问题的排列顺序同样会对问卷调查的结果产生影响，因此，问题的排列要合乎逻辑，能引起调查对象回答问题的兴趣，使调查对象在回答问题时有循序渐进的感觉。

（4）问卷的初步测试与修改

在问卷用于实地调查前，应选择一些调查对象来进行试调查，来检验在实际环境中每个问题的提法能否有效，有些问题对问卷设计者来说是很容易回答的，但对调查对象有时却无从回答，或答非所问。

初步测试调查后，可以发现问卷的缺点，按照测试结果，再对调查表作必要修改，最后制定出正式调查问卷。

6.2.2　房地产市场调查问卷设计的一般构成

调查问卷一般由三部分构成：目的说明、问卷的主题和被调查者的基本情况。

1. 目的说明

目的说明主要包括的内容是向被调查者说明调查的目的、问卷编号、填表须知等。问卷开头的地方一般用诚恳、亲切、有礼貌的语言说明调查的目的、保密原则、调查者身份，以便尽快让填表人了解调查的目的和内容，消除被调查者的疑虑，让他们参与进来。问卷编号主要用于识别问卷，访问员、被访问者地址等，可用于检查访问员的工作，防止舞弊行为，便于校对检查、更正错误。填表说明主要在于规范和帮助受访者对问卷的回答。

2. 问卷的主体部分

问卷的主体部分即调查内容，是问卷中最主要的部分，主要由一个个问题和相应的选项组成，以提问的形式给被调查者提出。如被调查者对住房的面积、功能的要求、式样、套型，对卧室、书房、厨房、客厅、起居室的规格、功能、大小的偏好，对环境、价格、配套设施、服务等的要求或偏好，要求被调查者选出能表达自己看法或态度的答案。

3. 被调查者的基本情况

调查问卷的最后，通常要求被调查者提供一些个人资料。这些资料对分析不同消费者的消费倾向和偏好有很好的参考价值，如年龄、性别、职业、收入等。由于要提供个人资料，往往比较敏感，通常放在问卷的最后部分，并且采用不记名方式，避免被调查者排斥或谎报。

此外，有的问卷最后还设计了简单明了的结束语，主要是对被调查者的合作表示感谢，同时也可以征询以下被调查者对问卷设计本身的看法和感受。

6.2.3 房地产市场调查问卷的设计技术

某楼盘开发销售调查问卷

问卷编号：_____ 访问员姓名：_____

先生/女士：您好！

我是某公司的访问员，在进行一项全市居民住房状况及需求的市场研究。想听听您的意见和真实想法，您的意见无所谓对错，都会对我们有很大的帮助。希望您在百忙之中抽出一点时间协助我们完成这次调查。谢谢您的支持和合作。

购房需求调查：

1. 您现在的住房属于：

□ 自己所有 　　　　　□ 父母所有

□ 租房 　　　　　　　□ 借住亲戚朋友的房子

□ 单位所有 　　　　　□ 其他（请说明）

2. 您对您现在的居住条件是否满意？

□ 满意 　　　　　　　□ 不满意（请说明）

3. 您对现有住房不满意的原因是：

□ 住房太小 □ 并非自己的房子 □ 离工作单位太远 □ 生活不便

4. 您在购房时希望选择：

□ 现房 　　　　　　　□ 期房

5. 您在选择住房对比较看重的因素主要有？

□ 价格 　　□ 小区周边环境 　□ 智能化系统 　　□ 户型结构

□ 小区规模 □ 物业管理 　　　□ 交通配套 　　　□ 子女教育

6. 您希望选择的面积是：

□ 50m² 以下 　　　　 □ 51～80m²

□ 101～130m² 　　　　 □ 131～150m²

□ 181～200m² 　　　　 □ 200m² 以上

7. 您喜欢的外墙装饰和颜色是：

□ 涂料 　　　　　　　□ 瓷砖

8. 您对房型功能看重的是：

☐ 客厅　　　☐ 餐厅　　　☐ 儿童房　　　☐ 书房

9. 您认为需要哪些室内配套设施？

☐ 主人睡房　　☐ 厨房　　　☐ 管道煤气入户

☐ 直饮水入户　　　　　　☐ 宽带网入户

☐ 数字电视统一安装　　　☐ 其他（请说明）

10. 您最希望的客厅面积是：

☐ 20m² 以下　☐ 21～30m²　　☐ 41～50m²　　　☐ 50m² 以上

11. 您最希望的主人房面积是：

☐ 12m²　　☐ 13～20m²

12. 您最希望的厨房面积是：

☐ 4m²　　☐ 5～6m²　　　☐ 7～9m²　　　☐ 其他（请说明）

13. 您希望一套住房中拥有几个阳台？

☐ 一个　　☐ 两个　　　☐ 两个以上

14. 您认为一个既好看又好用的阳台采用什么形状比较合适？

☐ 半圆形　☐ 弧线形　　☐ 方形　　　　☐ 其他（请说明）

15. 您喜欢阳台做什么用途：

☐ 晾衣　　☐ 娱乐

16. 您是买车位还是租车位，期望价格是多少？

☐ 买　您对车位的心理价位____万/个

☐ 租　您对租金的心理价值____元/个

17. 您在购房时愿意接受的价格是：

☐ 2001～4000 元/m²　　　☐ 6001～8000 元/m²　☐ 10001～20000 元/m²

18. 您购房时希望选择哪种付款方式？

☐ 一次性付款　　　　☐ 分期付款　　　☐ 银行贷款

19. 首期付款您能够承受的最高金额是多少？

☐ 5 万以下　　　☐ 5 万～10 万　　☐ 11 万～15 万

☐ 21 万～25 万　　☐ 26 万～30 万　　☐ 30 万以上

20. 如果选择了银行按揭，每个月您能够承受多高的月供款？

☐ 500 元以下　　　☐ 501～1000 元　　☐ 1001～1500 元

☐ 1501～2000 元　　☐ 2001～2500 元　　☐ 2501～3000 元

☐ 3000 元以上

功能设施要求调查：

1. 您希望小区内具备的交通工具是：

☐ 公交专线　　　　☐ 住户小巴

2. 您喜欢什么样的小区环境设计主题？

□ 以水景为主题　　　　　　　□ 以大面积园艺绿化为主题

□ 以运动、健康为主题　　　　□ 以大型社区中心广场为主题

□ 特别风格　　　　　　　　　□ 有绿化即可

□ 其他（请说明）

3. 您认为住宅智能化设施应具备哪些系统呢？（可多选）

□ 小区防盗报警系统　　　　　□ 感应卡门禁控制系统

□ 楼道进出可视对讲系统　　　□ 住房室内紧急求助系统

□ 小区宽带上网系统　　　　　□ 有线电视网

□ 小区闭路电视监控系统　　　□ 小区中央空调系统

□ 楼道智能照明系统　　　　　□ 远程抄表系统

□ 其他（请说明）

4. 您平时购买日用品的习惯是：

□ 著名大商场　　　　　　　□ 附近商场　　　□ 专卖店

5. 您平时喜欢哪类文化娱乐场所？（可多选）

□ 影剧院　　□ 文化馆　　　□ 图书馆

□ 体育馆　　□ 少年宫　　　□ 公园

6. 您去文化娱乐场所的原因是：（可多选）

□ 带孩子去　□ 陪老人去　　□ 放松自己　　　□ 和朋友一起

7. 您认为社区周围缺少哪些文化娱乐设施？

□ 影剧院　　□ 文化馆　　　□ 图书馆　　　□ 体育馆

□ 公园　　　□ 少年宫　　　□ 不缺少

8. 您的孩子现在在哪类学校读书？

□ 名牌学校　　　　　　　　□ 附近学校

9. 您希望社区周围兴建哪类学校？

□ 普通学校　　　　　　　　□ 名牌学校

□ 大专院校　　　　　　　　□ 职高学校

10. 您平时的就医习惯是：

□ 附近医院　□ 市级大医院　　□ 单位指定医院　　□ 专科特色医院

基本资料：

1. 性别：

□ 男　　　　□ 女

2. 您的家庭年收入约为：

□ 2 万元以下　　　　　　　□ 2 万～4 万元　　□ 4 万～6 万元

□　6 万～10 万元　　　　□　10 万～30 万元　□　30 万元以上

3. 您的工作单位是：

□　企业单位　□　外企单位　　□　事业单位

□　私营企业单位　　　　　　□　其他

4. 您的年龄段属于

□　20 岁以下　□　21～30 岁　　□　31～40 岁　　　□　41～50 岁

5. 您的学历是；

□　大专以下　□　大专　　　　□　大学

□　硕士　　　　　　　　　　　□　博士

6. 您的家庭情况是：

□　单身未婚　　　　　　　　　□　已婚有小孩和老人

□　已婚无小孩　　　　　　　　□　离婚或丧偶

□　拒绝回答　　　　　　　　　□　其他（请说明）

对您的任何资料，我公司向您承诺，一定保守秘密，再次感谢您的合作。祝您愉快！

×× 年 ×× 月 ×× 日

6.3　房地产市场调研报告的撰写

6.3.1　房地产市场调研资料的整理与分析

1. 调研资料的整理

房地产市场调研报告的资料整理过程包括三项：编辑、编码、列表。

（1）编辑

编辑过程就是对资料进行筛选，去除统计资料中的无用部分。在现场进行的编辑称为实地编辑，在办公室进行的编辑称办公室编辑。

（2）编码

编码过程就是对每个问题的不同回答分组和确定数字代码的过程。大多数问卷中的大部分问题都是封闭式的，这些在事先应做好编码。但对于开放式的问题，它只能在资料收集好后，根据被调查者回答的内容确定类别的指定编号。这部分工作首先是列出所有答案，将有意义的答案重新挑选归并。然后为所确定的分组选择正式的描述词汇，再根据分组结果制定编码规则，最后对全部回收问卷的开放式问题答案进行编码。

（3）列表

列表过程是把调查资料按照一定的目的、用表格的形式展现出来。资料列表的基本功能就是计算变量值的出现次数。如果只计算一个变量就称为单向列表，如果需要同时计算两个或多个变量的不同数值联合出现的次数，则就称为交叉列表。

2.调查资料的分析和解释

资料的分析是以某种有意义的形式或次序把收集到的资料重新展现出来。在资料分析的基础上资料解释就是找出信息之间或手中信息与其他已知信息的联系。尽管在资料解释时无固定模式可循，但有两个方面是要注意的：一是要保证形成结论时的客观性，二是要理解归纳和演绎的推理方法。

归纳推理的方法是首先产生一系列个别的前提，然后把这些前提与其他前提结合在一起，最终形成结论。这些个别的前提可以从试验、观察、调查中获得的。

6.3.2 房地产市场调研书的撰写

1.撰写市场调研报告的注意事项

科学严谨，客观真实准确。

重点突出，简明扼要。

文字简练，结论和建议表达清晰。

绘制必要的表格和统计图。

报告完整，设计精美。

2.楼盘市场调研报告的撰写方法

（1）填写楼盘调研的信息资料

对单个楼盘进行调查，实质上是对竞争项目的调研。它是房地产市场调查的基础，不但是新员工接触房地产知识的第一课，而且也是任何资深人员及时了解房地产市场最为直接、具体的途径。单个楼盘的市场调查资料的填写，通常填写以下五大项。

1）楼盘产品

楼盘产品的调研和分析主要包括楼盘的地理位置、具体楼盘和楼盘基本参数。

①楼盘的地理位置。总体来说就是宏观的地域分析，即分析楼盘所在区域的历史沿革，区域特征（商业中心、工业中心、学院社区），了解区域交通状况如公路、地铁、高架、轻轨等，区域公共配套设施如水、电、气等市政配套，医院、公园、学校、影视院、商业中心、超市、宾馆、体育场馆、图书馆、集贸市场、著名餐馆等生活配套和人文环境等；细节方面就是微观地块分析，即楼盘地块，包括：地势、大小形状、所处位置是否临街，它的进出道路如何等。

②具体楼盘。这是楼盘的主体部分，该部分重点在于了解楼盘的指标和参数，包括：土地大小、总建筑面积、建筑用材、格局配比、公共设施和施工进度等。认真分析楼盘，就能正确把握因此而限定的该楼盘在市场中的竞争优势。

③楼盘的基本参数。主要有：占地面积、总建面积、容积率、覆盖率、楼盘的类

别、建筑面积（包括居住面积、使用面积）、建材装潢、得房率、格局配比和公用设施等。

2）价格组合设计

楼盘的价格组合主要包括：楼盘和单元房的单价、总价和付款方式。市场中有很多价格方面的促销活动，但往往其最终归结于单价、总价和付款方式三个方面的价格组合搭配。

3）广告策略

广告策略主要包括：广告基调的推敲，主要诉求点的把握，媒体的选择，广告密度的安排和具体实施效果等。广告行为的市场调查不可能囊括各方面具体的大小事项，关键是把握广告策划的精髓。

4）销售执行

销售执行是市场调查的关键，它一方面是调查实际销售结果，主要从销售率和销售顺序等方面来分析；另一方面指具体业务安排，如销售点的选择、业务执行、人员的配置等。销售执行中的销售状况是结果，其他几个方面都是原因，了解因果，分析其中的缘由，是单个楼盘和整个调研工作的主要内涵。

5）竞争企业的调研

竞争企业的调研内容主要有：开发商、设计规划单位、建筑公司、营销咨询与广告公司、销售代理公司、项目主要负责人等方面。考虑到房地产的区域性特点，竞争项目在很大程度上是在区域内类似楼盘之间确定，例如别墅与普通住宅、商场与写字楼，其区域范围就有明显的不同。而区域范围的大小要视楼盘的具体情况而定。

（2）楼盘的调研总结

在调研过程中，一般以产品的地点、价格、广告和销售四个大的方面为分析思路，不断深入细化，以系统的观点、专业的角度和充分的理由，寻找出楼盘个案在市场操作时的成功和失败的地方，并加以归类表述。通常，楼盘调研总结中应包括：成功点、失败点和建议等几个方面的内容。

1）成功点，指楼盘为市场所接纳的，客户据此引发购买欲望的具体原因。

2）失败点，指楼盘为市场所抛弃的，客户由此减弱，甚至丧失购买欲望的具体原因。

3）建议，面对楼盘的成功点和失败点，企业应该采取具体措施，弥补缺陷，发扬优势，合理优化销售组合，提高销量。

3. 区域市场调查报告的撰写

房地产区域市场调查报告和仅仅填写一份或几份楼盘调查报告不同，它是房地产市场研究的一种表现形式。一般来讲，一个完整的区域调研报告大致包括这样几个部分：

（1）区域概况

区域概况是房地产区域特征的总结，主要是对该区域的生活环境和市政交通、历史发展、人文环境等方面的描述。因为房地产商品的地域性特征很强，区域概况自然也成了任何一份市场分析报告的出发点和基本点。好的区域概况描述应该是内容简明、观点鲜明。

（2）楼盘的基本情况

房地产市场的楼盘可以按地理环境不同分类；按房屋总价分类；按产品种类分类。通过分类，以便有重点地逐一进行详尽的客观描述。企业通常会根据需要，在大量翔实的原始资料的基础上，列表或叙述部分细项，努力做到完整表达。在分类的基础上，企业通常会选择某一典型楼盘，利用大量的篇幅进行详细的举证分析。所举证的楼盘可能是对企业构成严重威胁的一个楼盘，可能是企业非常相似的一个楼盘，也可能是现时销售非常火爆的一个楼盘，这样才能更加确切地把握这个市场。

（3）报告结论或建议

对调研结果的共同点和不同点的分析，以及对形成这种状况的根本原因的研究，是报告结论的关键部分。这种共同点和不同点的分析，一方面是产品结构方面的，一方面是需求结构方面的。一份好的报告，除了应该对未来的发展趋势中的供求关系进行宏观预测外，更应该在一些细微的结构方面有所见解。

附录：

某市房地产市场调查报告书

（1）市场调查的目的、范围、方法

调查目的：掌握××市物业现实状况及发展趋势，为公司开发项目提供针对性建议。

调查时间和范围：2002年4月22～26日；××市城内所有在售楼盘（主要是中高档）。

调查方法：采用普查与重点调查相结合的方法，通过设计调查问卷，并对调查问卷进行统计分析、得出结论。

（2）××市在售物业现状

因××市经济水平发展很快，房地产市场显出相对的滞后，但新开发物业较前几年开发的物业有了很大的改进，从小区规划、外观色彩、室内设计等多方面均有提高。

（3）小区规划

新建小区多在城市外围地带，周边环境较好，规划较合理，因规模较小，新建小区配套项目较少，主要依托市政配套，高档小区出现了商铺、超市等配套。

（4）建筑形式与风格

建筑形式均为板楼，并出现高层板楼；建筑风格以欧陆风格为主。

（5）外观色彩

与建筑风格相适应，外观色彩以暖色、灰色为主。

（6）室内设计

更注重厅、厨、卫的面积配比，户型的设计也更符合人的日常生活要求（人性化设计）。

（7）物业档次

××市房地产市场总体以中低档为主，约占总体市场的 80％，高档物业约占 20％，该项目定位较准，与本地的购买力水平相符合。

（8）开发建议

考虑××市市场情况，结合公司欲开发地块的特点，从经济性、竞争性、可销性等多角度进行优劣势分析，对产品定位、价格制定、市场推广等做以下简单建议。

（9）产品定位

即产品开发方向问题，分低、中、高档三个层次论述。

1）低档住宅产品（价格划分为 2500 元/m² 以下）

由于土地成本较高、与周边环境协调性较差等因素，因此，应从经济效益因素来分析考虑。因地块面积已定，欲提高销售收入，就要扩大建筑面积，而地块只适合于盖一栋板楼，低档住宅要求单套面积较小，不利于增加建筑面积；另外，也可能陷入同周边众多低档住宅打价格战的困境中，故应否定低档住宅的定位。

2）中档住宅产品（价格划分为 2500～4000 元/m²）

分析影响因素同上。若开发中档产品，关键是成本控制能否实现，采用成本导向定价法（成本加目标利润定价法）恐难实现。但此价位利于销售，因此，能否取得预期利润，建议公司进行详细的技术经济分析。

3）高档住宅产品（价格划分为 4000 元/m² 以上）

××市高档住宅约占总体市场的 20％，大多位于环境优美、配套齐全的区位，公司欲开发地块适合高档项目开发，有利于实现最大的经济收益。此时的关键在于目标客户群的开发。

（10）物业命名

建议采用"金都佳园"或"金色佳园"，采用此名称有两点益处，一是利用公司已有的名气，有利于品牌推广；二是利用公司已开发项目和已有宣传优势影响，有利于市场推广，节省市场推广费用。

（11）开发规模

尽可能扩大建筑面积，以摊低成本；同时考虑市场承受力，目标客户群的数量及销售期的长短等问题，总套数控制在 150 套以内为宜。

（12）户型设计与配比

这是保证项目成功的关键因素之一。因开发高档住宅产品、限于欲开发地块特点，所以要求单套面积较大，应以三室二厅二卫或四室为主。由于北向风景好，景观价值突出，可将客厅放于北侧，但要考虑户型的变通性设计，即厅的阳光照射问题，建议可设计用途较多的第三厅（客厅、餐厅之外的厅）。

（13）商业配套

小区商业配套是保证项目利润的重点之一，建议配有两层商铺，做底商或单独两层皆可，但和住宅部分要严格分离，保证住宅部分的私密性。单套面积配设以利于出售或出租为目标。面积控制在 $200\sim400m^2$，总价控制在 120 万～160 万元之间。面积配比为较小面积占 60%，较大面积占 40%。

（14）定价方式

定价方式以"成本导向定价法"为主，以"需求导向定价法"为辅。若销售旺季，出现热销现象，应较大幅度提高售价，以获得最大的投资利润。

6.4 房地产展会销售与网上销售

6.4.1 房地产展会销售

1. 参加房展会的目的

参加房地产展销会，开发商应该通过参与和潜在客户、竞争对手、供应商的接触交流，达到以下目的：

（1）进行产品、企业形象等全方位的宣传，促进销售成果。

（2）收集市场调研所需的潜在客户的数据和资料。

（3）收集市场调研所需的竞争对手的数据和资料。

（4）收集上下游供应商的相关数据和资料。

（5）吸引媒体的关注，和媒体进行直接的交流，达到与媒体密切的关系；通过媒体的广泛传播，提高企业和产品的知名度。

2. 参加房展会的营销要点

参加房展会是一项提高楼盘销量的手段，但也不是单纯为了销量，开发商应从以下几点考虑：

应该调整心态，不以现场成交论成败。

房地产展示交易会顾名思义，首先是展示，其次是交易。房屋又不同于一般物品，不能希望凡是参加房地产展销会的房地产公司都当场销售多少房屋，更不能要求凡是进来的市民都要买一套房子。就像走进商店的市民，不一定都非买东西不可。

对房地产开发商而言，通过展示交易会带来惊喜销售当然是重要的。但有远见的商家，绝不仅仅只是要求成交额，最重要的是通过展示自己的产品，树立品牌，提高本企业知名度，为今后的产品销售铺路。

（1）做好前期准备工作

对于开发商来说，参加房展会是件很重要的事，前期准备工作做好了，宣传和销售相得益彰；准备工作做得不好或者不够充分，极可能是白费力气没有效果。

开发商应提前确定本次房展会以哪个或哪些楼盘为主？应该预定多少展位？展位位于展厅什么位置更合适？展位应该如何布置？是沿用原来的楼书还是重新设计？是否需要其他的辅助资料？辅助资料以宣传企业为主还是以宣传品牌为主等一系列问题。

开发商如果实力较强，目前正在销售的楼盘较多，此时应考虑宣传的重点是品牌而不是某个楼盘了。开发商可选择一到两个有特色的楼盘作为品牌的代表，楼书要制作得足够精美和详细，这样才能体现品牌的魅力。其他辅助材料也很重要，而且更加详细。如果开发商实力较弱，比如刚刚涉足房地产业或是开发的楼盘较少，此时开发商应该重点宣传楼盘。展位布置对于此类开发商很重要，要突出重点，坚定消费者对楼盘的信心。

（2）举办活动和实行各项措施，吸引消费者

开发商参加房展会的最终目的还是销售楼盘，可以在房展会上举行活动和实行优惠措施，达到促销的目的。这些活动可分为：一般活动、现场网络互动活动、知识普及型活动等。

一般的活动有买楼送车、看楼直通车、现场买楼优惠、有奖楼盘知识竞赛、在展区设置样板房、大屏幕三维立体动画片等，这些活动在房展会上最常见，也比较有效果。买楼送车，比较适合高档楼盘、别墅或名牌楼盘；现场买楼有优惠可以激发消费者的购买欲望，适合普通大众；有奖楼盘知识竞赛，参与人员众多，在活动中让消费者了解楼盘；看楼直通车让购买者在短时间内到达楼盘现场。网络与现场互动，是近几年最灵活的营销方式。许多网络与现实互动的措施深受消费者的欢迎。知识普及型活动是最近几年广泛流行的一项方式。与开发商相比，普通消费者是弱势人群，他们不懂专业术语和名称，对整个房地产行业也不了解。一家优秀的房地产开发企业，应该多注意消费者的需求，在帮助消费者的同时达到营销成功的目的。

（3）提高房展会现场宣传的效果

作为现场销售人员，首先，要做到礼貌大方，细致耐心。对于参展的消费者来说，买与不买是相对的。不买寓于购买之中。优秀的销售人员会因人而异，良好的销售态度，可以给消费者留下好的品牌形象，有利于促销。其次，要了解消费者的真正需求。来参加房展会的消费者可以分为三种：第一是想买房，但平时没有时间或机会咨询的人。他们希望通过房展会，了解房地产行业的行情、房型和房价，为将来买房打基础。第二想在将来买房的人。他们来房展会的目的是开开眼，看看房地产业界的最新发展，以期将来买一套称心如意的住宅。第三类消费者也的确是少数人，想借助房展会上推出

的优惠，当场购房，或者是对看中的房子提出购买意向，签订合同。上述三种情形虽然不同，但都与买房有关。不想买房的市民是不会去房展会的。对于第一类消费者要耐心讲解，他们最有可能买房；第二类虽然在近期不会买房，但是如果销售人员态度好，讲解细致，将来买房时可能首选这些房产开发商的楼盘；第三种消费者最受销售人员的欢迎。据有关调查显示，房展会后退房的比例也很高。因此作为销售人员同样要耐心讲解，让购房者了解到足够多的信息，真正是想好了才买，将退房率减小到最小。再次，为销售留有余地。房展会注重宣传，楼盘的销售量倒是其次。所以如果来展位的消费者没有当场买房，也不要着急，来的都是客，留下联系方式就可以。在房展会后，可以跟踪联系，将楼盘最新消息介绍给购房者，这仍能起到好的销售效果。

3. 参加房展会工作流程

1）收集楼盘展销会的信息并进行分析，选择性地提出参展建议；

2）营销部组织是否参展的研讨会，由财务部测算参展费用；

3）如果决定参展，则由营销部组织展会现场实地考察，选择展位，编制参展策划书；

4）营销部经理与集团品牌主管部门沟通，修改细化参展策划书，形成实施方案，召集所有参展人员，布置落实参展准备期间和参展期间的岗位职责、负责人、进度要求、展位布置要求等；

5）营销部对展位接待人员的专业训练、看楼专车、展厅布置、展会期间的宣传资料和赠品等方面进行指导；

6）营销部提前 2～3 天对展会的准备工作进行检查，对不符合要求的项目进行整改；

7）开展前最后检查，再次明确分工及职责；

8）展会现场的实施与控制；

9）看楼人员的组织、看楼专车发送频率的规划；

10）资料的收集和整理；

11）媒体的新闻稿件刊登与监测；

12）费用结算；

13）总结报告。

■ 6.4.2　房地产的网上营销

1. 房地产网上营销的优点及存在的问题

（1）房地产网上营销的优点

1）信息取得更快捷丰富便利。

互联网可以承载"海量"的信息，互联网所提供的多媒体信息，不但可以提供商品的文字和图片介绍，还可以通过虚拟实景技术实现对商品的三维动态展示。房产是一种复杂产品，消费者购买房产时需要获得大量的信息，要仔细考虑诸多问题，例如：房屋产权是否合法、产权证是否办理、销售合同的签订与公证；住宅设计是否合理、公共设施是否完备、物业管理是否优良；住宅售价能否承受、付款方式能否接受等。房产消费属于一种高介入程度的消费模式，商品提供者提供的信息越全面越细致，越有利于把握消费者。

2）可以方便房地产商与购房者沟通。

互联网把"4C"理论中的"方便"和"沟通"真正地实现了。每个消费者的个人偏好不一致，互联网通过神经网络系统和协同过滤系统为商品提供者提供了实现这一愿望的工具。

3）可以让个性服务融入客户关系管理。

互联网的全天候的服务方式不但满足了消费者的沟通愿望，还为卖方提供了便捷的客户关系管理工具。网上售房这种消费模式在客观上需要房产销售者进行客户关系管理，为销售者降低销售成本。在网上提供个性化的服务，满足消费者的差异化要求，提高客户满意度，并通过满意的消费者带来新的消费者。

（2）目前房地产网上营销存在的问题

在目前网上房产营销中，互联网充当为买卖双方提供交互式服务的信息中介，作为交易渠道还存在着局限：一是消费者在观念上还没有接受在互联网上进行房产这种大宗商品交易的这种行为。二是这个渠道的安全性对于房产这种大宗商品的交易来说仍然不够，这主要体现在法律保护和网络安全技术保护上力度不够。

2. **房地产网上营销渠道**

在网络经济条件下，房地产可以通过网上直销、网上间接销售等新兴营销渠道开展销售活动提高销售量。

（1）房地产网上直销

网上直销是指开发商通过网络渠道直接销售产品。网上直销通常有两种做法：一是委托信息服务商发布网上信息，以此与客户联系并直接销售产品。另一种做法是企业在网上申请域名，建立自己的站点。由网络管理员负责产品销售信息的处理，而传统的销售工作可有机嵌入信息化营销流程。网络直销的低成本可为开发公司节省一笔数量可观的代理佣金，而且还可同时利用网络工具如电子邮件、公告板等收集消费者对产品的反馈意见，既提高工作效率又能树立良好形象。

（2）网络间接销售

信息获取是否及时准确在竞争日趋激烈的房地产市场至关重要。网上中介机构置身于市场信息海洋，关系网广，具有很强的推销优势。专业代理网站不仅拥有数量可观的访问群，而且具有房地产专业知识和丰富的营销经验，能够很好地完成营销策划。考虑到本身的实力以及建立和维护网站的成本，这种间接渠道策略尤其适用于中、小型房地产公司。

房地产开发商对中介网站的选择可从以下几个方面考察：中介机构网站的点击率状况和地区覆盖范围及其顾客类别，即其所在区域市场覆盖面以及市场定位情况；中介机构网站的业务范围；中介机构网站的经营状况和管理水平；中介机构网站的品牌形象，如社会声誉和品牌知名度等。

3. 房地产网上销售策略

(1) 网络广告促销

网络的普及使得网络广告愈发重要。网络广告在设计上，一般应图案简洁，文字精练，引人注目。此外，还要从广告的发布方式、发布时间、发布的频率等方面综合考虑，全盘制定网址发布策略。

房地产开发企业的 Website 可以利用动画、声音、图像来宣传企业的辉煌业绩、待售物业及特色产品、特色服务。最新的多媒体技术甚至可以营造出一种身临其境的感性氛围。这种网上广告较之传统广告其特点是无时间、地域和发行数量的限制；效果逼真，可以有选择性地向用户提供多层次的信息内容；宣传成本相对低廉，还能够随时根据市场情况和新产品情况进行调整。

(2) 销售促进策略

传统促销策略与网络技术的完美结合必将房地产营销推进到一个全新境界。网络经济下的促销形式较之传统形式有所改变。科技进步将使越来越多的房展会搬到网上进行。网上房展会不受时间和地域的限制，又可以使展会费用大为降低，让利于消费者。高效、方便、优惠使网上房展会越发深入人心。此外，传统的价格折扣策略、人员推销策略在网络营销中仍然起着不可替代的作用，其形式和内涵也将随着时代的进步得到变革与完善。

案例：上海网上房产交易服务平台

上海网上房产交易服务平台所涉及的服务内容为利用房产交易服务平台进行交易的相关人士提供。

(1) 交易信息上网挂牌

下列房产交易信息，房地产权利人可以向网上房地产营销交易服务受理处（受理点）提出上网挂牌申请：房地产买卖；房屋租赁；公有住房差价交换。

(2) 房地产交割监管

房地产交割监管是指监管机构对房地产交易的产权移转与价款支付以及与产权移转相关的抵押权设立、注销等实行监控，以保障交易双方交易目的的实现及银行相关贷款收、付安全。监管行为具体包括：房地产转移登记；转让人提前归还商业性贷款和（或）个人住房公积金贷款；转让人申请注销该房产已设定的质押权；买受人以该房地产设定抵押；转让价款支付和税费交纳。

（3）房地产交易登记申请

下列房地产交易登记手续，有关当事人可以向网上房地产营销交易服务受理处申请办理：买卖合同和抵押贷款合同的签订；房地产买卖的转移登记申请；房地产抵押权设立和注销登记申请。

（4）房地产抵押贷款相关手续申请

下列房地产抵押贷款的手续，有关当事人可以向网上房地产营销交易服务受理处申请办理：公积金贷款额度征询；商业贷款的预审批；房地产抵押贷款申请资料传递；首付款支付证明的出具；申请提前还贷。

（5）相关交易凭证领取

下列凭证，有关当事人可向网上房地产营销交易服务受理处领取：房地产产权证书和登记证明；交纳税费的单据；交易结算清单。

（6）选择交易服务机构

下列房地产的交易服务，当事人可以选择网上会员机构有偿提供：房地产贷款服务；房地产居间、代理；房地产评估；房地产担保；其他配套服务。

（7）房地产交易信息查询

下列房地产交易信息，市民可以登录"网上房地产营销"网站或者向网上房地产营销交易服务受理处（受理点）查询：房源信息；会员机构服务信息；服务规则和流程信息；市场信息；交易法规信息；会员机构诚信信息；示范合同文本。

（8）房地产交易服务事项

网上房地产营销交易服务受理点提供以下的交易服务：房地产交易委托上网挂牌；房地产交易政策咨询；房地产交易市场信息查询和价格咨询；网上房地产营销会员诚信档案等查询；与房地产交易相关的示范合同文本、流程、费用标准等查询；其他与房地产交易相关的服务事项。

6.5　房地产广告营销

6.5.1　房地产广告营销的步骤

1. 确定广告目标

房地产广告的目标是根据房地产开发企业在某一时期的营销目标直接派生出来的。房地产开发企业要不断地巩固自己在消费者心目中的地位，它就会经常性、不间断地做提醒消费者记住它存在的企业广告；房地产项目开始进入施工，要做以告知为主要目标的房地产广告，为日后的推销打下基础；一旦项目完工，推销进入实质阶段，房地产广告的目标就清晰明确起来。房地产广告一般会经过起先的告知广告、预售和竣工期的强势广告到后期的提示广告等阶段。

2. 产品定位

产品定位就是确定产品的市场位置。房地产产品市场位置确定主要可以考虑这样几个指标：价格高低、区位条件的优劣、房型结构的好坏、配套服务设施是否齐全、物业管理质量、建筑物的品位与规模大小等。例如待售项目为"位于黄金地段的大型现代化智能型写字楼"。

3. 确定诉求重点

任何一则房地产广告都应该确定其诉求重点。房地产广告的诉求重点通常是待售房地产所具有的突出优点，而非罗列一大堆词语的许愿书。

4. 确定目标市场

所谓目标市场就是商品推销的主要对象。房地产商品的目标市场主要根据消费者的特征确定的。依收入水平，可以分为海外人士、国内大款、高级白领、国内工薪阶层；按职业，可以分为工人、干部、各种专业人员等；按家庭规模，又可以分为新婚户、单身户、大家庭等。商业用房地产的目标营销对象主要依其规模和行业划分。

5. 制定广告策略

房地产广告策略是指广告推出的方式和时机，主要有以下四种。

（1）期待策略。利用大型围墙式广告、路牌广告等告知广告形式，在开发前期向消费者预告即将推出的房地产商品，会在潜在投资者心中形成印象，产生期待一睹其"庐山真面目"的心理。

（2）重点突破策略。明确重点目标客户之后，连续邮寄广告材料，激发其好奇心，吸引其到现场来观看，然后辅以人员推销。

（3）全面进攻策略。运用所有形式的广告宣传工具，最大限度地扩大宣传面，延长宣传时间，以期在短期内造成一种声势。

（4）强化策略。针对潜在目标客户群体进行挨门派送广告材料，促使消费者接触有关广告信息。

6. 选配广告媒体

房地产广告可供选择的媒体形式多种多样，应该针对不同的广告策略加以选用和组合。

7. 编制广告预算

房地产广告的特点之一就是广告费用比较高。因为一项房地产往往需要做一则以至几则广告。房地产广告预算编制需要先确定准备选用的广告媒体，然后根据各种媒体的价格确定选用广告媒体的费用，最后再加上广告设计费。

■ 6.5.2　房地产广告营销的要点

1. 房地产广告的基调把握

（1）房地产广告基调必须来自于明晰的客源定位。广告的对象就是消费者，消费者的个人情况，消费者所乐意获得信息告之的方法和方式，消费者有可能获得信息告之的时间和空间，这些都是把握房地产广告基调的依据所在。

分析产品的功能，就是明确是办公楼、住宅、还是商场。不同的目标客源，不同的产品功能对应着不同的目标客源，则需要不同的广告基调来匹配。对产品档次推导，根据实践，房地产目标客源的最明晰的区隔便是房屋的总价区隔，由房屋的总价，我们可以推算目标客源的大致年收入，他的工作行业、公司职务和家庭构成情况等。由此，我们还可以进一步推算他们的生活习性、活动场所等。

（2）房地产广告基调的把握还必须来自于对产品特征的理解。产品的生命力在于产品的特色，当我们在利用广告进行促销时，怎么样将产品的特色糅合在悦耳的叙说中，并因此权衡广告基调，是必须应该考虑的问题。同样一个价位，同样功能规划的两个楼盘，它的目标客源几乎无法进一步区分，但我们在确定广告基调的时候却依旧可以风情万种：如果这个楼盘是紧临公园的，我们就可以表现出一个很健康、很有活力的主题；若是这个楼盘离教堂不远，我们也可以向比较欧化的方向发展，渗透出高贵神圣的意味。以上的举例，是根据我们对楼盘所在地的地域特征所做的挖掘与发挥。

（3）房地产广告基调的把握有时候需要考虑竞争产品的应对问题。对有些中低价位的楼盘，因为客源的范围比较广泛，广告风格、主题情调的变化空间也很大，广告基调的确定，更应该规避风险，另辟新径。在激烈的竞争实践中，房地产企业采取以下两种应对之策：一是以强抗强，让别人的广告为我宣传。这个时候，两者的广告基调可能类似，但前提是这个广告基调的产品基础是一定要优越于竞争者的。事实上，也只有这样，自己才不但不会被打败，反而会借力使力，居于竞争者的上风。当面临同样的地区，类似的产品，大家的广告基调又都是很温馨的时候，推出产品的基调的确定，应该是有所变化的。

（4）房地产广告基调的关键是选择统一的表达方式。广告基调的统一性则是通过与之匹配的表达方式的选择和设计来实现的。选择统一的匹配表达方式，在具体工作中，对于广告设计、广告文案而言，是图案的造型、编排和文字的口吻、字体等；对于广告媒体的选择和运用而言，是分析主要读者阶层的收入、报纸杂志的风格特色、发行数量和发行范围等；对于销售道具的选择和设计而言，是说明书的版面大小、色调选择以及纸张的质地、现场道具的选择究竟偏重精美的说明书还是大张的海报等；对于促销活动的选择和安排而言，什么样的广告基调可以组织类似猜字游戏那样的促销活动，什么样的广告基调是应该安排民俗表演或投资说明会的。选择统一的匹配的表达方式，有时候表现为一些事务性的工作，有时候表现为经营性的商业判断，来源于广告人员对产品、客户和竞争者的透彻了解；有时候表现为艺术性的创作活动，来源于广告人员的经验积累、生活环境、文化修养和艺术修养。

（5）房地产广告基调的延续性。广告基调在时间上必须是延续的，它可以加深消费者的印象，可以节省成本，促进销售进程，提高企业知名度。但当客户厌倦、竞争市场变化时，广告的基调的不变则会变成一种伤害。

2. 广告媒体的选择

受到经济条件的限制，广告不可能同时采用大量的媒介，这样广告的针对性不强也造成浪费。因此，要想得到预期的广告宣传效果，就必须进行正确的选择。广告媒体的选择目的在于求得最大的经济效益。广告媒体选择就是为了以最低的广告费用取得最有效的广告效果。一般需要从以下七个因素选择广告媒体：

（1）媒体的性质。广告媒体的性质和特点决定了能否获得最好的广告效果。媒体发行量多少、传播范围大小会影响视听人数；媒体的社会威望对广告的可信度和影响力有重大影响；媒体的社会文化地位是否与广告的读者或视听者阶层相适应会影响广告的效果。

（2）广告商品的特性。各种商品特性都不相同，其消费对象不同，媒体的适应性也不同。

（3）广告目标的要求。企业发布广告，都有特定的目标要求，这个目标是由企业的经营活动决定的。因此，选择广告媒体，必须考虑广告目标的因素，看其是否能与企业的经营活动紧密配合。

（4）消费者的习惯。选择广告媒体，要考虑消费者的生活习惯。人们常常是根据个人的职业、兴趣、文化程度等不同来选择传播媒体的，这种对媒体的接触习惯，对广告效果影响甚大。广告对象与媒体对象越接近，广告效果就越大。因此，认清消费者的生活习惯和接触媒体的习惯，有助于选择媒体。

（5）国家法律的规定。依据国家制定的广告法规，有的广告媒体不准发布某些商品的广告。

（6）市场竞争状况。广告宣传竞争，是市场竞争的一个重要方面。为了配合市场竞争，不但广告内容和策略上不同，就是选择媒体上也有区别。企业在选用广告媒体时，要结合市场竞争情况选择适当媒体。

（7）广告费用的支出。企业发布广告要依据自身的财力来合理地选择广告媒体。广告费用包括媒体价格和广告作品设计制作费用。同一类型的广告媒体，也因登广告的时间和位置不同，有不同的费用标准。在选择广告媒体时，不仅要考虑广告价格的绝对金额，也要考虑广告价格的相对金额，即广告实际接触效果所耗的平均费用。

6.6 房地产营销策划书撰写

6.6.1 房地产营销策划书的撰写原则

1. 真实可信的原则

从法律角度看，营销策划书是开发商对客户在某种意义上的承诺，其内容、数据都应该是严肃认真的，任何夸张、虚伪和差错都是不明智的和不允许的。作为成功的开发商，首先应该对自己的项目、对自己的客户群体、对自己的信誉负责任。因此，营销策划书上的内容必须真实。营销策划书设计完成后，开发商不妨请自己的律师审查一遍，防止出现法律偏差与纠纷。

2. 全面翔实的原则

营销策划书是楼盘销售信息的集合，它主要面对的是客户，客户希望了解楼盘全部的和详细的信息，开发商也应该借此把楼盘的卖点信息通过营销策划书传达给消费者。项目质量是最基本的，开发商应首先创造一流的信誉与项目，其次才是制作一流的营销策划书。因此，营销策划书所告之的信息必须全面翔实。

6.6.2 房地产营销策划书的撰写内容

在房地产市场营销中，制定出一份优秀的营销计划十分重要。一般来说，市场营销计划包括：

计划概要：对拟议的计划给予扼要的综述，以便管理部分快速浏览；市场营销现状：提供有关市场、产品、竞争、配销渠道和宏观环境等方面的背景资料；机会与问题分析：综合主要的机会与挑战、优劣势，以及计划必须涉及的产品所面临的问题；目标：确定计划在销售量、市场占有率和盈利等领域所完成的目标；市场营销策略：提供用于完成计划目标的主要市场营销方法；行动方案：本方案回答将要做什么？谁去做？什么时候做？费用多少？

范文：某房地产营销策划方案

1. 市场背景

汉沽位于天津东部滨海地区，是天津滨海新区的重要组成部分，辖区面积 $441.5km^2$，区政府坐落在寨上街辖区内，全区共有常驻人口 17 万。汉沽是我国重要的化学工业基地之一，已形成以海洋化工为主，多门类综合发展的工业体系，全区共有工业企业 300 余家，主要有制盐、化工、轻纺、服装、冶金、机械加工等十多个工业门类。汉沽不仅是一个工业重地，而且还是一个鱼米之乡，盛产水稻、水果及水产品。其中的茶淀葡萄和水产品久负盛名。

顺驰第壹城所在寨上街，其南部为天津老牌化工企业——天津化工厂，她曾为汉沽区的发展立下了汗马功劳，但随着改革开放的进行及国有老企业的通病，企业的效益大不如前，也在某种程度上影响了汉沽区的发展。随着汉沽新一届领导班子对当地经济结构的调整，将第三产业作为汉沽区结构的补充体，使汉沽成为一个经济结构多角化的地区，从而保证汉沽区经济的健康、可持续发展。

汉沽当地房地产市场的发展，应该是从 2008 年正式开始，正继房地产、井田置业、开发区晟达房地产、绿地置业及顺驰地产在寨上街开发主流房地产产品开工面积达到了20 万 m² 以上。在比较初级的汉沽房地产市场中，不管是市场先入者，还是市场后来者，基本都得了较好的市场回报。其中绿地置业的"绿地人家"及正继房地产的"滨河家园"以其低价位得到了市场中初级客户的认可，而井田置业的"蓝水湾"和顺驰"第壹城"则得到市场中高级客户的认可。

汉沽顺驰第壹城，位于汉沽文化街（迎宾路）与东风路的交接处，由于东风路连接着汉沽未来的旅游区，因此其具有较高的升值潜力。社区南临汉沽区重点中学一中、八中，文化氛围浓重。社区规划建筑面积约 12 万 m²，景观设计公司为香港景易设计，物业服务提供为顺驰物业公司，从整体上看为顺驰强力军团的又一次联合出击。从产品上看，顺驰第壹城仍延续顺驰地产开发的传统，保证社区的均衡性及高价值价格比的特点。自产品上市以来，产品的品牌认知度得到了市场的高度认知。

2. 竞争对手分析

由于汉沽房地产市场的发展属于初级阶段，市场对价格的敏感度较高，面对产品的认知及感知程度相对较低，故此我们在分析竞争对手时主要针对地段、价格、产品三个层面进行归纳与比较，我们将其分为直接竞争对手与间接竞争对手。

（1）在汉沽我们的直接竞争对手是谁呢？

我们说是井田·蓝月湾，因为井田·蓝月湾自入市以来，始终以跟随性的竞争手法来截取我们的客户资源，并得到了相对较好的市场业绩。我们将井田·蓝月湾作为直接竞争对手理由还有：1）同处东风路沿线，隔文化街相望；2）销售均价与第壹城只差100 元左右，且部分楼栋立面价格要高于第壹城；3）产品类型与第壹城有相似之处，且目标客户相近。但井田·蓝月湾也有其不足之处，其中有：1）在户型设计上，其客厅的面宽大部分都不超过 4m，居住舒适度不够；2）由于其地块为 L 形地，在景观设计的均好性上不足以与第壹城相竞争；3）产品的细节部分不确定性太多，且现无销售许可证也引发了一些客户的游移。

（2）在汉沽我们的间接竞争对手是谁？

在汉沽市场中我们将绿地人家、滨河小区及富达花园定为间接竞争对手，具体原因我们分列如下：

绿地人家处于天化的附近，滨河小区处于烈士陵园附近，他们都远离于城区中心相对的位置优势，不足以与第壹城形成竞争态势。富达虽与第壹城相邻，但其销售已近尾声，故并不对第壹城销售造成直接威胁。

绿地人家的产品规划属纯南方模式，不能与本地居住习惯相对接；而滨河小区的产品规划虽与本地居住习惯相符，但其产品的规划、设计水平与第壹城相比较仍不在同一层面，要落后于第壹城。而富达花园的规划、设计，仍是初级产品形态。

绿地、滨河及富达的销售均价与第壹城相差500元左右，故此在目标人群层面，不与第壹城形成直接竞争。

竞争项目基本信息，包括项目名称、规划面积、销售均价、基本情况。

富达花园6万 m^2，与第壹城一路之隔，均价相对较低，社区内设网球场及幼儿园，绿化率39%，容积率1.39，购房需另交配套费及购买地下室。

绿地人家27万 m^2，社区规模较大，销售单价较低，一期开发面积7万 m^2，整体社区规划及户型设计较为南方化，销售楼层以一、二、三、六层为主。

滨河小区12万 m^2，社区规划有中心景观带，五层建筑形态，社区无会所，邻近蓟运河及烈士陵园，价格优势明显，户型面积控制较好，并带简单装修。

井田·蓝月湾6万 m^2 地块，与第壹城一路之隔，户型、价格、配套与第壹城相近。

分析：从已销售的户型比来看，其中两室占了绝对的比例，即便是顶层的两室也由于价位较低得到了市场的认可，所以我们有理由说，汉沽市场的主要需求在两室，对于一室户型的销售由于存量较大，我们仍需给予足够的重视。在两室的销售当中主要以A、B、E户型为主导，是典型的经典户型，面积在 $90\sim100m^2$ 之间，这样也从另一侧面反映了我们客户的主流消费价格在18万左右。

（3）楼栋售出率分析

分析：在项目楼栋售出情况的分析中我们可以看出，大量消费出现于临街与临学校的一面，而在景观中心区附近的楼栋销售情况一般。出现这种情况的原因，一方面是现场销售控制的原因，一方面也与居住观念有关。但这样的销售情况也为项目后期景观节点释放后的销售，提供有力的产品支持。

（4）已售出产品面积区间与总价格区间分析

分析：我们从已售出的产品面积区间来看，当地消费需求在 $80\sim100m^2$ 之间，而总价区间大量集中于15万～20万，从一个角度反映了当地消费者的消费水平，为我们二期产品的设计提供了相应的依据。

3. 产品前期市场推广简要分析

顺驰第壹城在前期的媒介宣传过程中，主要是对汉沽区的发展、顺驰的品牌、工程质量、物业及部分户型进行了市场传达。其项目的促销活动，主要是结合项目的工程节点进行了一些老客户的维系活动。

在我们对宣传及活动的分析当中，发现了其中存在的三个方面的问题。一是宣传主题与客户需求上的错位，也即宣传内容的针对性不强；二是在各宣传节点上的诉求不能成为体系，缺乏对项目主题的支撑；三是宣传中对产品的价值推介不足。

4. 分析总结

（1）对市场、产品、消费者的总结

我们在前面对市场及竞争对手、产品及客户进行了一个简要的分析，通过分析我们得出对市场、产品及市场中的消费者的理解，明示如下：

市场：在汉沽的房地产市场中充斥着大量的房地产项目，单从供应量上来讲已基本上可以满足市场现有的消费需求，而且在新的一年里将有新的地产公司进入市场，并为市场带来新的产品，可以说2004年的汉沽房地产市场，将快速成长为供大于求的买方市场。对于在市场中的各个项目来说，汉沽将是一个各项目进行快速抢占的市场。

我们从目前所了解到的市场中各项目的销售情况来看，虽然汉沽已经进入了买方市场，虽然各项目都已经在市场中得到相应的认知，虽然各竞争对手之间的差异较大（包括产品及价格），但是却没能有一个项目成为市场追逐的热点，成为市场销售的领跑者，成为市场中最具杀伤力的项目。在这样的市场情况下，一方面给我们留下了一个绝佳的市场机会，另一方面也让我们反思近一年来所做工作的欠缺及未来工作中的跟进措施。如果我们能够在未来的工作中，及时总结我们的经验教训，及时调整我们的营销战略，及时登上市场领军者的宝座，我们的项目明天将会异常光明。

产品：在汉沽房地产市场中，我们不能说我们的产品规模是最大的，但可以说我们产品从整体上来说是最好的，这从产品的前期销售中即可看出。只要消费者实际感受到产品的特点和价值，我们的产品销量肯定递增。

消费者：在汉沽当地的消费市场中，主要以工薪收入阶层为主，这是由当地相对单一的经济结构所造成的。虽然这些工薪阶层的收入水平不高，但是却相对稳定，这为他们购买房地产产品提供了物质基础。同时由于他们受教育程度相对较高，这样对新鲜事物的接受能力也相对于一般消费者要强，因此也就说明他们是我们的目标消费群体，是我们产品信息释放的主渠道。

（2）现存的问题与机会

在对市场、产品、消费者进行了总结之后，我们也要对我们的项目存在的问题与机会进行一个总结，以便为我们的营销策略提供基础依据。

我们现在存在的问题：

1）市场对"顺驰——第壹城"的品牌认知度较高，但对产品的认知度较低，从而市场中的部分消费者认为项目的值价不符，并形成了不利于项目的负面口碑宣传；

2）由于产品设计的均好性、现场工程节点部位的支持不足及产品优势宣讲的不足，导致项目不能于市场中其他竞争项目形成差异化，使消费者不能准确地感受到产品的价值，而只是让其感觉我们的价格高；

3）由于前期的项目宣传缺乏主题性，只是单纯对产品信息进行市场传达，不能引起市场的关注，因此也就不能为项目提供充足的客源支持；

4）由于一期产品的立面价差较小致使优势楼层的快速市场释放，为项目后期的销售工作制造了相应的难度。

我们的机会：

1）通过前期的宣传工作，市场对项目品牌的认知度较高，并有相当一部分消费者认可了我们的产品，为我们后期工作的开展奠定了一个良好的基础；

2）随着时间的推移，我们的工程节点也即将呈现，为消费者的实际感受提供了物质保障，我们只要抓住在节点呈现前的这段时间，通过有效手段再次将消费者的关注焦点集中于我们的项目，我们就有机会扭转市场对我们项目的不良印象，使项目成为市场的领跑者；

3）二期项目的开盘不但会增强项目的规模优势，而且在产品的设计上也将会更加贴近市场需求，更加制造出不同于竞争对手项目的产品区隔，形成更加明显的产品优势；

4）虽然市场中竞争对手较多，但却没有一家成为市场的主导者，这也为我们的项目成为市场的领跑者提供了机会。

（3）我们的工作目标

在分析了市场，总结了问题后，我们也就得出了我们所要做的工作是什么了，我们将其总结为：

制造项目关注，重塑市场形象，提升产品价值，增强产品感受，成为市场热点。

6.6.3　房地产营销策划书撰写的标准

一份好的房地产营销策划书能够使得房地产企业在竞争激烈的市场中更好地把握市场信息，掌握营销方向，从而达到良好的销售效果。为了实现这个目标，撰写房地产营销策划书就应该达到以下的标准。

（1）内容详尽，资料准确及时。房地产营销策划书中的内容必须是经过市场调查与分析得来的最详尽、及时和准确的信息，只有这样才能为下一步的营销工作提供保证。

（2）分析恰当，预算合理。房地产营销策划书中的市场分析应该是贴近市场实际情况和房地产项目自身情况的合理分析，关于营销的费用预算要合理，尽量节约资源。

（3）营销方式多样，营销种类的内容策划全面。房地产营销策划书中关于营销方式的撰写是很重要的环节，营销方式的选择是否正确往往关系到最终营销活动的成败，所以在撰写营销策划书中关于营销方式和内容的部分就要求介绍全面。

（4）形式新颖灵活，宣传效果显著。营销策划书的最终目的还是为了实现好的营销效果，选择灵活新颖的形式，达到良好的宣传营销效果才是考核一个营销策划书是否优秀的最终标准。

6.7 实训作业

背景楼盘资料：未来

（1）楼盘基本信息：该项目经理认为，交给客户最终的产品，应当是成品而非半成品，应当是装修房而非毛坯房，而此举的好处是：

1）精装修房子会为业主未来入住后省下大量装修的时间，因为未来业主多为中高端收入客户，他们的时间是很宝贵的；

2）由专业人员统一设计、整批采购装修材料、大规模施工等，可以获得规模优势，为业主省下相当多的费用；

3）品牌采购、专业监理，可以杜绝假冒伪劣，装修材料最忌不环保，没人喜欢住在充满甲醛味的房子里，但是如果不花大量时间去监督、去熟悉建材市场，一般人是杜绝不了装修公司以次充好的；

4）装修成本可计入房价，付少量按揭就能享受到成套装修，减轻了交房后装修款的压力。这对白领首次置业，积累少但是收入增长预期良好是相符的；

5）省去交房后社区持续数年的敲敲打打造成的噪声，以及由此产生的建筑垃圾，可以让小区居住环境品质大幅提高。

该项目集团对未来目标客户的生活方式进行了充分了解后，为"前沿阶层"量身定做的户型，设置了大量的露台、阳台，突破常规型6面体——四面墙＋天花＋地坪的空间，使空间具备可随业主不同生活阶段的需要而变化的弹性，以及室内空间与室外空间的互动，以及由此带来生活方式多样化的可能。我们称之为"超空间建筑的生活"。

区位优势：

1）位于外高桥，金桥之间，上海最具国际化的产业园区。浦东新区唯一一个位于环线以内的新市镇；

2）毗邻 sunpark 公园社区。兼具联洋的大型公园（东沟楔形绿地公园，规模相当于两个世纪公园大），碧云社区的国际化配套（如金地未来北部的文化艺术中心，南部的体育公园等，各类配套达 30 万 m^2），新江湾城的高档住宅规划（未来高档住宅规划上百万 m^2，未来十年将成为浦东环线内最大的国际级居住区）；

3）年底通车的轨道六号线将缩短 25 分钟到达人民广场、淮海路等市区，项目距离两个站台仅 300m，步行 5 分钟内。

规划优势：

1）西低东高，使占小区一半户数的居民更接近一路之隔的 sunpark 公园，而洋房类物业由于远离轻轨，私密感、价值感大增；

2）采用了环形道路系统，以及地形高差，最大限度地减少车道对居住区秩序和环境的干扰；

3）源于美国大师迈耶的现代美式白色建筑，极富国际感和未来感，非常吸引眼球，成为区域内标志性建筑；

4）延五洲大道、张扬北路规划了约 2.5 万 m² 的乐活公园，遮挡噪声，同时也成为社区运动的场所，使实际绿化率大增；

5）乐活主题三维空间景观设计，使业主房前屋后的景观趣味盎然。

（2）开发商信息：

开发及合作单位投资商：××（集团）股份有限公司；

开发商：××房地产开发有限公司；

代理商：××建筑设计公司；

施工单位：××建筑有限公司；

景观设计：××设计公司。

（3）物业配套：

电梯服务：户数两梯四户；

通信：电话线、对讲系统、有线电视；

门窗：双层中空玻璃、入户防盗门；

卫生间：坐便器；

大堂：精装修；

厨房：整体厨房。

（4）周边设施：

中小学：高行中学、金苹果学校、福山外国语小学；

综合商场：××超市；

幼稚园：东沟、小博士；

银行：农业银行；

邮局：高东邮电局；

医院：市七医院、长海医院；

其他：文化艺术中心、体育公园、sunpark 绿地。

（5）价格信息：

均价：13000 元/m²；销售许可证：浦东新区房地（2009）预字 0022 号；开盘时间：预计 2009 年 5 月 27 日；

B 户型 2009 年 3 月 7 日；72 号楼 D 户型户型 10 月 18 日；

59 号楼 B 户型；60 号 C 户型 9 月 29 日；

12号楼C户型 2008年9月20日。

8月13日第五批；

2008年7月18日第四批；

2008年7月6日高层第三批；

2008年6月17日第二批花园洋房；

2008年6月8日第一批花园洋房入住时间：2009年底。

周围交通：自驾交通：南临五洲大道，连接中环线，八分钟到达五角场；

轨道交通：东靠浦东快速通道张扬北路，步行至6号线五洲大道站只需5分钟；

公共交通：公交线路有双三线、东周线、610等。

物业：金地物业；物业费：2.60元/m²/月；建筑面积：154212m²；占地面积：96383m²；绿化率：35%（不包含私家庭院）；容积率：1.6；停车位：1025个。

单价：均价13000元/m²；价格说明：一次性付款、银行按揭。

历史价格：2008年08月29日至今均价13000.00元/m²；

2008年08月21日～2008年08月29日：均价13500.00元/m²；

2008年07月07日～2008年08月21日：均价16000.00元/m²；

2008年06月17日～2008年07月07日：均价17000.00元/m²；

2008年06月10日～2008年06月17日：均价16500.00元/m²。

实训作业要求：

1. 根据楼盘的资料设计一份针对楼盘区位、价格等的调查问卷；

2. 使用问卷、利用各种调研方法，把调研的结果总结出一份调查报告；

3. 针对楼盘特点设计一份广告投放方案；

4. 根据格式要求和材料内容撰写一份简单的营销策划书。

第7章　房地产交易实训

【实训目的】

　　掌握房地产买卖登记、预售商品房预售登记备案、房屋租赁登记备案、公有住房差价交换登记、房地产经纪备案等基本程序。

【实训要求】

　　通过对本章实训，对房地产交易的流程及程序加以把握，增强学生在该领域实际操作运用能力。

【实训内容】

　　（1）房地产交易的基本制度解读；

　　（2）熟悉预售商品房登记备案，商品房现房销售程序及二手房销售程序；

　　（3）熟悉房地产抵押登记流程，房地产抵押合同相关内容编制。

7.1　房地产交易概述

　　由于房地产是最基本的生产资料和生活资料，且具有单件性、地点固定性、投资额较大等特点，因此房地产市场常常显出这样一些特殊性：

　　1. 区域性

　　房地产品的固定不可移动性，决定了它的生产地点就是消费地点，消费者只能自己移动而不可能让房子和土地移动。而消费者的移动又会受到多种因素的制约，所以房地产市场具有区域性的特点。

　　2. 价格的非规范性

　　作为商品，房屋或土地不大可能像一般工业品一样统一规格、统一型号、统一功能，这种产品的实物形态千差万别，几乎没有两个产品是完全相同的。再加上房地产品受到多种因素的影响，如地理位置、规格、生产施工的流动性等，就是两个相同的产品，它们的生产成本也是不同的。所以房地产品不能像一般产品那样进行规范性的统一定价。

3. 供求的反经济循环性

一般市场的行情都同经济增长同方向波动，而房地产市场却存在某种反经济循环的趋向。一方面，因为有些人购买房地产不仅仅是为了生活和生产，而是为了投资保值，所以在经济不景气时反而有人为了避免货币贬值而购买房地产。另一方面，在经济繁荣时，游资多为其他部门所吸收，投入房地产经营的资金反而少。

■ 7.1.1 房地产交易概念

交易（transaction），指经济领域中不同主体之间的交互活动。房地产交易是指房地产作为商品而进行的各种交易活动，包括土地使用权的出让、转让、出租、抵押和各种所有制房屋连同相关土地使用权的买卖、租赁、典当、互换、拍卖，以及其他在房地产流通过程中的各种经营活动。

房地产交易的构成要素有三个：一是交易的主体，从事房地产交易的组织或个人；二是交易的客体，即用于交易的对象，包括土地和房屋的使用权等；三是各类经纪人、信托公司、交易所以及各类为房地产投资提供贷款的金融机构。

由于房地产本身具有不可移动性、地区性和个别性的特点，因此，房地产交易有其独有的特点：

（1）房地产交易是房产和地产权利的转移，是房产和地产的有机统一。

（2）由于房地产交易金额大，费用高，因此可采取分期付款的方式。

（3）房地产交易区域性强，不同地域之间的房地产价格差异很大。

（4）房地产交易受国家法律法规的制约，交易双方必须签订交易合同，经房地产交易管理部门登记、审核并进行产权变更登记。

（5）房地产具有增值保值作用，这决定了房地产交易具有消费与投资的双重性质。

■ 7.1.2 房地产交易的基本制度

1994年7月5日第八届全国人民代表大会常务委员会第八次会议通过的《中华人民共和国城市房地产管理法》规定了三项房地产交易基本制度，即房地产价格申报制度、房地产价格评估制度、房地产价格评估人员资格认证制度。

1. 房地产价格申报制度

《中华人民共和国城市房地产管理法》规定："国家实行房地产成交价格申报制度。房地产权利人转让房地产，应当向县级以上地方人民政府规定的部门如实申报成交价，不得瞒报或者作不实的申报。"

2001年8月原建设部发布的《城市房地产转让管理规定》（建设部令第96号，以

下简称《转让管理规定》）中也规定："房地产转让当事人在房地产转让合同签订后 90 日内持房地产权属证书、当事人的合法证明、转让合同等有关文件向房地产所在地的房地产管理部门提出申请，并申报成交价格"；"房地产转让应当以申报的成交价格作为缴纳税费的依据。成交价格明显低于正常市场价格的，以评估价格作为缴纳税费的依据。"

房地产权利人转让房地产、房地产抵押权人依法处分抵押房地产，应当向房屋所在地县级以上地方人民政府房地产管理部门如实申报成交价格，由国家对成交价格实施登记审验后，才予办理产权转移手续，取得确定的法律效力。房地产管理部门在接到价格申报后，如发现成交价格明显低于市场正常价格，应当及时通知交易双方，并不要求交易双方当事人更改合同约定的成交价格，但交易双方应当按不低于房地产行政主管部门确认的评估价格缴纳了有关税费后，方为其办理房地产交易手续，核发权属证书。如果交易双方对房地产管理部门确认的评估价格有异议，可以要求重新评估。重新评估一般应由交易双方和房地产管理部门共同认定的房地产评估机构执行。交易双方对重新评估的价格仍有异议，可以按照法律程序，向人民法院提起诉讼。

2. 房地产价格评估制度

《中华人民共和国城市房地产管理法》规定"国家实行房地产价格评估制度。房地产价格评估，应当遵循公正、公平、公开的原则，按照国家规定的技术标准和评估程序，以基准地价、标定地价和各类房屋的重置价格为基础，参照当地的市场价格进行评估"。"基准地价、标定地价和各类房屋重置价格应当定期确定并公布。具体办法由国务院规定"。

3. 房地产价格评估人员资格认证制度

《中华人民共和国城市房地产管理法》规定："国家实行房地产价格评估人员资格认证制度。"《城市房地产中介服务管理规定》进一步明确："国家实行房地产价格评估人员资格认证制度。房地产价格评估人员分为房地产估价师和房地产估价员。""房地产估价师必须是经国家统一考试、执业资格认证，取得《房地产估价师执业资格证书》，并经注册登记取得《房地产估价师注册证》的人员。未取得《房地产估价师注册证》的人员，不得以房地产估价师的名义从事房地产估价业务"。

7.1.3　房地产付款方式

房地产市场通用的付款方式有四种：一次性付款、工程期付款、置换补差与按揭付款。

1. 一次性付款

一次性付款要求购房者付清定金后 10～30 天内补足所有房款。此种付款方式一般都能从售楼商处得到房价款的 5% 左右的优惠，一次性付款手续简便，房价折扣较高，但会占用大量资金。因此仅有少量的购房者倾向选择此种付款方式。

2. 工程期付款

工程期付款同样首先需交定金，十天内签约时根据各发展商具体要求付清 10％～30％房款，随后按照内装修完成、外装修完成、竣工、交房等工程进度的发展逐步付款，购房者基本在入住时，房款已付清。

3. 置换补差

置换补差的购房者将公有住房承租权有偿转让以后，便可再购进商品房。中间只需另向中介机构交纳一定手续费、评估费、咨询费等即可。目前虽只有少量的购房者采用此类方式，但其人数正呈上升之势。

4. 按揭付款

按揭为目前市场上最为常见的付款方式，即通常所说的房地产抵押贷款，银行按揭抵押贷款可以让购房者享受到真正的银行融资的优势，但办理手续较为严格。通常而言，按揭贷款的可贷额度占家庭月收入的 40％～50％，但贷款总额不得超过总房价的80％，贷款上限为 100 万元。个人申请按揭时，首先必须向银行提供发展商执照、许可证、预售批文等有关文件，个人持有的有效购房合同及意向书、个人身份证明。当银行审查通过后，发放"居民购房借款申请书"，然后签订合同、办理保险，一切手续完毕之后，银行根据借款人要求及时将款额划入发展商在银行的账户。按揭贷款根据市场上现行的贷款性质不同，又有个人住房公积金贷款、个人住房商业贷款、住房储蓄贷款、楼盘合作方式等。

另外，房地产市场的付款方式还有以租代售、以租还贷等。以租代售是指有意购房者的客户先租住，按月交租金，等租金总额达到当初议定的房屋总价（连本付息）时，房屋产权归客户所有。这种销售方式对发展商不利，所以按此种方式销售房屋的比较少，主要用于促销一些滞销的物业。以租还贷是指在贷款偿还期内，将所购商品房（现房）在一定期限内出租，用所得租金收入偿还贷款。

■ 7.1.4　房地产交易的形式

1. 房地产买卖

房地产买卖是房地产权利人自愿将其房屋及其附属设施连同相关土地使用权，按约定转让给买受人，由买受人接受并按约定支付价款的民事法律行为。房地产买卖是房地产流通中最基本、最常见的交易形式。房地产买卖必须采取书面形式，由买卖双方签订房地产买卖合同。同一般的商品买卖比较，有以下主要特点：

首先，买卖的房屋不作空间的转移，只能在权属上转移，变更房屋的使用权人或所有权人。

其次，房地产买卖的价款较大，一般可以分期支付，并可以办理银行按揭贷款等。

再次，房地产买卖必须履行法定手续，经房地产管理机关办理登记过户手续，否则无效。

2. 房地产租赁

房地产租赁是房屋所有权人作为出租人将房屋及其附属设施连同相关土地使用权提供给承租人使用，由承租人支付租金，并在租赁关系终止时，将承租房屋交还出租人的一种民事法律行为。在这种交易过程中，出让房地产使用权的一方为出租方，通过支付租金而获取房地产使用权的一方为承租方。随着城市流动人口的增加和城市经济的发展，房屋租赁已经成为房地产交易活动中最为活跃的交易行为。

3. 房地产赠与和继承

房地产赠与是指房地产权利人将自己拥有的房地产无偿转让给他人的民事法律行为。在房地产赠与中，将自己拥有的房屋所有权和该房屋占有范围内的土地使用权转让他人的人为房地产赠与人，接受他人赠与的人为受赠人。赠与人必须是房地产权利人，必须具有完全民事行为能力，可以根据自己的意志将属于自己的房屋所有权及土地使用权赠与其他公民、国家和集体组织或社会团体。房地产赠与虽是房地产的无偿转让，但既涉及价值巨大的不动产的产权变更，也是房屋所有权人和土地使用权人的变更，必须经房地产管理部门办理赠与和登记变更手续才能生效。当然，房地产赠与不能规避法律的规定，损害公共利益或他人的利益。

房地产继承是按照继承法规定的条件，继承人依法继承被继承人合法房地产的一种民事法律行为。继承分为法定继承和遗嘱继承两种。

4. 房地产典当

房地产典当是房地产使用权特有的一种流通形式，是房屋所有权人将其房屋连同该房屋占有范围内的土地使用权以一定典价转让给他人占有、使用和收益，并在典期届满时完好返还房屋并收回典金的民事活动。在房地产典当中，出让房地产收益权并取得典价的一方为出典人，受让房地产并支付典价的一方为承典人或典权人。虽然典和当是有区别的，但国内习惯将房屋典权称为房屋典当。

5. 房地产抵押

房地产抵押是指抵押人以其合法的房地产以不转移占有的方式向抵押权人提供债务履行担保的行为。债务人不履行债务时，抵押权人有权依法以抵押的房地产拍卖所得的价款优先受偿。房地产抵押是一种民事法律行为，其中提供房地产抵押物的一方是抵押人，享有债权并接受抵押物的一方是抵押权人。抵押人可以是债务人，也可以是第三人；抵押人和抵押权人均可以是自然人或法人，以及其他社会组织。抵押的本质特征是，当债务人超过抵押合同规定的期限没有履行债务时，其中包括债务人故意不履行和因其他原因无法履行的各种情况，法律规定的抵押权人可以拍卖抵押物并从中优先受偿。

6. 房地产交换

房地产交换，也称房地产互换，或房屋互易。房地产交换有利于房屋的合理使用，有利于解决房屋使用人在生活上的不便，也有利于减少城市交通压力。根据房地产交换的性质不同，分为两种：

一种是房地产产权交换，是指房地产权利人自己所有的房屋所有权连同该房屋占用范围内的土地使用权与对方的房地产实行产权交换的行为。

第二种是房地产使用权交换，是指房地产使用人对正在使用的房地产，通过与对方交换或多角交换使用权，使双方或多方都能使用合适的房屋的行为。

7. 房地产分割

房地产分割也称房地产析产或分产，是指共有房地产或公有房地产分割为各自所有的法律行为。如合伙析产、法人分立析产、兄弟姐妹析产等。另外，还有房地产权利人将自己拥有的房地产部分赠与他人而引起的房地产分割、数个继承人继承房地产而引起的房地产分割、夫妻离婚而引起的共有房地产分割等。

7.1.5 房地产成交时买卖双方应备文件

1. 卖方应备文件

（1）卖方合同的副本；（2）最后收到的税、水费、估价单据；（3）尽可能最后的水表、煤气表、电表等公用设施的使用数；（4）最近抵押利息付款的收据；（5）水灾保险单、责任保险单以及其他保险单的原始证明；（6）说明应支付利息及支付期限的抵押契据约合法证据；（7）合同可能需要的任何有关协议；（8）动产抵押权、裁决权以及将要交付或在产权交割前需支付的抵押的赎回；（9）列出承租人姓名，已付现金和未付现金数目、租金应支付期限以及未付租金转让等项目的清单；（10）租借权的转让；（11）承租人随后向买方偿付所有租金的证书；（12）所有权证；（13）如果卖方通过代理人进行交易，须持有卖方的授权书；（14）合同包括的私有财产出售的凭单；（15）卖方的最后契约；（16）影响所有权的任何未经记录的契约，包括延期契约；（17）卖方将移交的证书和其他契约。

2. 买方应备文件

（1）持有买方合同的副本；（2）获得产权说明书；（3）获得所有权报告书；（4）审查契约是否与合同相符；（5）比较产权界定；（6）了解契约是否真正生效；（7）持有充足的现金或保付支票支付合同需要；（8）了解必须转移的全部扣押权是否得以适当的处理；（9）掌握承租人姓名和出租细节；（10）获得未付租金和出租权转让的证书；（11）获得并参照已缩减的抵押情况审查其合法证据；（12）获得租约；（13）获得并审查卖方对代理人的授权；（14）获得合同包含的私有财产出售凭单；（15）审查鉴定；（16）了解所有权报告书上的任何约定，限制与承诺对所有权和财产使用是否有影响；（17）对合同中需要调整的地方即时进行调整；（18）要有未付税、公用设备或转让的凭单以及截止产权交割之日计算出的利润；（19）审查购买财产担保和实际执行情况是否相符；

（20）如果改良公共设备的投资已转让给买方，要有损失赔偿费；（21）获得包括延期契约在内的任何影响所有权的未经登记的契约。

7.2 房地产销售

7.2.1 预售商品房登记备案

商品房预售是指房地产开发经营企业将正在建设中的房屋预先出售给预购人，由预购人支付定金或房价款的行为。它是商品房销售或买卖的一种特殊方式，和商品房现楼买卖相比，有其独有的特征：销售的商品房仍在建设之中，有些还只能在图纸上看到，这和商品现楼实物展示销售不同；只有符合条件的房地产开发企业才有资格进行商品房预售，其他任何单位和个人不得预售商品房；在商品房预售过程中，预购方承担较大的风险，为此有必要对预售的条件作出严格的规定。

1. 商品房预售的条件

1995 年 1 月 1 日起施行的《城市商品房预售管理办法》第 5 条规定，商品房预售应当符合下列条件：

（1）已交付全部土地使用权出让金，取得土地使用权证书。

（2）持有建设工程规划许可证。

（3）按提供预售的商品房计算，投入开发建设的资金达到工程建设总投资的 25％以上，并已经确定施工进度和竣工交付日期。

（4）向市、县房地产管理部门办理预售登记，取得《商品房预售许可证》。开发经营企业预售商品房时，应向预购人出示《商品房预售许可证》。售楼广告和说明书必须载明许可证的批准文号。

2. 商品房预售许可制度

商品房预售实行预售许可制度。商品房预售条件及商品房预售许可证明的办理程序，按照《城市房地产开发经营管理条例》和《城市商品房预售管理办法》的有关规定执行。开发经营企业进行商品房预售，应当向城市、县房地产管理部门办理预售登记，取得《商品房预售许可证》。开发经营企业申请办理《商品房预售许可证》应当提交下列证件（复印件）及资料：

（1）开发经营企业的《营业执照》。

（2）建设项目的投资立项、规划、用地和施工等批准文件或证件。

（3）开发经营企业申请办理《商品房预售许可证》应当提供下列证件及资料：开发经营企业的营业执照；建设项目的投资主体、规划、用地和施工等批准文件或证件；工程施工进度计划；投入开发建设的资金已达工程建设总投资的 25％以上的证明材料；

商品房详细的预售方案；需向境外预售的，同时提交相关的批准文件。

3. 预售合同登记备案的程序

（1）收件：开发企业到交易管理科领取《商品房预售合同登记备案申请表》填写后，连同必须提交的下列证件、资料交收件人员收件：《商品房预售许可证》（复印件）；《商品房购销合同》一式三份；付款凭证（复印件）。

（2）审核：经办人员对预售合同、标的物有关情况进行认真详细的审核，提出审核意见。

（3）登记备案：经审核无误后，经办人员在《商品房购销合同》上都加盖登记备案章，同时在《商品房销售窗口表》上进行登记并将有关登记备案的内容录入电脑。

4. 商品房预售许可证申请

（附1 商品房预售许可证）

（1）适用条件：房地产开发企业申请商品房预售许可及申请免除预售资金监管。

（2）提交材料

1）商品房预售许可申请表；

2）授权委托书（原件）、企业法人营业执照副本（验原件留复印件）、开发企业资质等级证书（验原件留复印件）、国有土地使用权证书、土地使用权出让合同、地价款缴清证明、立项批文、用地批文（复印件经核对）；

3）建设工程规划许可证及经规划部门批准的总平面图和分层平面图（复印件经核对）；

4）有资质的测绘单位出具的商品房建筑面积预先测算成果报告（原件）；

5）商品房预售方案（附商品房销售合同文本）；

6）建筑工程施工许可证、开工备案表、建设工程施工合同、工程施工进度计划和经市国土房产局报备的白蚁防治合同（复印件经核对）；

7）土地或在建工程抵押的，须提供抵押权人的同意预售的意见；

8）已投入开发建设达到工程建设总投资（地价款除外）25%以上的工程投入证明，由开发企业、施工企业和监理公司共同出具；

9）商品房预售款银行监管协议书；

10）申请免除预售款行政监管的，提交申请报告及相关证明材料；

11）房地产开发企业资质证书、营业执照、法人代表身份证明、委托书、代理人身份证明。

5. 预售合同的签订

商品房预售合同，是预售人将未竣工但已经确定施工进度和竣工交付日期的商品房的房屋产权转移给预购人所有，而预购人按合同约定支付价款并接受该房屋产权的书面协议。商品房预售合同是一种诺成性合同，即合同的成立不以交付标的物为前提，只要预售人和承购人就合同的主要条款达成书面协议，则具有法律效力，产生合同的法律后果，合同双方当事人都应当履行合同规定的义务。

（1）商品房买卖合同应当明确以下主要内容：

1）当事人名称或者姓名和住所；

2）商品房基本状况；

3）商品房的销售方式；

4）商品房价款的确定方式及总价款、付款方式、付款时间；

5）交付使用条件及日期；

6）装饰、设备标准；

7）供水、供电、供热、燃气、通信、道路、绿化等配套基础设施和公共设施的交付承诺和有关权益、责任；

8）公共配套建筑的产权归属；

9）面积差异的处理方式；

10）办理产权登记有关事宜；

11）解决争议的方法；

12）违约责任；

13）双方约定的其他事项。

商品房预售合同还应当附有预购商品房项目及楼层平面图，并在平面图上标明预购人所购商品房的楼号、楼层和房号的位置。在购买尚未竣工交付使用但已取得《房地产预售许可证》的房地产时，签订预售合同；当购买已经竣工验收合格交付使用并办理了初始登记的房地产时，签订现售合同。

（2）签订购房合同时应注意的问题

1）首先要看开发商是否具备"五证"，即房地产开发证、国有土地使用证、该工程开发许可证、建筑工程规划许可证和商品房销（预）售许可证。签订规范的商品房买卖合同，最好请律师代理或介入，并要对合同进行公证，确认其法律效力；

2）使用规范的示范合同文本。许多开发商在签订正式的预售合同前会要求购房者签订一份《房屋定购协议书》，交一笔订金。这种行为并非购房的必经程序，往往会使购房者陷入订金纠纷。因此建议消费者直接与开发商签订商品房预售合同，这样购房者就有充分的主动权与开发商就合同的具体条款进行完全平等的协商；

3）查验有关证明文件。买期房要查看开发商是否有预售许可证，并要确认自己所购之房在预售范围内，同时预售方必须是取得预售许可证的开发商。买现房则要查看开发商是否具有该房屋的大产证和《新建住宅交付使用许可证》。此外要核对一下卖方的营业执照和房地产开发企业资质证书，要注意这些证照文件的单位名称是否一致；

4）买期房要注意建筑面积的约定。购房者在建筑面积约定时仅仅用多退少补，按实结算来约定面积问题时容易产生纠纷。在填写暂测面积时除了要填上总建筑面积外，也要将套内建筑面积和公用分摊面积填上。在没有约定的情况下，根据有关法规，建筑面积超过预售合同约定的，购房人可以不承担增加部分的价款，建筑面积不足预售合同约定的，开发商应将建筑面积减少部分的价款退还购房者；

5）买期房要约定交房条件和时限。所谓交房有两层含义：一层是房屋使用交付即实物交付；另一层是房屋所有权转移即产权过户。购房者应当在预售合同中对实物交付和产权过户均约定清楚。为避免处于尴尬法律状态，购房者不能接受未取得《新建住宅交付使用许可证》的房屋使用交付；

6）签约时要注意房屋质量问题。购房者在签约时，应认真推敲《商品住宅质量保证书》和《住宅使用说明书》两书的内容，并将质保书作为合同的附件；

7）签约时明确物业管理事项。合同中要确定前期物业管理公司，以及双方约定的物业管理范围和收费标准；

8）注意合同文本中补充协议的内容。补充协议通常由开发商起草，购房者应谨防有些开发商将示范合同文本中保护交易公平的条款通过补充协议加以取消，以减轻卖方的责任；

9）注意约定违约责任。承担责任的违约事项包括：签约后购房者要求退房、不按期付款；开发商卖房后要求换房，不按期交房；面积变动超过约定幅度；质量不符合要求；办理过户手续时不符合规定和约定等。消费者在约定时要注意违约责任的平等性。

（3）签约后应尽快办理的事项

1）办理预售登记（30天内至各区县房地产交易中心）；

2）办理商业性个人抵押贷款，把所需材料（身份证、个人收入证明、个人工作证明）准备齐全后，填好借款申请书、借款合同、商品房抵押合同（如是期房还需担保合同）及其他需要文件交银行审查。银行一般当天即可办好。办理公积金贷款，购房者还要提供公积金账号，需要2周时间。银行同意贷款后，办理公证、保险手续并缴纳相关费用；

3）领取公证书，到交易中心办理抵押登记手续；

4）将《房地产他项权利证明》及现房《房地产权证》交银行，银行接着发放贷款；

5）登记房屋交接书，办理入住手续；

6）到交易中心缴税（在签订房屋交接书后3个月内）；

7）办理产权证过户及领取房产证（30天内至各区县房地产交易中心）。

（4）签约购房合同后退房条件

1）开发商没有履行法律规定手续，不具备完备的法律文件，因此违反法律的禁止性规定或者违反社会公共利益，导致合同无效。依据有关规定，开发商销售房屋，必须已经履行了法律所规定的有关手续，报请行政主管机关批准，取得"五证"，即建设工程规划许可证、建设用地规划许可证、土地使用证、开工证、商品房销售或预售许可证。房屋已经建成的，还应当持有房屋所有权证书，尤其是开发商必须依法缴纳全部土地使用权出让金以取得土地使用权证书；

2）开发商采取欺诈手段，诱使置业者与其订立房屋销售合同，合同无效。如：开发商故意告知置业者虚假情况，如竣工日期、装修规格及质量标准等，或者故意隐瞒真实情况（很多情况下是其所开发项目的非法性），可以认定为欺诈行为，合同无效。这种情况主要发生在商品房预售行为中，其目的是吸引置业者抢占市场，弥补资金不足。常见的是开发商利用宣传材料或媒体，对房屋的特定事项或其他相关情况（公共设施、自然环境、文化环境等）进行不实或夸大的宣传，如果这些商业吹嘘具有清楚、明白的质量标准或实质内容，如"小区内商场、学校、医院等公共设施齐全"、"三分之一公共绿地面积"、"意大利进口材料高档装修"等，而实际情况并非如此，即构成欺诈。如果只是无实质内容，如"理想居所"、"置业首选旺地"、"升值潜力巨大"等则不构成欺诈。当然，是否认定欺诈行为在实践中存在不同的观点；

3）置业者与开发商订立的合同显失公平，可以请求法院撤销，要求退房。例如，某开发商与置业者订立的房屋预售合同规定，置业者应按规定的日期分期付款，逾期未付，经开发商书面催告 10 日后，仍未付款即视为违约，所有已交楼价款不予退还，开发商有权终止合同，并可将房屋另售他人，而对开发商的逾期交房却规定了种种详而不漏的免费事由。从这些条款中可以看出合同双方的权利、义务明显不对等，显失公平。对于此种合同，置业者可以在订立合同之日起一年内，请求法院予以撤销，法院判令予以撤销的，双方应恢复到订立合同之前的状态，即置业者有权退房，开发商应返还置业者所交付的楼款和定金及其利息；

4）开发商根本违约，置业者有权解除合同，并追究开发商的责任。

6. 预售合同网上的登记备案程序

（1）预售合同网上的登记备案程序

1）买卖双方确认合同条款，进行商品房预售合同网上签约；

2）房地产开发企业网上打印商品房预售合同，买卖双方在合同上签字、盖章；

3）开发企业在网上进行联机备案，并打印一式两份《商品房预售合同联机备案表》，盖章后交预购人一份，同时提供预购人一份商品房预售合同原件。

商品房预售合同联机备案手续应在 7 日内完成。房地产交易管理网将在预售项目的楼盘表上用褐色标识公示已联机备案的房屋。预购人可凭签约时设定的密码登录交易管理网查询预售合同备案情况。商品房预售合同网上签约、联机备案后，该房屋办理预告登记、转移登记时，房屋权利人与预售合同载明的预购人应当一致。

（2）因下列情况发生预购人变更的，当事人须持相关材料到市、区县建委（房管局）办理预售合同备案变更手续。

1）法院判决、仲裁机构裁决房屋转移的；

2）继承或遗赠；

3）离婚；

4）夫妻之间更名；

5）法律法规规定的其他情况。

办理预售合同备案变更后，市、区县建委（房管局）为当事人和房地产开发企业核发商品房预售合同备案变更登记表。

7.2.2 商品房现房销售程序

2001年6月1日起施行的《商品房销售管理办法》第3条规定，商品房销售包括商品房现售和商品房预售。该办法所称商品房现售，是指房地产开发企业将竣工验收合格的商品房出售给买受人，并由买受人支付房价款的行为。房地产开发企业应当在商品房现售前将房地产开发项目手册及符合商品房现售条件的有关证明文件报送房地产开发主管部门备案。

1. 商品房现售，应当符合以下条件

（1）现售商品房的房地产开发企业应当具有企业法人营业执照和房地产开发企业资质证书。

（2）取得土地使用权证书或者使用土地的批准文件。

（3）持有建设工程规划许可证和施工许可证。

（4）已通过竣工验收。

（5）拆迁安置已经落实。

（6）供水、供电、供热、燃气、通信等配套基础设施具备交付使用条件，其他配套基础设施和公共设施具备交付使用条件或者已确定施工进度和交付日期。

（7）物业管理方案已经落实。

2. 商品房预售合同登记备案制度的作用

（1）预售项目只有符合法律规定的预售条件，预售合同才能进行登记备案。登记备案前，登记部门会对开发商所售房屋的相关材料进行全面查阅，这是对开发商和预售项目合法性审查的一道屏障。

（2）同一套房屋已出售并且已办理了预售合同登记备案手续，如果开发商再将该房屋出售给第三人，则后一合同不能办理登记备案手续，今后也就不能办理房产证。这就防止了开发商的一房二卖。

（3）预售合同未办理登记备案手续的，不能办理房屋产权权属变更手续。预售合同备案登记作为前置程序，一定程度上保证了交易安全。

7.2.3　二手房销售程序

1. 二手房销售程序

流程一：接听电话，接听电话态度必须和蔼，语音亲切，通常客户在电话中会问及价格、地点、面积、户型、银行按揭等方面的问题，销售人员要扬长避短，在与客户交谈中，要设法取得我们想要的咨讯，如客户姓名、地址、联系电话、能接受的价格、面积、户型及对产品的要求等。将所有咨讯记录在客户来电表上。

注意事项：

（1）销售人员正式上岗前，应进行系统培训，统一说辞。

（2）要控制接听电话的时间，一般而言，接听电话以 2～3 分钟为宜。

（3）电话接听适应由被动接听转为主动介绍、主动询问。

（4）约请客户时应明确具体时间和地点，并且告诉他，你将专程等候。

（5）应将客户来电信息及时整理归纳，与现场经理及销售人员充分沟通交流。

流程二：迎接客户，客户进门，每一个看见的人都要主动上前迎接，并彬彬有礼地说"欢迎光临"，提醒其他销售人员注意。销售人员应立即上前，热情接待。通过随口招呼，区别客户真伪，了解客户类别和是否属于媒体公司。

注意事项：

（1）销售人员应仪表端正，态度亲切。

（2）接待客户一般一次只接待一人，最多不要超过两个人。

（3）若不是真正的客户，也应该注意现场整洁和个人仪表仪容，以随时给客户良好印象。

（4）不管客户是否当场决定购买，都要送客到营销中心门口。

流程三：介绍产品，了解客户的个人资讯。自然而又有重点的介绍产品（着重介绍二手房的环境、地理位置、房型等）。

注意事项：

（1）侧重强调二手房的整体优势点。

（2）将自己的热忱和诚恳推销给客户，努力与其建立相互信任的关系。

（3）通过交谈正确把握客户的真实需求，并据此迅速制定应对策略。

（4）当客户超过一个人时，注意区分其中的决策者，把握他们之间的相互关系。

流程四：购买洽谈，引导客户在销售桌前入座，在客户未主动表示时，应该立刻主动地选择一户作试探型介绍。根据客户喜欢的户型，在肯定的基础上，作更详尽的说明。针对客户的疑惑点，进行相关解释，帮助其逐一克服购买障碍。在客户有 70% 的认可度的基础上，设法说服他下定金购买。适时制造现场气氛，强化购买欲望。

注意事项：

（1）入座时，注意将客户安置在一个气氛愉悦，便于控制的范围内。

（2）个人的销售资料和销售工具应准备齐全，随时应对客户的需要。

（3）了解客户的真正需求。

（4）注意与现场同事的交流与配合，让现场经理知道客户在看哪一户。

（5）注意判断客户的诚意、购买能力和成交概率。

（6）现场气氛营造应该自然亲切，掌握火候。

（7）对产品的解释不应该有夸大虚构的成分。

（8）不是职权范围内的承诺应呈报现场经理。

流程五：带看现场，结合地理现状和周边特征，边走边介绍。尽量多说，让客户为你所吸引。

注意事项：

（1）带看路线应事先规划好，注意介绍沿线的整洁。

（2）同原房东做好协调工作。

流程六：暂未成交，将销售资料和海报备齐一份给客户，让其仔细考虑或代为传播。再次告诉客户联系方式和联系电话，承诺为其做义务购房咨询，对有意的客户再次约定看房时间。

注意事项：

（1）暂未成交或未成交的客户依旧是客户，销售人员应该态度亲切，始终如一。

（2）及时分析未成交或暂未成交的原因，记录在案。

（3）针对未成交或暂未成交的原因，报告现场经理，视具体情况，采取相应补救措施。

流程七：填写客户资料表，无论成交与否，每接待一位客户后，立刻填写客户资料表。填写重点为客人的联系方式和个人资讯、客户对产品的要求条件和成交或未成交的真正原因，根据成交的可能性，将其分很有希望、有希望、一般、希望渺茫四个等级认真填写，以便以后跟踪客户。

注意事项：

（1）客户资料应认真填写，越详尽越好。

（2）客户资料是销售人员的聚宝盆，应妥善保管。

（3）客户等级应视具体情况，进行阶段性调整。

（4）每天或每周，应有现场经理定时召开工作会议，根据客户资料表检讨销售情况，并采取相应的措施。

2. 二手房交易相关税收的办税程序

"二手房"交易，买卖双方均发生了纳税行为，有纳税义务，卖方需按下列程序办理涉税义务：

（1）卖房人涉及的税（费）种：营业税、城市维护建设税、教育费附加、堤防维护费、印花税、土地增值税、个人所得税。

（2）卖房人办税需提供的资料：房屋权属转移合同；原销售不动产发票或合法有效的付款凭证；原《房屋所有权证》；本人身份证明；主管税务机关要求提供的其他资料。

3. 二手房交易手续

（1）了解二手房产权状况。要求卖方提供合法有效的证明文件，包括产权证书、身份证件、资格证件以及其他证件。

（2）订立二手房买卖契约。二手房买卖双方通过协商，对房屋坐落位置、产权状况及成交价格达成协议后，买卖双方签订一份正式的房产买卖契约。

7.3　房地产转让

根据我国《中华人民共和国城市房地产管理法》第 39 条规定："房地产转让，是指房地产权利人通过买卖、交换、赠与，将其房地产转移给他人的行为。"有些法律行为虽不属典型的房地产买卖、交换或赠与，但依《中华人民共和国城市房地产管理法》第 40 条规定，也视同为房地产转让，这些行为主要是：

（1）以房地产作为出资，与他人成立企业法人的。

（2）一方提供土地使用权，另一方或者多方提供资金，合作开发房地产的。

（3）收购企业或者企业合并，房地产转移给新权利人。

（4）以房地产抵债的。

不论何种形式的房地产转让，都与房地产抵押和房地产租赁存在着一点根本区别，这就是，房地产转让后，原房地产权利人的权利一次性地全部转移给了受让人，即权利的让断性；房地产抵押只有在抵押权人实现抵押权时，才会通过转让而发生权利的让断；房地产租赁只涉及房地产使用权的流转，房地产所有权不存在让断之虞。

能够进行转让的房地产必须是合法存在的房地产，不合法的房地产禁止进入市场转让。为此，《中华人民共和国城市房地产管理法》第 37 条规定，下列房地产不得转让：

（1）以出让方式取得土地使用权，不符合转让的法定条件的。

（2）司法机关和行政机关依法裁定、决定查封或者以其他形式限制房地产权利的。

（3）依法收回土地使用权的。

（4）共有房地产，未经其他共有人书面同意的。

（5）权属有争议的。

（6）未依法登记领取权属证书的。

（7）法律、行政法规规定禁止转让的其他情形。

违反上述规定，转让不合法的房地产，有过错的当事人将承担相应的法律责任，转让合同也将因转让标的的不合法而无效。

商品房,主要是指由房地产开发企业开发建设,完全按市场方式定价、按市场方式交易产权完整的房屋。商品房的法律特征主要表现为:商品房占用范围内的土地使用权主要是以有偿出让方式取得的,1995 年 11 月 1 日《中华人民共和国城市房地产管理法》实施后开发的商品房,其占用范围内的土地使用权只能通过有偿出让方式取得;商品房的价格构成中除成本外,还包括开发者或使用者预期获得的利润;商品房一般都是 1988 年以后开发建造的较新房和新房,个别情况下还有一部分 1988 年以前建造的旧房;商品房中归个人所有或共有的部分房屋也可称为私房,即商品房的外延和私房的外延也有交叉。

1. 地产转让的条件

(1) 以出让方式取得的国有土地使用权,并取得土地使用权证书;

(2) 按照出让合同约定进行投资开发,属于房屋建设工程的,完成开发投资额的 25％以上,属于成片开发土地的,形成工业用地或者其他建设用地条件;

(3) 以划拨方式取得的国有土地使用权,除符合上述两条外,还必须补交出让金后方可转让;

(4) 农民集体所有的土地使用权不得转让,但是,符合土地利用总体规划并依法取得建设用地的企业,因矿产、兼并等情形致使土地所有权依法转移的除外。

2. 房地产转让的程序

依据 1995 年 8 月 7 日原建设部发布的《中华人民共和国城市房地产管理法》第 7 条规定,房地产转让,应当按照下列程序办理:

(1) 房地产转让当事人签订书面转让合同,这里包括了国有土地使用权转让合同、房屋买卖契约。我国国土和房产管理机关均制定有格式化的房地产转让合同,交易时,当事人可直接以标准合同为参照,议定相关的条款。

(2) 房地产转让当事人在房地产转让合同签订后 30 日内持房地产权属证书、当事人的合法证明、转让合同等有关文件向房地产所在地的房地产管理部门提供申请,并申报成交价格。

(3) 房地产管理部门对提供的有关文件进行审查,并在 15 日内作出是否受理申请的书面答复。

(4) 房地产管理部门核定申报的成交价格,并根据需要对转让的房地产进行现场查勘和价格评估。

(5) 房地产转让当事人按照规定缴纳有关税费。

(6) 房地产管理部门核发过户单,办理过户手续,领取房地产权证书。

违反房地产转让程序规定的转让行为无效,除非房地产管理部门同意补办缺少的手续,使转让行为的效力得以复归。

3. 商品房预售合同转让基本流程

（1）预购人将经交易中心登记备案的预售合同通过中介等渠道寻找受让人；

（2）签订预售合同权益转让书；

（3）预售合同转让登记备案。

4. 房屋在建工程转让基本流程

（1）房屋在建工程权利人向房地产管理部门提出在建工程转让申请；

（2）房地产管理部门对申请进行审核、批复；

（3）转让双方签订在建工程转让合同。

7.4　房屋租赁

房屋同其他商品一样具有使用价值和价值。由于房屋使用时期长，价值大，对消耗期限很长的商品就有可能把使用价值零星出卖。每次有一定的期限，即将使用价值出租。

房屋租赁程序：

（1）提出申请。租赁双方协商一致后向房地产交易管理部门提出申请填写《房屋租赁申请登记表》。

（2）实地勘察。租赁管理人员对出租房屋的产权、坐落面积、质量、安全等情况进行实地勘察、评估。

（3）签订契约。租赁双方签定国家统一的《房地产租赁契约》。

（4）租赁双方提交有关资料。出租方：①房屋所有权证或其他合法的权属证明。②有效的身份证明或户口本。③委托代管的房屋应提交房屋产权人委托代管证明。④共有的房屋，还应提交共有人同意的书面证明。承租方：有效的身份证明和户口证明。

（5）审核登记发证。租赁管理人员审核后，报经负责人复核审批、缴纳有关税费后，核发《房屋租赁许可证》。

■ 7.4.1　基本概念

房屋租赁，是指出租人将出租房屋提供给承租人使用并取得收益，承租人按约定支付租金，并在租赁关系终止时，将所租房屋交还出租人的一种民事法律行为。这里，出租人一般是房屋产权人，但不限于房屋产权人，产权人同意转租的承租人，经房主授权的房屋代管人也可以作为出租人。而产权人，也并非当然都能作为出租人，共有房屋出租的，必须经其他共有人的同意，房屋共有人中的一人才可以作为出租人出租房屋。

房屋租赁按照不同标准，可以作以下分类：

（1）按照出租房屋的所有权形式，分为公房租赁和私房租赁。公房，是指国家所有和集体所有的房屋，基本上可分为直管公房和自管公房两种。直管公房租赁，由房产管理部门与承租人签订公房租赁合同，自管公房租赁，则由全民所有制单位与承租人签订公房租赁合同。私房租赁，由房屋所有权人与承租人签订租赁合同，可以定期，也可以不定期，租金由双方协商确定。

（2）按照租期是否确定，分为定期房屋租赁和不定期房屋租赁。定期租赁，在租期届满之日终止；不定期租赁，房主可随时要求收回自住。

（3）按照出租房屋的用途，可将房屋租赁分为住宅用房租赁、办公用房租赁和生产经营用房租赁等。

（4）按照出租人的国籍和居留地区，可将房屋租赁分为国内房屋租赁和涉外房屋租赁。

■ 7.4.2　房屋租赁登记备案程序（图 7-1）

1. 领取表格并填写

（1）租赁当事人领取《房屋租赁合同》（一式三份）；

（2）租赁双方任何一方是法人的，领取《法定代表人证明书》（一份）。

2. 提交资料

（1）租赁当事人提交出租屋产权资料复印件，包括《房地产证》、购房合同、《宅基地证》、报建资料或其他有效的产权证明等，并提供原件核对；

（2）租赁当事人的身份证复印件（租赁当事人为个人的）或资格证明（租赁当事人为法人的，根据实际情况，提供营业执照或法人代码证、法人身份证、委托人身份证的复印件；法定代表人证明书、授权委托书、委托管理证明等的原件）；

（3）《房屋租赁合同》一式三份原件。

3. 审核资料

出租屋管理服务中心审核提交的资料是否齐全，审查该出租屋是否履行了义务。

4. 登记备案

出租屋管理服务中心审查后，对符合出租条件的予以登记备案；对不符合出租条件的，要求租赁当事人限期内整改，并将情况告知相关职能部门。租赁当事人领取已登记备案的租赁合同一式两份。根据《城市房屋租赁管理办法》的规定，房屋租赁实行登记备案制度。签订、变更、终止租赁合同的，当事人应当向房屋所在地直辖市、市、县人民政府房地产管理部门登记备案。当事人办理房屋租赁登记备案手续须依以下程序：

（1）房屋租赁合同当事人向房产管理部门提出申请。申请房屋租赁登记备案应当提交下列文件：①书面租赁合同；②房屋所有权证书；③当事人的合法证件；④城市人民政府规定的其他文件。出租共有房屋，还须提交其他共有人同意出租的证明。出租委托代管房屋，还须提交委托代管人授权出租的证明。

（2）房产管理部门对当事人提供的材料进行审核。

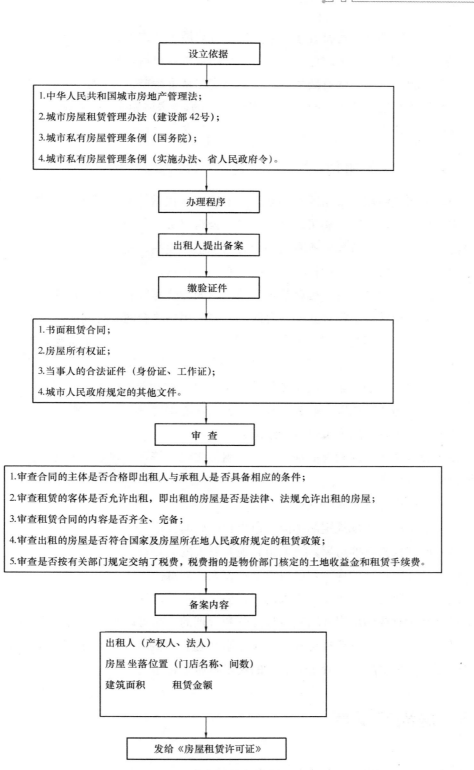

图 7-1　房屋租赁登记备案程序

（3）房产管理部门对符合条件的，发给《房屋租赁许可证》。当事人的房屋租赁申请经直辖市、市、县人民政府房地产管理部门审查合格后，颁发《房屋租赁证》。《房屋租赁证》是租赁行为合法有效的凭证。租用房屋从事生产、经营活动的，《房屋租赁证》作为经营场所合法的凭证。租用房屋用于居住的，《房屋租赁证》可作为公安部门办理户口登记的凭证之一。

7.4.3 公房租赁

公房是指城镇职工根据国家和县级以上地方人民政府有关城镇住房制度改革规定，按照成本价（或标准价）购买的公有住房。公房租赁是指公房所有人或管理人以出租人的身份，将国家所有或集体所有的房屋交给承租人使用、收益，由承租人向出租人支付租金的行为。与私房租赁相比，公房租赁有几个特点：

（1）出租的房屋公有，也就是公房的出租人为公房所有人或经营管理人。

（2）公房租赁也必须订立书面合同，且多采用格式合同。合同的主要内容一般由出租人单方面拟订，不与承租人进行协商，承租人要么接受，要么不接受，没有太大的选择余地。

（3）公房租赁的租金一般比较低，多有福利色彩。

（4）公房租赁的期限一般都比较长，如果住宅用房承租人在租赁期限内死亡的，共同居住两年以上的家庭成员可以继续承租。

按照我国法律法规的有关规定和公房租赁实践，符合下列条件的已购公房都可按照市场价格进行出租：

（1）已取得房屋所有权证；

（2）不是法律法规规定的不能上市出租的已购公房；

（3）所有权共有的房屋，已取得其他共有人的同意；

（4）已设定抵押的房屋，已取得抵押权人的同意。

经公房的所有人或经营管理人同意，公民个人可以将公房出租。公民、法人或其他组织对享有所有权的房屋和国家授权经营和管理的房屋可以依法出租。公房所有权单位或经营管理单位可以按照规定或者协议分享转租公房的利益。且承租人经出租人同意，可以依据《城市房屋租赁管理办法》的规定将房屋转租。

7.5 房地产抵押

7.5.1 房地产抵押的概念和特征

依《中华人民共和国城市房地产管理法》第 46 条的规定："房地产抵押，是指抵押人以其合法的房地产以不转移占有的方式向抵押权人提供债务履行担保的行为。债务人不履行债务时，抵押权人有权依法以抵押的房地产拍卖所得的价款优先受偿。"房地产抵押法律关系由三方当事人参与，即抵押人、债务人和抵押权人。当债务人以自有房地产设定抵押时，债务人同时兼有抵押人的身份。

房地产抵押的法律特征主要表现为：

（1）抵押的客体即抵押物，主要是房屋所有权和土地使用权，符合条件的预购商品房和在建工程可与占用的土地使用权一并作为抵押的客体。

（2）抵押是一种从属性的法律关系，它依存于所担保的主债权债务关系，主法律关系解除，从法律关系也不复存在。

（3）设定抵押的目的是保障债务人按期履行债务和债权人顺利实现债权。

（4）抵押的房地产在债权人依法定程序拍卖前，抵押人仍享有房地产所有权或使用权，只是这时的房地产所有权和使用权的行使受到了抵押权的制约和限制。

（5）房地产抵押的设定具有要式性。当事人必须订立书面抵押合同，并到法定部门办理抵押登记手续，抵押方可成立和生效。

7.5.2 房地产抵押登记

房地产抵押登记，是指房地产抵押合同签订后，由当事人将抵押合同在县级以上房地产管理部门进行登记的行为。房地产抵押登记是抵押合同生效的必要条件。

房地产抵押登记的程序如下：

（1）以土地使用权抵押的，抵押人和抵押权人应当在抵押合同签订后 15 日内共同到土地管理部门申请抵押登记；以土地使用权和地上房屋一体抵押的，根据 1997 年原建设部发布的《城市房地产抵押管理办法》第 30 条规定，抵押当事人应在抵押合同签订之日起 30 日内到房地产管理部门办理抵押登记。

（2）办理房地产抵押登记时，当事人应向登记机关提交下述文件：①抵押申请书；②抵押当事人的身份证明或法人资格证明；③抵押合同；④《国有土地使用证》、《房屋所有权证》或《房地产产权证》。共有房屋还必须提交房屋共有人同意抵押的证明；⑤可以证明抵押人有权设定抵押权的文件与证明材料；⑥可以证明抵押房地产价值的评估报告或其他资料；⑦登记机关认为必要的其他文件。

（3）登记机关对权属清楚、证明材料齐全的抵押申请，应当在受理登记之日起 15 日内作出是否准予登记的书面答复。

（4）对准予登记的抵押申请：①在单纯土地使用抵押时，登记机关在抵押土地的土地登记卡上进行注册登记，同时在抵押人土地使用证内进行记录，并向抵押权人核发《土地他项权利证明书》；②在房地产一体抵押时，登记机关应在原《房屋所有权证》和《国有土地使用证》或《房地产产权证》上作他项权利记载，由抵押人收执，并向抵押权人颁发他项权利证。另外，还应注意：土地使用权分割抵押时，由土地管理部门确定抵押土地的界线和面积；以预售商品房或者在建工程抵押的，登记机关应当在抵押合同上作记载，抵押的房地产在抵押期间竣工的，应当在抵押人领取房地产权属证书后，重新办理房地产抵押登记。

（5）抵押合同发生变更或者抵押关系终止时，当事人应当在变更或者终止之日起15日内，到原登记机关办理变更或者注销抵押登记。

（6）处分抵押土地使用权而取得土地使用权时，被处分土地使用权的受让方、抵押人和抵押权人应当在抵押财产处分后30日内办理变更土地使用权主体的登记手续；处分抵押房地产而同时取得土地使用权和地上房屋所有权的，受让方、抵押人和抵押权人应当自处分行为发生之日起30日内，到县级以上房地产管理部门办理房产变更登记，并凭变更后的房屋所有权证书向同级土地管理部门办理土地使用权变更登记。

■ 7.5.3　抵押房地产的处分

抵押房地产的处分，是指房地产抵押权设定后，在法定原因出现时，抵押权人可对抵押房地产的产权作出处置。抵押权人处分抵押人的房地产的法定情形或原因表现为：

（1）债务人到期不履行债务。当债务在合同规定的履行债务期限届满时未履行债务时，抵押权人才能行使抵押权，依法处分抵押房地产。这是抵押权人处分抵押物的常见原因或正常原因。

（2）作为抵押人的法人或者其他组织被依法宣告破产或者解散。抵押人在债务到期前或者承担担保责任之前破产、解散的，按有关程序进行财产清算，抵押权人在清算时可以向清算组织或法院主张处分抵押房地产，使债权优先获得清偿。当抵押人和债务人不统一，债务人破产、解散而抵押人未破产、解散时，抵押权人不得对抵押人提前行使抵押权，而应作为债权人先参加债务人的破产财产清算，该财产未能全部清偿债权的，才可依法行使抵押权。

（3）作为抵押人的自然人死亡或者被宣告死亡而无人代为履行到期债务；或者抵押人的合法继承人、受遗赠人拒绝履行到期债务的。

（4）抵押合同约定的抵押权人可以处分抵押物的原因出现的。抵押权人处分抵押房地产时，应当事先书面通知抵押人。抵押房地产为共有或者出租时，还应当同时书面通知共有人或者承租人，同等条件下，共有人或承租人享有优先购买权。

抵押权人处分抵押房地产或实现抵押权的方式有三种：折价、拍卖和变卖。抵押权人与抵押人对何时处分抵押房地产或以何种方式处分抵押房地产达不成协议时，抵押权人可以向人民法院提起诉讼，人民法院生效的判决书是抵押权人通过执行程序强制处分抵押房地产的依据。

处分抵押房地产时，可以依法将土地上新增的房屋与抵押财产一同处分，但对处分新增房屋所得，抵押权人无权优先受偿；处分划拨土地使用权的价款应先缴纳相当于土地使用权出让金的款额后，抵押权人方可优先受偿。

7.5.4 房地产抵押的基本流程

1. 土地使用权抵押流程

（1）债务合同（主合同）依法成立，为履行债务合同，抵押人提供其依法拥有的土地使用权作担保。

（2）抵押人与抵押权人签订土地使用权抵押合同（从合同），将依法取得的土地使用权设定抵押。

（3）抵押双方将抵押合同、债务合同及房地产权属证书等有关资料到房地产登记机关办理抵押登记。

（4）领取房地产其他权利证明及经注记的房地产权属证书。

（5）债务履行完毕，抵押双方向房地产登记机关申请办理抵押注销手续。

2. 建设工程抵押

（1）债务合同成立，抵押人提供其合法拥有的在建房屋及土地使用权作担保。

（2）抵押人与抵押权人签订抵押合同，将在建房屋及相应的土地使用权抵押，当债务不能履行时，抵押权人有权依法处分抵押物。

（3）抵押双方持债务合同（主合同），抵押合同及房地产权利证书，建设工程规划许可证等有关资料到房地产登记机关办理抵押登记。

（4）抵押权人保管房地产其他权利证明，房地产权利人领取经注记的建设工程规划许可证。

（5）债务履行完毕，抵押双方持注销抵押申请书、经注记的土地使用权证、建设工程规划许可证到房地产登记机构办理注销抵押手续。

3. 预购商品房期权抵押

预购商品房期权设定抵押应符合以下条件：①抵押所担保的主债券仅限于购买该商品房的贷款；②不得设定最高额抵押；③符合国家关于商品房预售管理的规定。

预购商品房抵押的基本流程为：

（1）商品房预购人与商品房开发经营企业签订商品房预购合同，并已交付部分房价款。

（2）持商品房预售合同到房地产登记机关登记备案。

（3）抵押权人与抵押人签订抵押合同。

（4）抵押双方持抵押合同及经房地产登记机构登记备案的商品房预售合同到房地产登记机关办理抵押登记。

（5）抵押权人保管其他权利证明，房地产权利人领取已经注记的商品房预售合同。

（6）债务履行完毕或贷款已经清偿，抵押双方持注销抵押申请书，其他权利证明及已经注记的商品房预售合同或房地产权利证书到房地产登记机关办理注销抵押登记手续。

4. 现房抵押

现房抵押的一般流程为：

（1）债务合同成立。债务人或第三者将自己依法拥有的房地产作担保。

（2）抵押双方签订抵押合同。

（3）抵押双方持抵押合同、房地产权利证书到房地产登记机构办理抵押登记手续。

（4）抵押权人保管房地产其他权利证明，抵押人保管已经注记的房地产权利证书。

（5）债务履行完毕，抵押双方持注销抵押申请书、房地产其他权利证明及已经注记的房地产权利证书到房地产登记机关办理注销。

■ 7.5.5 房地产抵押合同

房地产抵押合同一般应具备以下内容：

（1）抵押人和抵押权人姓名（或者名称）、住所；

（2）抵押物的坐落、用途、结构、面积、价值、四至范围；

（3）被担保的主债权的种类、数额；

（4）债务人履行债务的期限；

（5）抵押担保的债权范围；

（6）抵押当事人约定的其他事项。

7.6 实训作业

1. 简述房地产成交时买卖双方应备文件。

2. 王某决定购买期房一幢，在对该楼盘周围环境的考察后，他决定和该楼盘的开发商签订商品房预售合同，请同学们讨论下，在商品房预售合同中应当注明哪些内容和事项，以及在签订合同后领取房产证前应该办理哪些事务呢？

3. 在何种情况下需办理房屋租赁登记备案，具体的程序如何？

1. 参考答案：卖方应备文件：卖方合同的副本；最后收到的税、水费、估价单据；尽可能最后的水表、煤气表、电表等公用设施的使用数；最近抵押利息付款的收据；水灾保险单、责任保险单以及其他保险单的原始证明；说明应支付利息及支付期限的抵押契据约合法证据；合同可能需要的任何有关协议；动产抵押权、裁决权以及将要支付或在产权交割前需支付的抵押的赎回等。买方应备文件：持有买方合同的副本；获得产权说明书；获得所有权报告书；审查契约是否与合同相符；比较产权界定；了解契约是否真正生效；持有充足的现金或保付支票以支付合同需要；了解必须转移的全部扣押权是否得以适当的处理等。

2. 参考答案：商品房买卖合同应当明确以下主要内容：当事人名称或者姓名和住所；商品房基本状况；商品房的销售方式；商品房价款的确定方式及总价款、付款方式、付款时间；交付使用条件及日期；装饰、设备标准；供水、供电、供热、燃气、通信、道路、绿化等配套基础设施和公共设施的交付承诺和有关权益、责任；公共配套建筑的产权归属；面积差异的处理方式；办理产权登记有关事宜；解决争议的方法；违约责任；预购商品房项目及楼层平面图；双方约定的其他事项。签订合同后领取房产证前应办理的事项有：预售登记（30 天内至各区县房地产交易中心）；商业性个人抵押贷款，把所需材料（身份证、个人收入证明、个人工作证明）准备齐全后，填好借款申请书、借款合同、商品房抵押合同（如是期房还需担保合同）及其他需要文件交银行审查。银行一般当天即可办好。办理公积金贷款，购房者还要提供公积金账号，需要 2 周时间。银行同意贷款后，办理公证、保险手续并缴纳相关费用；领取公证书，到交易中心办理抵押登记手续；将《房地产他项权利证明》及现房《房地产权证》交银行，银行接着发放贷款；登记房屋交接书，办理入住手续；到交易中心缴税（在签订房屋交接书后 3 个月内），最后完成产权证过户及领取房产证就可以了。

3. 参考答案：在对出租屋管理服务中心审查后，对符合出租条件的予以登记备案。当事人办理房屋租赁登记备案手续须依以下程序：房屋租赁合同当事人向房产管理部门提出申请；房产管理部门对当事人提供的材料进行审核；房产管理部门对符合条件的，发给《房屋租赁许可证》。

第 8 章　房地产经纪实务

【实训目的】

增强学生在房地产经纪方面的实际运用能力，使其能够灵活运用相关技巧来应对经纪过程中的常见问题。

【实训要求】

了解房地产经纪的相关业务，房地产权属登记的类型与程序，房地产权属登记的时限与相关要求；熟悉房地产经纪业务的基本流程，房地产经纪合同的种类及其作用，影响房地产经纪业务成交的因素，房地产经纪业面临的主要行业风险，房地产权属登记的时限与相关要求；掌握房地产经纪业务的类型，房地产委托合同与房地产居间合同的区别，处理房地产经纪业务的技巧，房地产权属登记的类型与程序，房屋买卖、租赁经纪合同范本内容。

【实训内容】

（1）模拟房地产经纪业务的基本流程，房地产经纪合同的种类及其作用；

（2）房地产经纪业务的类型辨析；

（3）总结影响房地产经纪业务成交的因素及其面临的主要行业风险；

8.1　房地产经纪业务与基本流程

房地产经纪，是房地产中介服务中最主要和最典型的一项业务，它比较集中地反映了中介活动的本质特征。在现实生活中，房地产经纪业务与房地产中介服务体系中的其他各项业务是相互联系、互相渗透、相辅相成的。

8.1.1 房地产经纪业务的类型

房地产经纪业务类型的划分不是很复杂，但各种类型之间的边界有时也很难确定。一般的划分方法有以下几种：

1. 根据经纪人与委托人之间的关系列分

根据经纪活动中经纪人与委托人之间关系的不同业务一般分为：房地产居间、房地产行纪和房地产代理。

（1）房地产居间业务

房地产居间是指房地产经纪人作为中介人为委托方报告房地产成交机会或撮合委托方与他方成交，委托方给付一定报酬的商业服务活动。在房地产居间活动中，一方当事人为居间人（中介人），即房地产经纪人，另一方为委托人，即与居间人签订居间合同的当事人。相对人为委托人的交易方。委托人支付给中介人的报酬称为佣金。

房地产居间活动的特征：

1）房地产经纪人只以自己的名义替交易双方媒介交易，并不具体代表其中任何一方。因此，居间人没有代为订立合同的权利；

2）房地产居间业务范围广；

3）房地产经纪人介入交易双方的交易活动程度较浅；

4）房地产居间是一种有偿的商业服务行为；

5）房地产居间活动要求经纪人具有一定的房地产专业知识。

（2）房地产信托（行纪）业务

目前，我国政府房地产主管机关及房地产经纪业内均对房地产行纪尚有争议，但《中华人民共和国合同法》有关行纪合同的条款表明中国法律并未禁止行纪行为。而且，在房地产市场及房地产经纪活动中大量存在着类似于行纪活动的行为，如，房地产经纪机构收购开发商控制的商品房，并且在让渡、过户到自己名下以后，以自己的名义向市场推广和转让出售。

（3）房地产代理业务

代理是代理人在代理权限内，以被代理人的名义独立地实施一定的民事行为，所产生的法律后果直接归属于被代理人。代理关系涉及三方当事人：被代理人、代理人、代理行为的相对人。

代理的特征：

1）代理人是以被代理人的名义进行代理行为；

2）代理人在代理权限范围内独立进行代理行为；

3）代理人进行的民事活动的法律后果归属于被代理人。

上述三种业务中，房地产居间是房地产经纪活动最本质、最经常的服务行为，可分为房地产买卖居间、房地产投资居间、房地产抵押居间、房地产租赁居间等类型。目前存量房买卖中广泛存在房地产居间行为。相对于房地产居间而言，房地产代理的经纪人与委托人之间有更加长期且较稳定的合作关系。根据服务对象的不同，代理业务又可分为卖方代理和买方代理。委托人为房地产开发商、存量房的所有者或是出租房屋的业主的代理行为称为卖方代理；相对应的，受需要购买或承租房屋的机构或个人委托而进行的代理行为称为买方代理。代理人只能在委托人的授权范围内，以委托人的名义从事代理活动。

2. 根据房地产市场分级的方法划分

根据房地产市场分级的方法，房地产经纪业务又可以分为：土地交易经纪业务，商品房交易经纪业务和存量房交易经纪业务。

3. 根据房地产经纪所促成的房地产交易的不同方式划分

根据房地产经纪所促成的房地产交易的不同方式，还可以将房地产经纪业务分为：房地产买卖经纪、房地产租赁经纪、房地产抵押经纪等。

以上这些不同的房地产经纪业务涉及不同的房地产细分市场，形成的业务经营模式也不同，这就使得房地产经纪机构需要根据自身条件及行业竞争情况扬长避短地进行选择，从而形成房地产经纪行业内部的专业化分工。

8.1.2 房地产经纪业务的基本流程

房地产经纪业务流程见图 8-1。

1. 信息收集与传播

信息是客观事物的存在方式和它们的相互联系、相互传递，能够反映出事物存在方式和运动状态的内容。

房地产经纪人受理了委托业务后。主要应收集三方面的信息：标的物业信息、与标的物业相关的市场信息和委托方信息。

信息传播的主要内容是委托标的物和委托方的信息（主要在代理销售时）。传播方式可以通过报纸、电视广告、经纪机构店铺招贴、人员报介、网络、邮发函件等方式。

2. 房源与客源的开拓

房源和客源都是房地产经纪机构的资源，它们互为条件、互为目标，拥有数量越多、类型越多的房源与客源，经纪机构在市场中的竞争实力和地位也就越高。

房源开拓的渠道主要分为大业主和小业主两种。对于小业主一般通过报纸广告、路牌广告、派发宣传单张、电话访问、互联网、直接接触等方式；大业主主要是指房地产开发商、房地产相关行业、大型企事业单位、资产管理公司、银行等，一般主要是通过主动接触和个人（或专门工作小组）洽谈的方式进行。

客源开拓的渠道主要是通过广告（包括报纸、电视、网络、宣传单张、广播等各种媒体）、会员俱乐部、讲座等方式，通过有效的市场营销手段，建立良好的社会形象和更多长期和较为稳定的客户关系。

3. 业务洽谈

当委托人已有初步委托意向时，房地产经纪机构就要派出专门的经纪人员与其进行业务洽谈。

业务洽谈的首要环节是倾听客户的陈述，以充分了解委托人的意图与要求，衡量自身接受委托、完成任务的能力。

其次，应通过查验有关证件如身份证、公司营业执照、产权证、土地使用证、新建工程规划许可证以及施工许可证等来了解委托人的主体资格、生产经营状况及信誉。

第三，要向客户告知自己及房地产经纪机构的姓名、名称、资格以及按房地产经纪执业规范必须告知的所有事项。最后，要就经纪方式、佣金标准、服务标准以及拟采用的经纪合同类型及文本等关键事项与客户进行协商，达成委托意向。

4. 物业查验

物业查验的主要内容：

（1）物业的实物状况。

（2）物业的权属情况。

物业查验的基本途径：

（1）对房屋"身份"的查验。

（2）现场实地查勘。

（3）对相关人员的了解。

5. 签订房地产经纪合同

接受委托人委托，应签订委托合同（委托协议），委托合同也称经纪合同，具体形式应根据业务类型的不同而有所区

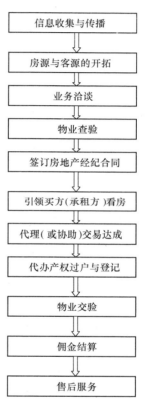

信息收集与传播

房源与客源的开拓

业务洽谈

物业查验

签订房地产经纪合同

引领买方（承租方）看房

代理（或协助）交易达成

代办产权过户与登记

物业交验

佣金结算

售后服务

图 8-1 房地产经纪
业务流程

别，如居间业务应签房地产居间合同，代理业务应签房地产代理合同。委托合同的当事人双方既可以都是自然人或法人，也可以一方是自然人另一方是法人。自然人必须具有完全民事行为能力。

作为委托人的自然人或法人对委托事务必须具备相应的权利能力，即只有委托人依法有权进行的事务才可委托他人办理，否则委托合同无效。

6. 引领买方（承租方）看房

由于房地产是不动产，现场看房就是房地产交易中必不可少的环节。无论作为买方代理，还是卖方代理，抑或是从事居间业务，房地产经纪人都有义务引领买方（承租方）全面查验标的物业的结构、设备、装修等实体状况和物业的使用状况、环境状况，

并充分告知与该物业有关的一切有利或不利因素。

7. 代理（或协助）交易达成

这一环节是整个流程中的关键。房地产经纪人在这一环节中的主要工作有以下两个方面：①协调交易价格；②代理或协助签订交易合同。

8. 代办产权过户与登记

房地产交易要么涉及房地产产权的转移（如买卖），要么涉及他项权利的设立（如抵押、租赁等），而房地产登记是保证这类权利变更有效性的基本手段。大多数情况下，房地产经纪人需代理客户办理各类产权登记手续。有时客户要亲自办理这类手续，房地产经纪人也应进行协助，如告知登记部门的工作地点、办公时间及必须准备的资料等。

9. 物业交验

物业交验是房地产交易过程中最容易暴露问题和产生矛盾的一环。房地产经纪人应在交易合同所约定的交房日之前，先向卖方（出租方）确认交房时间，然后书面通知买方（承租方）。此外，由于物业交接与签订成交合同之间常常有一个时间过程，难免有一些因素会在其间发生变动，因此如何就这些变动达成解决方案也是避免纠纷的重要环节。

10. 佣金结算

交易过程完成后，房地产经纪人应及时与委托人（或交易双方）进行佣金结算，佣金金额和结算方式应按经纪合同的约定来定。房地产经纪人在按时完成委托的经纪业务之后，也应善于把握好这一环节，以保护自己的合法权益。

以上业务流程中的各个环节，在不同经纪业务（如商品房销售代理、二手房居间）的实际操作时，相互之间可能会有一些交叉，有些则不能一次完成。房地产经纪人员可根据实际情况灵活掌握。但不应遗漏任何基本环节，以保证每笔经纪业务的顺利完成。

11. 售后服务

售后服务是房地产经纪机构提高服务，稳定老客户的重要环节。售后服务的内容可包括 3 个主要方面：

（1）延伸服务，如作为买方代理时为买方进一步提供装修、家具配置、搬家等服务；

（2）改进服务，即了解客户对本次交易的满意程度，对客户感到不满意的环节进行必要的补救；

（3）跟踪服务，即了解客户是否有新的需求意向，并提供针对性的服务。

■ 8.1.3　房地产经纪的相关业务

1. 房地产咨询

（1）房地产咨询的范围和作用

房地产咨询业务是直接为房地产开发、经营服务的，它的服务内容涉及面广。主要集中在信息咨询、决策咨询、工程咨询等方面。

具体而言，房地产咨询指在房地产开发及流通过程中，为客户提供信息、建议、策划、可行性研究等各种智能服务的活动。房地产咨询可以为房地产投资提供包括政策咨询、决策咨询、工程咨询、管理咨询在内的各种咨询服务，也可为房地产市场交易行为中的客户提供信息咨询、技术咨询等中介服务，是房地产经纪人重要的、而且是基础的相关性服务活动。

房地产咨询的作用主要体现在：

1）房地产咨询成果作为"软件"产品进入房地产市场，可以直接或间接地为客户创造价值，帮助房地产业主进行科学化决策，从而推动房地产业健康发展；

2）房地产咨询从业人员是一支专家队伍，他们不仅有丰富的房地产开发经营管理的理论知识，而且还懂得建筑、经济、金融、保险等多方面知识；

3）由于房地产咨询业的运作及发展，咨询业从房地产中介服务业中分离出来，使房地产业的分工更为合理。

（2）房地产咨询业务的基本流程

1）为客户提供建议

房地产咨询机构在进行信息收集和分析的基础上，根据客户的要求，为客户提供专家建议。由于咨询人员是客户企业的局外人，咨询专家可凭借自身的专业知识、经验和智力，以独到的分析洞察问题的能力，提出客观、不带偏见、没有顾忌到专家的意见。

房地产咨询机构不仅可为房地产开发企业的经营方针、经营目标、营销策划等重要问题方面提供咨询服务，也可以为业主（即购房者）提供购房指南，从市场行情、房改政策、楼盘位置、建筑质量、价格水平以及房产的增值前景以及物业管理等主要方面为房地产交易市场中的顾客或潜在顾客提供专家建议，消除购房者的后顾之忧。

2）为客户提供信息咨询服务

房地产咨询机构一般都拥有资料齐全的数据库以及随时为数据库输送信息和采集信息的渠道。收集到的信息经过专业咨询人员的筛选、整理、加工、分析，使无序的信息变成有价值的信息资源，随时可为不同的客户服务。

同时房地产咨询机构还得具有收集反馈信息的能力。房地产开发企业可委托咨询机构去收集，并对收集到的信息进行客观科学的分析，在向客户提供反馈信息的同时提出专家建议，提供预选方案，以便辅佐企业领导决策。

3）为客户进行市场调研与预测服务

房地产开发企业可以委托咨询机构对某个房地产市场或对某类住房需求量进行预测，房地产咨询机构的专业人员就会运用其自身的能力及科学手段，通过调查所获得的有关数据。如人口、职业、收入、现居住面积、户型楼层、配套设施、环境、价格等进行调查，收集信息并进行加工整理，最后提出建设性意见，为客户的决策提供咨询服务。

4）为房地产项目提供咨询服务

为房地产项目提供咨询服务包括两方面的内容：

一方面是对与咨询机构和客户有关的第三方提出咨询项目要求后所进行的项目咨询服务；另一方面内容，指对房地产开发项目实施前期（包括可行性论证、设计咨询等）和实施阶段（工程项目管理咨询——相当于我国的监理）以及竣工验收后的物业管理阶段（物业管理咨询、房地产销售咨询等）的咨询服务。

（3）房地产咨询的服务方式

房地产咨询的服务方式基本上可分为三类：

1）直答式服务方式

直答式服务方式，指客户提出需要咨询的问题，由咨询机构中的咨询专家（或人员）给予口头或书面的直接答复。这也是房地产咨询机构中最常见的一种咨询服务方式。

2）网络式服务方式

这类服务方式起源于 20 世纪 50 年代，主要在西方发达国家。目前已成为普遍运用并具有代表性的服务方式。其优点是使咨询服务更具广泛性、时效性、可靠性及实用性。

3）项目式服务

这种服务方式一般有两种形式：一种是由客户提出项目，房地产咨询机构根据客户要求，进行调查、研究、论证、回答客户项目中提出的各种问题，如开发计划的咨询、评价开发可行性咨询、工程项目许价咨询、工程计划研究咨询、招投标咨询等。另一种是由咨询机构（人员）向客户提供咨询项目，内容由客户自行选择。

2. 代办产权过户登记及权证

3. 协办个人住房贷款

（1）个人住房贷款的种类

目前，我国个人住房贷款根据所贷款项来源的不同主要有四种形式，即公积金贷款、住房抵押贷款、住房储蓄贷款和其他担保住房贷款。其中公积金贷款属于政策性贷款，后三种均属于商业性贷款。

（2）还贷方式

1）等额本息还款法

借款人每月以相等的金额（分期还款额）偿还贷款，其中每期归还的金额包括每期应还利息、本金（按约定一般为先还利息，再还本金），按还款间隔逐期偿还，在贷款截止日期前本息全部还清。

2）等额本金还款法

借款人每期偿还相同的本金，同时付清本期应付的贷款利息。

（3）办理住房抵押贷款的相关费用

由于各地住房抵押贷款手续所需费用都有所不同，在计算相关费用时，应以当地的实际情况为准。如：苏州市住房抵押贷款手续的相关费用为抵押保险费，费率视贷款年限长短在 0.2‰～0.39‰。

8.2　房地产经纪合同及相关费用

■ 8.2.1　房地产经纪合同的概述

1. 房地产经纪合同的概念

房地产经纪合同属于服务合同的范畴，是当事人房地产经纪人一方为促成委托人与第三方订立房地产交易合同而进行联系、提供信息、介绍房地产性能特点等活动而达成的，具有一定权利和义务关系的协议。

根据房地产经纪业务内容的不同，房地产经济合同可以分为房地产居间合同、房地产信托（行纪）合同、房地产代理合同三种不同的形式。

（1）房地产居间合同

房地产居间合同也称为房地产中介合同、中介服务合同，是房地产居间人（又称中介人）与委托人订立的、旨在实现委托人委托事项的权利和义务关系的协议。

房地产居间合同的特点：

1）居间合同的主体是居间人和委托人；

2）居间合同的标的是实现委托人委托的事项；

3）居间合同具有自身特有的权利义务关系。

（2）房地产代理合同

房地产代理合同是指依照房地产交易双方当事人的约定，受托人为委托人处理房地产交易事务及相关事宜的合同（协议）。在房地产代理业务中，委托人为业主或开发商，受托人为房地产经纪人。房地产经纪人与业主订立委托合同，确立了代理关系后，房地产经纪人即成为代理商。代理商的代理资格是通过签订委托合同确立的，这是一种典型的委托代理形式。当然，代理商与业主签订委托合同后，具体的代理权限还须由业主以《授权委托书》的形式明确具体的代理权限。如果是全权代理还须填写《特别授权委托书》。委托合同并不能代替《授权委托书》，二者不能等同。委托合同是一种双方行为，而授权委托书是单方法律行为。委托合同用以确立代理关系，而《授权委托书》用以明确具体的代理权限。

（3）房地产信托（行纪）合同

信托合同，是指行纪人受信托人的委托，根据信托人的要求，以自己的名义为信托方办理代购、代销等事务，并收取酬金的协议。委托他人为自己办理购、销、寄售等事务的人称为信托人；行纪人，是指接受委托并以自己名义为信托人办理购、销、寄售等事务的人。

一般情况下，房地产经纪合同由委托方提出需要经纪人完成的任务，经纪人在完成合同约定的任务后由委托人支付报酬。

房地产经纪合同应包含四个方面的内容，即：交易标的价值、当事人各自的责任以及希望履行的标准、对经济风险及当事人对风险造成损失的分担的事先约定、对履约过程中发生障碍的处理办法。同时，行为规则还包括订约、效力、履行、变更、解除、终止、责任等方面的规则内容。从民事关系而言，合同的内容是指当事人的权利和义务；从法律文书而言，合同的内容是指合同的条款。从这个意义上讲，房地产经纪合同的内容就是指经纪合同的条款。

2. 房地产经纪合同的主要条款

房地产经纪合同的内容由当事人约定，具体的内容根据当事人不同需要会有所变化，但合同的主要条款是具有共性的，一般应当包括以下几个方面。

（1）当事人的名称或者姓名和住所

当事人是合同的主体，没有主体，合同就不成立。主体不明确，其权利义务关系就无法明确。房地产权利人的主体与委托房地产经纪人提供劳务服务的经纪合同的主体是有一定区别的。房地产权利人可以是有民事行为能力的成年人，也可以是无民事行为能力的未成年人和成年人。当然，委托人无民事行为能力在订立经纪合同时，应由其法定代理人代理。因此，订立经纪合同时，应当明确主体关系，使合同履行具备法律效力。

（2）标的

合同的标的是合同法律关系的客体。没有标的，合同的权利义务就失去目的，当事人之间就无法建立合同关系。合同的条款中应当清楚、明确标明合同的客体。在房地产经纪合同中对标的（即房地产）的描述应当清楚、明了，并明示主客体关系（即当事人与标的的关系）的各项内容。

（3）服务事项和服务标准

这一条款是表明房地产经纪人的服务能力和服务质量的条款，也是体现房地产经纪人能否促使合同得以履行的主要条款。服务的事项和标准应当明确，不明确是难以保证合同得到正常履行的，这是必须明示的条款。由于劳务活动的不确定性，该条款在合同的履行过程中经常会受到委托人的争议或在进行中协商、补充，使合同的内容得到调整。

（4）劳务报酬或酬金

酬金是完成服务的价款，也是提供劳务服务的代价。房地产经纪合同是有偿合同，酬金及酬金的标准是合同的主要条款，也属于合同的明示条款。

（5）合同的履行期限、地点和方式

履行期限直接关系到合同义务完成的时间，同时也是确定违约与否的因素之一。一般当事人应当在房地产经纪合同中予以约定。履行的地点和履行的方式也应当在合同中予以明确。

（6）违约责任

违约责任是当事人违反合同约定时约定承担的法律责任。违约责任条款有利于督促当事人履行合同义务，保护守约方的利益。合同条款中应当明确违约责任。合同中没有约定违约责任的，并不意味着违约方不承担违约责任。违约方未依法被免除责任的，守约方仍然可以依法追究其违约责任。

（7）解决争议的方式

争议的解决方式是当事人解决合同纠纷的手段和途径。当事人应当在合同中明确选择解决合同争议或纠纷的具体途径，如通过仲裁或诉讼。当事人没有作明确的选择，则应通过诉讼解决合同纠纷。

8.2.2　房地产经纪服务的相关费用

1. 房地产经纪人的报酬

房地产经纪人作为独立的经济活动主体，他们所提供的中介服务必须是有偿的。房地产经纪人中介活动的有偿性是通过房地产交易委托人所支付的劳动报酬来实现的。

房地产经纪人获取报酬的形式通常有两种：佣金和差价。

2. 佣金

佣金是房地产经纪人获取报酬的一种普遍形式，也是一种既合理又合法的报酬形式。

（1）佣金的概念

经纪人在为委托人提供订约机会或充当订约介绍人、完成委托的中介服务后，由委托人支付的劳动报酬，在法律上叫佣金。

房地产经纪人所提供的中介服务，实质上是一种劳务商品，因而佣金实际上就是这种劳务商品的价格。

（2）佣金的形式与比例

在实际的操作中，佣金的支付形式通常有几种类型。

一种类型是：将所有费用都包含在佣金中，此时，佣金的比例比较高，按现时的行情一般占交易总额的 3%～5%；

另一种类型是：佣金中不包括经纪费用，委托者除支付佣金外，还要支付经纪人提议且委托人同意的广告、策划、展销会等费用，此时佣金比例下降至1%～3%。

（3）佣金费率的确定

目前，我国房地产经纪人的收费标准和收费办法五花八门，没有统一的收费标准和收费办法。现实经纪活动中，房地产经纪人收取佣金通常是以房地产成交金额的大小为依据，再适当考虑中介活动的繁简情况以及经纪人所承担义务的多少来确定。虽然国家没有规定佣金率的上限，但在房地产交易领域里基本上形成了一个惯例性的比率范围，即房地产交易佣金率一般为3%～10%。经纪人收取报酬的方式，有房地产交易委托人单方支付的，也有交易完成后由交易双方共同支付的。

（4）影响佣金数量的因素

房地产经纪人的佣金数量主要受四个方面因素影响：

1）地方政府的房地产管理部门会公布一个供参考的佣金率表；

2）在房地产经纪业市场上，不同时期因供求关系，也会形成一个佣金率水平；

3）不同房地产的销售难度不同，是确立佣金的重要因素；

4）佣金数量还要视经纪人提供的服务数量而定。

另外，佣金支付的形式与条件通常是在雇佣合同中规定的。大多数情况下，是在房地产产权转让后支付佣金。因此，经纪人很可能在许多未成交的交易中虽然花了大量的时间和费用，但得不到佣金。

3. 差价

房地产经纪人受房地产卖主的委托销售房地产，而卖主不提前支付任何报酬和费用，只以底价告之经纪人，若经纪人以高出底价的卖价出售，则高于底价的差价就作为房地产经纪人的中介服务报酬。由于房地产交易的数额都比较大，以这种形式获得报酬的房地产经纪人赚取的数额一般也比较大，但收入缺乏固定性，不利于国家有关部门对经纪人的管理和控制。

8.3 房地产经纪业务的促成

8.3.1 影响房地产经纪业务成交的因素

1. 物业因素

（1）物业现状

从房屋的物质组成来说一般分为四个方面，即：①房屋建筑材料，包括钢材、水泥、木材、砖瓦、塑料、玻璃、轻质材料等；②房屋建筑地基，包括宅基地及地基；③房屋内设施，包括水、电、煤、卫、空调、取暖等附属设施设备；④房屋外部环境，包括地理位置、道路交通、文化娱乐、生活服务。

（2）房屋展示

物业本身的状况是影响交易的重要因素，因此，房屋展示是影响经纪业务成交十分重要的因素。

1）创造有利的成交条件

房屋是一种个性化很强的商品，交易经常会因为客户的个人偏好而导致原本较好的物业一样也会很难成交。因此，经纪人应在掌握被交易物业状况的基础上，协助委托人尽力创造有利的交易条件。

2）引导客户看房

房地产经纪必须做双向沟通的工作，既要为委托人服务，也要了解预购房者的要求、愿望、职业、个人偏好、家庭成员等相关资料，并如实地介绍房屋和周边条件等。

（3）物业产权现状

房地产交易中最本质的内容是产权交易，权属过户。因此，产权的真实、合法、清晰是成交的前提。

1）产权是否真实存在

有房屋存在，不一定就有产权存在。这类房屋要成交是很困难的。只有合法进入市场的住宅房，才能具有国家承认的产权，也才能是真正属于购房者的合法房产。

①违规开发房。对此，购房者不仅要看房屋的价格、地段，更要落实销售商是否拥有销售许可证，能否及时获得产权证，否则，再便宜的价格、再好的地段都不能买。

②城市联建房。对于个人购房者若要购买联建房，应弄清该房是否交纳了土地出让金，有无土地使用证、开工许可证、商品房销售许可证及有关手续；同时要弄清产权的归属，能够拥有个人产权，才能真正拥有对房屋的支配权。

③村镇联建房。受土地所有制的限制，一般均不大可能进入市场交易。也就是说，购房者若是购买了这类住宅是无法办理和取得产权证的。

2）产权是否合法

房地产转让最主要的特征是发生权属变化，即房屋所有权与房屋所占用的土地使用权发生转移。《城市房地产管理法》及《房地产转让管理规定》都明确规定了房地产转让应当符合的条件。

①司法机关和行政机关依法裁定、决定查封或以其他形式限制房地产权利的。

②依法收回土地使用权的。

另外还有伪造房地产权证的情形。

3）产权是否登记

产权登记是国家依法确认房地产权属的法定手续，未履行该项法律手续，房地产权利人的权利不具有法律效力。因此也不得转让该项房地产。

4）产权是否完整

①共有房地产，未经其他共有人书面签署意向的。共有房地产，是指房屋的所有权、土地使用权为两个或两个以上权利人所共同拥有。共有房地产权利的行使需经全体共有人同意，不能因某一个或部分权利人的请求而转让。

②设有抵押权的房屋在未解除抵押之前，业主不得擅自处置。

③公房、房改房、各种国家和政府投资的房屋在产权转移时，多少都会存在着一定的限制。

5）产权是否有争议和纠纷

转让该类房地产，可能影响交易的合法性，因此在权属争议解决之前，该项房地产不得转让。有债权债务问题存在，房地产可能会有较多纠纷问题存在，如拍卖所得房屋就容易有纠纷存在。而涉及婚姻、继承等状况的房地产也会使产权转移变得复杂。

2. 委托人及其客户因素

(1) 卖方与业主

1）资格

经纪人在口头报盘后，应首先注意做好对客户身份的核实，核对客户提供房产产权状况的调查，应到现场查勘，确认产权人和交易产权的真实性与合法性，在此基础上再联系合适的买者对此进行推广。

2）确认客户的真实意愿

是否出售或出租，经纪人要学会使用有效的手段及方式确认，如通过签订委托书或协议的方式加以检验和确认。当然委托书不等于买卖合同文本，在形式和内容上均应与严格的买卖合同有区别。

3）需求

一般来说，这种需求主要表现在：好的价格（其中，卖方关心单价，是与买入价比较，或与现时行情比较；关心总价大多是为了重新购买新的房产，或是用于其他的目的，或是为了还债）、较快的成交速度、贷款保证等。对于出租方，业主的关注点更多地表现在押金、租期、续约等方面。

4）尊重和利用顾问

客户为了使交易对自己有利，或鉴于自己知识与经验的局限，往往会请一些专家、业内懂行的人士或是亲朋好友协助咨询或谈判，经纪人对此应有足够的沟通和尊重，如果能做到使顾问成为促进交易的扒手，至少在这一点上是成功的。

(2) 买方与承租人

1）需求与支付能力

房地产经纪人应学会和掌握引导需求的能力，以期提高谈判和协商的效率和成交率。

2）出资人与受益人

房地产经纪人应关注受益人的身份，以便为客户做好参谋。

3）律师的作用

房地产经纪人应学会与代理律师的沟通，并适当掌握必要的法律知识，叙述、介绍应做到严谨、不兜圈子。

（3）房地产经纪人因素

房地产经纪人自身的业务素质与能力在很大程度上制约着经纪业务的成交量，因此，房地产经纪人必须清楚地明白房地产经纪人业务的特点，并形成良好的职业习惯和服务意识，在遵循经纪服务原则的基础上，展开业务。

1）房地产经纪人以居间为职业特征

2）房地产经纪人的业务特点

①卖出者的委托经纪人，以卖出者拥有房地产的所有权为前提。

②从事房地产经纪业务必须具有足够的耐心。

③根据房地产的不同使用价值寻找交易对象。

④经纪业务必须从信息的传递开始。

⑤房地产交易合同要明确产权关系。

⑥房地产经纪人的服务可延伸性强。

3）房地产经纪人的服务意识

房地产经纪人服务的层次

房地产经纪人的服务作为一个整体的概念，从理论上可以概括为三个层次：产品的核心层、产品的有形层和产品的延伸层。

4）房地产经纪人服务的动态变化性

这就要求房地产经纪人从经纪服务整体的概念出发，融服务的质量、价格、广告、公共关系及经纪人自身的信誉与经纪服务于一体，以市场营销的观念进行决策和提供服务。

（4）房地产经纪企业

1）规范管理

规范的管理反映在多个方面。就经纪企业公共的营业场所应能做到下列文件公开：①合法经营的文件，包括工商营业执照、税务登记证。②房地产经纪资质证书，包括房地产经纪人员的从业资格证、经纪企业的资质证书。③业务规章流程，包括经纪服务流程、服务制度。④服务收费标准，费率及不同情形下的收费标准，哪些收取服务费，哪些属于免费，均应注明。

2）形象管理

房地产经纪企业的形象一般主要反映在企业的经营形象的展示、员工着装及举止等方面。

3）协作精神

房地产经纪企业中各经纪人之间应建立良好的诚信关系和真诚的协作关系，一切恶性的竞争都将损害大家的利益。

4）自我防范

自我防范主要是有效防止"同业援盘"和"顾客跳单"两个方面。

■ 8.3.2 房地产经纪业面临的主要行业风险

1. 顾客的因素

顾客因素最显著的是"跳单"。所谓"跳单"，就是指在房地产交易过程中买卖双方为逃避咨询费，而在接受经纪人咨询、带客户看房服务后而避开中介进行私下成交的行为。

另一种由顾客造成中介公司损失的原因就是，业务办理完了，顾客却否认或拒绝交付中介费用，从而造成公司的损失。

2. 管理机制的因素

管理机制的因素主要包括包括两方面：①政府管理职能不清；②行业协会的作用不显著。

3. 政策法律因素

政策法律因素主要体现在：① 法制不健全，主管部门监管乏力；② 行业标准难界定，主导权不明。

4. 行业发展因素

信用问题和利益分配不均则是房地产经纪行业面临风险的主要行业发展因素。

5. 企业内部的因素

主要包括：①资金实力不足；②员工的敬业精神；③内部资源的流失和分解。

■ 8.3.3 处理房地产经纪业务的技巧

1. 寻找客户的技巧

（1）间接方法：①私人交往；②浏览报纸；③登记档案；④联系老客户；⑤召开小型交流会。

（2）直接方法：①广告传播；②直接投寄；③上门拜访。

2. 考察客户的技巧

需要考察客户：财政状况和客观状况。

3. 接待客户的技巧

（1）房地产服务的 5s：快速（Speed）；微笑（Smile）；真诚（Sincerity）；机敏（Smart）；研学（Study）。

（2）顾问式服务法：①符合客户心理的应对法。②提供实际的房地产知识作为借鉴。③信心十足地推介。④以体验性的方式说服顾客。

（3）推销与促销技术：①把握客户心理动态，因势利导促进成交。②适时采用适当的价格策略。③需求调查。④把握成交契机，密切留意客户反映，及时给予确认和巩固。

（4）心理战术技巧

1）针对由于家庭纠纷、夫妻离婚、子女分家等而导致的"一分为二"的住户求分不求好的心态，即使你只有两套不理想的住房，也必能换到对方的一处好房。

2）有的换房者出于照顾父母、上班较近及交通便利等原因，往往愿意放弃许多优势，经纪人只要善于抓住这种机会，必能使换房换得合算、满意。

3）换房时对住房层次的考虑，是因人而异的，一般来说，青年人喜欢"居高"，而老年人侧重于"居低"，经纪人在进行中介业务时，必须针对性予以考虑。

4）妥善掌握双方对价格因素的考虑，不要太急，也不能太迁就，否则，相互的价码会发生倾斜和变动，甚至不欢而散。

（5）谈判的策略与技巧

1）谈判前的心理准备：①谈判前要有充分的心理准备，增强取得谈判成功的信心。②对谈判的艰巨性要有充分的心理准备。③参加谈判前要排除其他心理因素的干扰。

2）注意掌握谈判的进程，包括开端、发展、高潮、结束四个阶段。

3）经纪人交易谈判策略：①谈判的态度策略：a. 不可忽视第一印象。b. 不可随意动摇自己的谈判立场。c. 什么都答应，可能就什么都没有。d. 不要把对手当傻瓜。e. 礼貌地"保留"，以守为攻。②谈判的条件策略：a. 以守为攻。b. 摸清临界价格。c. 设上下限标价。d. "吹毛求疵"。e. 以变应变。f. 促成谈判。g. 谈判策略的弹性运用。

8.4　房地产产权登记与发证

8.4.1　房地产权属登记的类型与程序

1. 进行房地产权属登记是取得产权证的前提

房地产产权登记，也称房地产权属登记，是指土地使用权、房屋所有权和房地产他项权利的登记。我国房地产产权登记制度是按照《城市房地产管理法》的规定，履行登记手续，将产权状况记载于政府特定的簿册上的制度。

当今世界，以不动产登记制度为核心，根据权属登记的内容和方式的不同，各国房地产权属登记制度可分为两大类，即契据登记制度和产权登记制度。

我国现行的房地产登记制度，类似于德国式登记制。兼采托伦斯登记制，但又有自己的特点，概括起来主要表现在以下几个方面：

（1）房地产登记由不同登记机关分别登记。

（2）房地产权属登记为房地产权利动态登记。

（3）房地产权属登记采取实质性审查、登记。

（4）房地产权属登记具有公信力。

（5）房地产权属登记实行强制登记制度。

（6）颁发权利证书。

2. 房地产权属登记的种类

房地产权属登记，也称为房地产产权登记。按照登记原因的不同分类，我国目前可分为七类：总登记、土地使用权初始登记、房屋所有权初始登记、转移登记、变更登记、他项权利登记、注销登记。

（1）总登记

总登记一般是指以下三种情况：1）从未进行过登记，没有产权产籍资料；2）需要全面核实，换发房地产产权证；3）由于历史的原因，造成产权产籍管理的混乱，需要进行重新整理登记。

总登记是一项涉及面广、工作量大的登记工作，一般由县级以上人民政府批准开展。登记机关认为需要时，可对本行政区域内的房地产权属证书进行验证或更换。进行总登记或验证一般应于规定期限开始之日 1 个月前，由登记机关公告通知。

公告应包括以下内容：1）登记或验证区域；2）申请期限；3）受理申请地点；4）办理登记的程序要求。

（2）土地使用权登记

按照国家土地管理局有关土地登记的规定，国家土地使用权的权属登记分为初始登记、变更登记两种。

所谓初始登记，是指在一定时间内，以出让或划拨方式取得土地使用权的，权利人应申请办理土地使用权初始登记。申请土地使用权初始登记时，权利人应提交批准用地、土地使用合同等有关证明文件，包括：在依法取得的房地产开发用地上新建成的房屋应凭土地使用权证书，申请房屋所有权登记；其余新建房屋凭用地证明，申请房屋所有权登记。

所谓变更登记，是指在初始登记之后，因土地使用权转让、转移或者因所设定的他项权利以及土地的主要用途发生改变而随时办理的登记。变更登记只是对初始登记的某些内容的改变，在程序上两种登记的过程基本一致。

国有土地使用权登记主要事项有以下八项：

1）土地使用者情况。土地使用者是指依法获得国有土地使用权的单位或个人。单位应记载注册成立的法定名称，个人则记载其姓名，并对单位注册的地址和个人的住所、经营地址进行登记。

2）土地位置。所谓土地位置是指土地坐落和四至。坐落是指土地所在的街道门牌号码或区号。四至是指登记与该块土地相邻土地的所有者或者使用者的名称、姓名，也可以登记权居界线上永久性显著标的地物或界标。为了与地籍图上反映的内容相互印证，还需登记土地所在地籍图的图号和地号。

3）土地权属性质。

4）土地使用面积。使用面积包括独自用地面积、共有使用面积及分摊使用面积。

5）土地分类面积。土地分类面积是指按全国统一的土地分类标准，在一宗土地上各类用地的具体面积。

6）土地实际用途和等级。土地实际用途，是指依法批准使用的土地实际用途。

7）土地权属来源及依据。土地权属来源是指土地使用者通过什么途径取得的土地。依据是指政府批准的用地文件或政府部门颁发的证件，或者能证明土地来源的其他文件、批准时间及批准用途等。

8）土地使用期限。是指政府批准的土地使用者可以使用土地的期限，主要是指通过出让方式取得国有土地使用权时所确定的期限。

（3）房屋所有权初始登记（新建房屋登记）

房屋所有权初始登记是指新建房屋申请人，或原有但未进行过登记的房屋申请人原始取得所有权而进行的登记。

申请新建房屋登记时，权利人应提交建筑用地规划许可证等有关证明。在依法取得的房地产开发用地新建成的房屋和集体土地转化为国有土地上的房屋，权利人应向登记机关申请办理房屋所有权初始登记。

在开发用地上新建成的房屋登记，权利人应向登记机关提交建设用地规划许可证、建设工程规划许可证及土地使用权证书等证明文件；集体土地转化为国有土地上的房屋，权利人应向登记机关提交用地证明等有关文件；房地产开发公司出售商品房应在销售前到登记机关办理备案登记手续。

（4）房屋产权转移登记

房屋产权转移登记指在总登记之后，当房屋所有权因买卖、交换、赠与、继承、分割、转让等法律行为发生，而涉及产权人的变更，必须办理产权过户手续情况下的登记。转移登记除继承外，应由权利人会同义务人申请登记，转移登记办理后，原发的产权证同时注销作废，产权人将获得新的产权证。

（5）变更登记

变更登记指在总登记之后，房屋因发生扩建、翻建、改建、部分拆除等增减情况，以及相应的宅基地、院落用地使用范围的增减，或房地产权利人法定名称改变所进行的登记。经变更登记后，原登记及原发证件注销作废，换发新的权证。

转移登记与变更登记均称为动态登记。

（6）他项权利登记

他项权利登记共分为三种：1）他项权利设立登记；2）他项权利内容变更登记；3）他项权利注销登记。

申请他项权利登记时，权利人应提交的证明文件包括：

1）以空地使用权作为抵押物的，应提交国有土地使用证或土地出让合同、抵押合同及相关的协议和证明文件；2）以房屋及其占有土地作为抵押的，除应提交前项所列证明文件外，还应提交房屋所有权证书或房地产权证书；3）以房屋期权作为抵押物的，应提交房屋预售合同、抵押合同。

（7）注销登记

房地产权利发生房屋或土地灭失、土地使用年限届满、他项权利终止、权利主体的消灭等情况，原权利人均应申请注销登记。对于权利主体消灭的注销登记，如无人承受或不能确定承受人的可由登记机关直接予以登记。

1）房屋灭失，所有权的要素之一客体灭失，房屋所有权不复存在；2）土地使用权年限届满，房屋所有权人未按城市房地产管理法的规定申请续期，或虽申请续期而未获批准的，土地使用权由国家无偿收回。按房屋所有权和该房屋占用范围内土地使用权权利主体一致的原则，原所有人的房屋所有权也不复存在；3）他项权利终止：抵押权是因主债权的消灭，如债权的履行以及房屋灭失或抵押权的行使而使抵押权归于消灭。典权是因典期届满、出典人回赎或转典为卖以及房屋灭失而使典权归于消灭。

申请注销登记时，申请人应提交原房地产权证书以及相关的合同、协议等证明文件。

除以上登记类型之外，还有更正登记、遗失登记、更名及住址变更登记、限制登记等。

3. 房地产产权登记的范围

房地产产权登记是城市管理的一项经济性的行政管理。应按有关法律、法令，结合各地的实际情况进行。

（1）地域范围

1）设市的城市：①市区建成区；②市郊区与区连接的建成区；③郊区建制镇建成区；④郊区建制镇以外区属以上机关、学校、工矿企事业单位以及相连的城镇居民点。

2）不设区的城市：①市区建成区；②市属建制镇建成区；③市区建成区以外的市属以上机关、学校、企事业单位以及相连接的城镇居民点。

3）建制县：①县属建制镇建成区；②县建制镇以外县属以上机关、学校、工矿企业事业单位以及相连接的城镇居民点。

（2）房屋范围

1）在应登记地域范围内，固定于土地上的结构完整的房屋。

2）对一些特殊的房屋或结构简陋、破烂不堪的房屋，临时性的房屋以及不属于房屋的各种建筑物，原则上不进行登记。

4. 申请房地产权属登记的条件

（1）申请人或代理人具有申请资格。权利人为法人、其他组织的，应使用法定名称，由其法定代表人申请；权利人为自然人的，应使用其身份证上的姓名。共有的房地产，由共有人共同申请。如权利人或申请人委托代理申请登记时，代理人应向登记机关交验代理人的有效证件，并提交权利人（申请人）的书面委托书。设定房地产他项权利登记，由相关权利人共同申请。

（2）有明确具体的申请请求。

（3）申请登记的房地产产权来源清楚、合法，证件齐全，没有纠纷，且不属于被限制转移或被查封以及违章建筑的房屋。

（4）属受理登记的登记机关管辖。

5. 房地产产权登记的程序

我国房地产产权登记机关的工作程序是：受理登记申请；勘丈绘图、产权（权后）审查、确认；核准登记并绘制权证；颁发或者注销权属证书。

（1）受理登记申请（登记收件）

权利人向房地产所在地的登记部门提出书面申请，填写统一的登记申请表，提交墙界表，并进行产权证件、身份证等有关证件的检验。

上述手续齐备，产权登记部门方能受理登记申请。

（2）勘丈绘图

勘丈绘图是指登记机关对已申请登记和尚未申请登记的房地产，以权利人为单位，逐户、逐处进行实地勘察，查清现状，丈量计算面积，核实墙体归属，绘制分户平面图，补测或修改房屋平面图或地籍图。这是产权审查、确认和制图发证的依据。

（3）产权（权属）审查、确认

产权登记部门对受理的登记申请要进行产权（权属）的审查、确认。主要包括查阅产权档案、审查权利人提交的各种证件、核实房产现状及权属来源等。

（4）核准登记并绘制权证

经过审核批准确认房地产权属的，准予登记。不确认房地产权属的，予以延期登记或者不予登记。

被予延期登记的房地产包括：房地产权属不清或争议尚未解决的；因正当理由不能按期交齐证明材料的；按规定需要补办手续的；其他准予延期登记的：权利人在港、澳、台地区或国外的，其申请期限可根据具体情况适当延长。

对于权利人（申请人）逾期申请房屋权属登记的，登记机关可以按照规定登记的 3

倍以下收取登记费。

不予登记房地产包括：房地产权属不清；违章建筑、临时建筑；申请人提供的证明材料不足以确认权属的；其他依法不予核准登记的。不予登记的房地产，登记部门将终止其登记程序，并在规定核准登记的期限内通知权利人，退还申请文件。

上述情况消失或者问题解决后，权利人可以重新申请登记。对申请人申请登记的房地产，经过审查、确认准予发给产权证件的，登记机关将及时转入绘制权证阶段。该阶段包括缮证（即填写产权证件）、配图（将测绘人员经过实地复核后的房屋平面图或其他图件附在产权证规定的位置上）、校对、送印四个流程。

（5）颁发或者注销权属证书

登记部门对权利人的申请进行审查，凡权属清楚、证明材料齐全，应在规定的期限内核准登记并颁发房地产权属证书。

有下列情形之一的，登记部门有权撤销登记，注销房地产权属证书：

1）申报不实的；2）涂改房地产权属证书的；3）房地产权利灭失，而原权利人在规定期限内办理房地产权属注销登记的；4）登记部门认为有必要撤销的。

注销房地产权属证书，应向登记部门作出书面决定，并送达给原权利人。

房地产权属登记工作量大，需投入的人力、财力多，为保证登记部门的工作正常进行，应由权利人缴纳登记费用。

6. 法律、法规规定的其他产权登记的情形

（1）代为登记的房屋，不颁发房屋权属证书。

（2）有下列情形之一的，经权利人（申请人）申请可以准予暂缓登记：1）因正当理由不能按期提交证明材料的；2）按照规定需要补办手续的；3）法律、法规规定可以准予暂缓登记的。

（3）有下列情形之一的，登记机关应当作出不予登记的决定：1）属于违章建筑的；2）属于临时建筑的；3）法律、法规规定的其他情形。

（4）因房屋灭失、土地使用年限届满、他项权利终止等，权利人应当自事实发生之日起 20 日内申请注销登记。

申请注销登记时，权利人应当提交原房屋权属证书、他项权利证书，相关的合同、协议、证明等文件。

（5）有下列情形之一的，登记机关有权注销房屋权属证书：1）申报不实的；2）涂改房屋权属证书的；3）房屋权利灭失，而原权利人未在规定期限内办理房屋权属注销登记的；4）因登记机关的工作人员工作失误造成房屋权属登记不实的。

注销房屋权属证书，登记机关应当作出书面决定，并送达权利人。

（6）登记机关自受理登记申请之日起 30 日内应当作出准予登记、暂缓登记、不予登记的决定，并书面通知权利人（申请人）。

（7）登记机关应当对权利人（申请人）的申请进行审查。凡权属清楚、产权来源资料齐全的，初始登记、转移登记、变更登记、他项权利登记应当在受理登记后的 2 个月内核实登记，并颁发房屋权属证书；注销登记应当在受理登记后的 1 个月内核准注销，并注销房屋权属证书。

（8）房屋权属登记，权利人（申请人）应按国家规定缴纳登记费及权属证书工本费。

登记费的收取办法和标准由国家统一制定。在国家统一制定的办法和标准颁布之前，按照各省、自治区、直辖市的办法和标准执行。

7. 几种特殊情况下的权属登记

（1）房改售房权属登记

1）职工以成本价购买的住房，产权归个人所有，经登记核实后，发给《房屋所有权证》，产别为"私产"，注记："房改出售的成本价房，总价款：××元。"

2）职工以标准价购买住房，拥有部分产权。经登记核实后，也发给《房屋所有权证》，产别为"私产（部分产权）"。

3）上述两款的"总价款"，是指实际售价，不是指按规定折扣后的实际付款额。

4）以成本价或标准价购买的住房，产权来源为"房改售房"。

5）数人出资购房并要求核发《房屋共有权证》的，经登记核实后，可发给权利人《房屋共有权证》，并根据投资比例，注记每人所占份额。

6）对于集资建房、合作建房、单位补贴房、解围房等。原则上应以建房时所订立的协议（或合同）中所规定的产权划分条款为准。产权划分条款订立不明确的，应由当事人再行协商，补签协议予以明确，按补签协议划分产权。以后，各类建房协议（或合同）凡涉及产权划分的，都应明确规定房屋建成后的产权分配。

（2）直接代为登记

《城市民屋权属登记管理办法》规定：对依法由房地产行政主管部门代管的房屋、无人主张权利的房屋以及法律、法规规定的其他情形，登记机关可依法直接代为登记。

（3）商品房的登记

商品房的登记实质上就是房屋初始登记。与一般的初始登记的区别在于，在按正常的登记手续登记后不立即给开发企业发统一的权属证书，而是将每一处的房屋状况分为若干个单位（如按套）分别记录在案或输入计算机。然后允许购买商品房的客户凭购房合同和发票直接办理房产交易和转移登记手续。

（4）分割出售房屋的登记

住房和城乡建设部发出通知，要求各地登记机关不得为"一平方米单位"出售的房屋办理权属登记手续。

（5）在建工程和房屋期权抵押登记

预售商品房抵押也称为房屋期权抵押，购房者在签订购房合同时，双方只是产生了债的关系，购房者获得的仅仅是债权，尚不是房屋所有权。登记机关受理预售商品房抵押登记时，应审核出售房屋一方是否获得商品房预售许可证。在房屋竣工交付使用时，对已办理预售商品房抵押登记的，应在领取房屋所有权证时同时办理房屋抵押登记。

8.4.2 房地产权属证书的种类和内容

1. 房地产权属证书的种类

房地产权属证书是房地产权利人依法管理自己产业的唯一合法凭证，也是房地产权属管理的主要内容和具体手段。

（1）《房地产证》或《房地产权证》或《房屋所有权证》、《国有土地使用证》、《房地产证》、《房地产权证》、《房屋所有权证》均为房地产产权登记机关颁发给权利人的法定凭证，权利人享有依法凭证行使房屋所有权的权利。

《国有土地使用证》的样式由国家国土资源管理部门统一制定，证书由土地行政管理部门在房屋、土地主体权利一致的原则下颁发。由于我国土地所有权制度规定了对于某宗房地产产权的权利人只拥有对其土地使用权中的使用权利，因此，对于土地权利所颁发的权属证书称之为《土地使用证》。

（2）《房地产共有权证》或《房屋共有权证》

《房地产共有权证》或《房屋共有权证》是房地产产权登记机关颁发给两个或两个以上的权利人的法定凭证。共有的房屋，由权利人推举的持证人收执房屋所有权证书。其余共有人各执房屋共有权证书一份。房屋共有权证书与房屋所有权证书具有同等的法律效力。

（3）《房地产他项权证》或《房屋他项权证》

《房地产他项权证》或《房屋他项权证》是房地产产权登记机关颁发给抵押权人或者典权人等他项权利人的法定凭证。房屋他项权证书由他项权利人收执。他项权利人依法凭证行使他项权利，受国家法律保护。

《房屋所有权证》、《房屋共有权证》、《房屋他项权证》的式样由国务院建设行政主管部门统一制定，证书由市房地产行政主管部门颁发。《房地产证》、《房地产权证》、《房地产共有权证》、《房地产他项权证》由国务院建设行政主管部门和国土资源管理部门联合制定，是实行房地合一、统一管理的城市登记管理机关颁发的法定凭证，除记载房屋权属之外，还记载有土地使用权方面的要素。

2. 房地产权证的主要内容

（1）《房屋所有权证》的主要内容

《房屋所有权证》全称《中华人民共和国房屋所有权证》。根据《中华人民共和国宪法》、《中华人民共和国城市房地产管理法》，为保护房屋所有权人的合法权益，对所有权人申请登记的房屋所有权证中所列房产，经市（县）级以上政府主管机关审查属实，将发《房屋所有权证》根据我国房地产产权制度的规定，每宗房产在取得《房屋所有权证》的同时，将获得该房屋所占用的同块土地使用的权证。《房屋所有权证》的主要内容有以下几个方面：

1）房屋所有权人。

2）房屋坐落。

3）区（地）号。

4）房屋情况：幢号、房号、结构、房屋总层数、所在层数、建筑面积（平方米）、设计用途。

5）共有权人情况。

6）土地使用情况摘要。

7）设定他项权利摘要：权利人、权利种类、权利范围、权利价值（元）、设定日期、约定期限、注销日期。如：若购房款为银行贷款，按我国当前各商业银行的实施措施，可以将所购房地产用于抵押以获得贷款，此时，该栏目中将注明有关抵押贷款的情况。

8）附记。如：若为房改售房，将要注明"房改售房"或"按房改政策售房"。

9）房地产平面图：图幅号、比例尺、房屋分层分户平面图（复印文本）。

10）注意事项。

（2）《国有土地使用证》的主要内容

《国有土地使用证》全称《中华人民共和国国有土地使用证》（以下简称《国有土地使用证》）。根据《中华人民共和国土地管理法》和《中华人民共和国城市房地产管理法》规定，向土地使用者申请，经政府主管部门调查审核，将准予登记，并发《国有土地使用证》。产权证的主要内容有以下几个方面：

1）使用者姓名（与占用该土地的房屋所有权人主体）。

2）房屋坐落。

3）地号。

4）图号。

5）用途，如：住宅、生产、经营等。

6）土地等级。

7）使用权类型，如：出让、转让。

8）终止日期，即土地使用权的最高使用年限或协议使用年限。

9）使用权面积，即房屋分摊使用面积。

10）共用分摊面积。

11）填证机关（盖章）。

12）记事：日期、内容，内容主要是：若为房改售房，将要注明"房改售房"；若为安居工程则要注明"安居房"等字样。

13）宗地图。

14）注意事项。

（3）《房地产证》、《房地产权证》的主要内容

根据《中华人民共和国土地管理法》、《中华人民共和国城市房地产管理法》以及房地产所在城市的《房地产登记条例》等有关法律、法规的规定，为保护土地使用权人、房屋所有权人的合法权益，对权利人申请登记的土地、房屋及其他附着物，经房屋土地管理部门调查审核无误，将准予登记，并发证。产权证的主要内容有以下几个方面：

1）权利人。

2）身份证号。

3）房地坐落。

4）共有情况。

5）土地状况：权属性质（注：我国城镇土地为国有）、用途、地号、图号、土地等级、使用期限、使用面积（包括：总面积、独用面积、共用面积、分摊面积）。

6）房屋状况：所有权性质、建筑面积、幢号、室号或部位、类型结构、层数、竣工日期。

7）其他房地产权利摘要。

8）填证单位。

9）登记号。

10）地籍图。

11）房屋平面图。

12）附记，主要记录权属性质等。

13）注意事项。

8.4.3　房地产权属登记的时限与相关要求

1. 当事人申请办理房地产权属登记的期限

办理房地产权属登记的期限以立法规定为准。一般为：

（1）总登记：申请人应当在地方人民政府公告的期限内申请。

（2）土地使用权初始登记：权利人应在该土地使用权事项发生之日起1个月内申请登记。

（3）房屋所有权初始登记：新建的房屋，申请人应当在房屋竣工后3个月内向登记机关提出申请；集体土地上的房屋因土地所有权变为国家土地，申请人应当自这一事实发生之日起30日内申请。

（4）转移、变更、注销登记和他项权利登记，都应当在事实发生之日起 30 日内提出申请。

（5）房产权利人不按期申请权属登记，登记机关有权责令其限期补办登记手续，并可按登记费的 3 倍以下收取登记费。

（6）房地产权属登记在房屋、土地分管的城市分别是由两个部门办理的，权利人在房屋所有权证书颁发之日起 1 个月内申请土地使用权属登记；在房屋、土地合管的城市，以联合办公的形式或以统一的形式办理房屋和土地的权属登记。

2. 办理房地产产权登记的部门

县级以上人民政府房地产行政主管部门负责房地产产权登记管理工作。

市、县人民政府房地产管理部门、土地管理部门具体办理房地产登记手续，核发房地产权属证书。

房产和地产由一个部门管理的城市，由统一的登记部门办理房地产权属登记。

房产和地产由两个部门管理的城市，房产管理部门办理房产权属登记，土地管理部门办理土地使用权属登记；经省、自治区、直辖市人民政府批准也可由一个部门办理房地产权属登记。

3. 进行房地产产权登记的一般要求

我国房地产权属登记依照《城市房地产管理法》的规定，必须由权利人（包括自然人、法人或者其他组织）申请：

权利人为法人的，应使用法定名称，由其法定代表人申请；

权利人为非法人的其他组织，应使用该组织依法登记的其代表人名称申请；

权利人为自然人的，应使用其身份证件上的姓名；

华侨、外籍人士的房产须向居住国的公证机关申请公证，证明申请人的职业、住址和与其在华的亲属关系，而且该公证书必须经居住国外交部指定的机构和我国驻该国使馆（或领事馆）认证；

当权利人为无民事行为能力或限制民事行为能力的人时，应由其法定代理人代为申请；

当权利人不能亲自办理登记申请手续时，可出具委托书，由委托代理人代为申请。当登记部门认为必要时，其委托书还必须经过公证机关的公证。

4. 对房地产权属证书取得的有关说明

房地产权属证书破损，经登记机关查验需换领的，予以换证。权属证书遗失的，权利人应当及时登报声明作废，并向登记机关申请补发，由登记机关作出补发公告，经六个月无异议的，予以补发。

以虚报、瞒报房屋权属情况等非法手段获得房屋权属证书的，由登记机关收回其房屋权属证书或者公告其房屋权属证书作废，并可对当事人处以 1000 元以下罚款。

涂改、伪造房屋权属证书的，其证书无效，登记机关可对当事人处以 1000 元以下罚款。非法印制房屋权属证书的，登记机关应当没收其非法印制的房屋权属证书，并可对当事人处以 1 万元以上 3 万元以下的罚款；构成犯罪的，依法追究刑事责任。

8.5 实训作业

1. 甲房地产开发公司（以下简称甲公司）计划在某城市投资开发一大型房地产项目，委托乙房地产经纪公司（以下简称乙公司）进行全程营销策划。乙公司在进行可行性研究之后认为该项目是可行的，且将目光瞄准在老年公寓上。

（1）乙公司的项目定位属于（   ）。

A. 产品定位

B. 形象定位

C. 客户定位

D. 功能定位

（2）在进行项目的市场调查和项目定位时，所起作用最大的专家是（   ）。

A. 房地产行情分析专家

B. 建筑设计专家

C. 社会观察分析专家

D. 城市经济观察专家

（3）假设该项目是在符合法律、法规和土地利用限制条件下进行的，那么决定该项目可行还必须满足（   ）。

A. 自然可行

B. 计划可行

C. 财务可行

D. 技术可行

（4）若该项目总建筑面积为 200000m²，固定总成本为 2 亿元，单位变动成本为 1500 元/m²，销售费率为 15%，目标成本利润率为 25%，那么该项目实现目标利润的销售价格是（   ）。

A. 2941 元/m²

B. 3125 元/m²

C. 3676 元/m²

D. 3922 元/m²

（5）由于该市的老年公寓很少，且 60 岁以上老年人占全市总人口的 12%，为此乙公司给项目拟订的宣传语为"爱他就买他"，并运用了许多推广策略，那么在预热期的推广策略主要是整个项目的（　　　）。

A. 广告推广

B. 活动推广

C. 关系推广

D. 形象推广

【答案】　C，AC，ACD，C，D

【解析】　（4）目标利润的单位价格

＝［（固定总成本＋目标利润额）÷预计销售面积＋单位变动成本］÷（1—销售费率）

＝｛［200000000＋（200000000＋1500×200000）×25％］÷200000＋1500｝÷（1—15％）

＝3676 元/m^2

2. 某市土地储备中心准备拍卖一块城市中心区的空地，规划用途为商住两用，E 房地产开发公司准备竞标开发。

（1）若 E 公司想确定开发物业的类型，则分析的出发点是（　　　）。

A. 公司的财力

B. 投资人的倾向

C. 地块的区位条件

D. 地块的法律条件

（2）若 E 公司委托 H 房地产经纪公司做市场调研，则 H 公司主要应该做（　　　）的调研。

A. 行情

B. 中心区土地存量

C. 房地产消费者

D. 房地产消费行为

（3）若 H 公司经过调查，认为该地块适合开发商场，则在商圈的设定分析方面，可采取的方法有（　　　）。

A. 项目实证分析比较法

B. 独立调查的方法

C. 利用政府商业主管部门通过调查而存有的资料

D. 商圈的层次区分法

（4）若商场已建成准备租赁，则（　　　）。

A. 当写字楼、普通住宅以及公寓住宅建于商场附近时，能显著增加商场的租赁价格

B. 当许多同类的或相近的商店或购物中心建成于商场附近时，能显著增加商场的租赁价格

C. 商场的租金通常是由一个固定租金加上一个百分比来确定

D. 商场的租金主要取决于客户的整体盈利状况

【答案】 CD，CD，BCD，ACD

【解析】 （1）确定开发物业的类型时，分析的出发点为：地块的区位条件和法律约束。

（4）当许多商店建成于商场附近时，能显著降低商场的租赁价格。

3. 张先生要调往外地工作，将自己拥有的完全产权的住宅委托给 W 房地产经纪公司的房地产经纪人王某代理出售，并且同意在低于市场价的情形下尽快出售。

（1）张先生是（　　）。

A. 供给方

B. 需求方

C. 房源

D. 客源

（2）房地产经纪人王某搜集张先生所售房信息的基本要素有（　　）。

A. 业主资料

B. 代理人资料

C. 房屋状况

D. 放盘要求

（3）结果当天就有买者李某要求看房，为避免李某与张先生私下交易，应当（　　）。

A. 始终不安排李某与张先生见面

B. 要李某交一笔看房订金

C. 要李某签订看房协议

D. 要张先生把房产证留在经纪公司

（4）房地产经纪人王某与张先生签订委托协议时，下列做法中有利于避免或减少风险的是（　　）。

A. 核实张先生的身份和产权状况

B. 保管该房源的钥匙

C. 承诺房屋成交同时办好房屋所有权证的转移

D. 要求张先生不得与其他经纪机构签订委托出售协议

（5）为了使交易顺利完成，房地产经纪公司必须实行对外承诺标准化，主要包括（　　）。

A. 建立检查稽核体系

B. 权限的控制与分配

C. 规范档案与印章管理

D. 将房款收受，代办房屋交易等业务转交给律师事务所处理

【答案】　AC，ACD，C，A，C

【解析】　（3）防止客户"飞单"的措施一般是在带客户看楼前，要求其签订"看房委托协议"，承诺不会与业主（委托方）私下交易。

（5）A、B 和 D 是风险的防范措施。

4. 甲房地产经纪公司开业后，赵某委托该公司出租乙房产，随后钱某来到该公司要求承租乙房产。

（1）下列说法中正确的是（　　）。

A. 赵某是乙房产的所有人

B. 赵某是甲房地产经纪公司的客源

C. 钱某是甲房地产经纪公司的客源

D. 赵某不能再委托其他房地产经纪公司出租乙房产

（2）甲房地产经纪公司在接待赵某时，应该（　　）。

A. 了解赵某的真实意愿

B. 对赵某进行资格甄别

C. 与赵某签订委托协议

D. 了解赵某的消费习惯

（3）甲房地产经纪公司为了避免赵某、钱某私下成交，应当（　　）。

A. 始终不安排赵、钱见面

B. 要赵某交一笔定金

C. 与赵某签订委托看房协议

D. 与钱某签订委托看房协议

（4）若赵某接到丙房地产经纪人员电话，称已按期开出的条件将乙房产出租给钱某，则说明可能存在的情形是（　　）。

A. 甲房地产经纪公司有人违背职业道德，将房源信息外泄

B. 甲、丙两家房地产经纪公司有合作关系，且实行的是公盘制

C. 甲、丙两家房地产经纪公司有合作关系，且实行的是私盘制

D. 丙房地产经纪公司盗取了甲房地产经纪公司的信息

（5）甲房地产经纪公司在该业务中，可能遭遇的主要风险是（　　）。

A. 操作不规范引起的风险

B. 房地产经纪人的道德风险

C. 客户的道德风险

D. 地震、火灾等造成的房源损失的风险

【答案】　　AC，AB，D，ABD，ABC

【解析】　　(3) 防止客户"飞单"的措施一般是在带客户看楼前，要求其签订"看房委托协议"，承诺不会与业主（委托方）私下交易。

(5) 房地产经纪业务中的主要风险：

1) 顾客的因素

2) 管理机制的因素

3) 政策法律因素

4) 行业发展因素

5) 企业内部的因素

第9章 交付使用后的房地产项目运行

【实训目的】

　　使学生掌握房地产交付使用后项目运行的相关程序，增强其在物业管理领域的实践能力。

【实训要求】

　　要求学生能从已经编制好的物业招投书中找出存在的问题，实际编写物业管理公约，基本掌握物业管理招标书的编制方法。

【实训内容】

　　（1）物业管理早期介入分析；

　　（2）物业管理公约的具体编制；

　　（3）物业接管验收的方式、程序和交接验收的具体内容辨析；

　　（4）业主入住的流程分析、手续和需要缴纳的费用计算；

　　（5）物业管理招投标书的具体编制。

9.1 前期物业管理

9.1.1 物业管理早期介入

　　物业管理是一个复杂的、完整的系统，从物业管理的早期介入、规划设计开始到管理工作正常进行运作有很多环节，按照先后顺序，一般分成以下几个基本环节：

　　1. 物业管理的早期介入

　　物业管理的早期介入，是指物业管理公司在正式接管物业管理工作之前进行的工作。主要包括项目规划设计阶段的早期介入和项目施工建设阶段的早期介入。

（1）项目规划设计阶段的早期介入

项目规划设计阶段的早期介入，就是物业管理公司在房地产开发项目规划设计阶段就介入，从物业管理的角度参与项目规划设计方案研究工作。

房地产开发项目的规划设计，首先应遵循"统一规划、合理布局、综合开发、配套建设、因地制宜"的方针。市政设施、生活设施必须齐备。要全面考虑居民的上下班交通、饮食起居、休闲购物、活动场地以及小孩上学入托、车辆停放、医疗卫生等问题。要从日后物业管理的角度考虑开发项目的规划设计。要设置物业管理工作用房、商业用房。要给楼宇的清洁冲洗留公共水源，要设置防盗监控系统，配备防火安全装置。小区的开放路口应集中并设岗亭，为物业管理公司实施周边封闭式管理作准备。楼宇的出入口、造型要方便治安管理，建设单位和规划设计部门应听取物业管理公司的意见，以满足物业建成后长期使用和长期管理的各种需要。

（2）项目施工建设阶段的早期介入

项目施工建设阶段的早期介入，就是物业管理公司在房地产开发项目施工建设阶段就介入，从物业管理的角度参与项目施工管理。物业管理公司应跟进整个施工过程，做好包括房屋主体结构、墙、梁、柱和机电设备、供水、供电系统等各方面的技术质量监督工作。物业管理公司还应该参与工程的竣工验收，包括分部、分项工程的验收、隐蔽工程的验收及工程的综合验收。发现问题要明确记录在案，督促施工单位及时整改。要确保施工质量，减少物业管理公司接管后对物业进行返工、维修的工作量，从而减少物业管理的成本支出，减少购房者和物业管理公司的损失。

物业管理公司要通过跟进整个施工过程，熟悉整个项目的布局情况。要熟悉各种管道、各种设备设施的系统、位置和走向，并建立档案，以方便物业管理公司接管后对物业的检查、维修、保养工作。

2. 规划设计

物业管理应该在规划设计阶段就介入，因为规划设计是各功能区能否形成完整、舒适、方便、安全的先天制约因素。以往，规划设计虽考虑了房屋和配套设施两个重要组成部分，但因种种原因，设计往往落后于科学技术的发展和人们生活水平提高而产生的要求。同时，设计人员往往从技术角度考虑多，对以后的物业管理方面思考较少。例如，现在每幢楼宇在设计中预留空调、脱排油烟机等的位置，但由于科学技术的发展，产品的更新换代，设计的预留位置往往会不适用。又如随着人们生活水平的提高，一般家庭拥有二三辆自行车，而新一代的交通工具助动车、摩托车、小轿车等也进入了一些家庭中。因此设计中应考虑有足够的泊车位、车棚、车库等，这样会使住户方便地停放车辆。目前上海出现高层楼宇无车辆停放点或泊车位不够等情况，给接管的物业管理单位带来许多棘手的问题。因此，在规划设计阶段设计人员要充分听取管理人员意见，提供良好的设计方案。

为了实现上述要求，取得良好的规划设计效果，一般应从以下几方面着手：

（1）优选方案

在规划设计时应该提供几个可行性方案，从中评选出最优方案。

（2）听取意见

应当听取经验丰富的管理人员的意见，对方案不足部分修改、补充、完善。

（3）留有余房

留有足够的管理办公用房，应充分考虑管理维护工作的方便和有效。

（4）合理布点

居民生活必需的生活网点应合理布局，生活服务半径尽可能缩小。

（5）超前意识

对生活设施发展现代化进程要统一考虑进去，如电话、煤气、空调、供暖、消防、防盗安全监控系统、停车场等。

当然，早期介入并不是整个物业公司的介入，而是物业公司的主要负责人参加即可，或邀请社会上有关专家参加，听取他们的意见。

规划设计部门和物业管理部门应加强联系、沟通，同时在物业使用过程中对不完善项目应采取补救措施，及时整改。

管理公司在接受新的物业以后，应密切关注施工质量进度和营销情况，以便做好接管工作。

3. 物业管理部门的成立

住宅小区、高层建筑等在未竣工交付使用前，就应有物业管理公司进行管理。

物业管理公司机构一般有两种形式：

（1）实体性的物业管理公司

这类物业管理公司内部分为两个层次：即管理层与作业层。管理层由有经营头脑和一定管理水平的人员组成，作业层由与服务内容相关的操作人员组成。

（2）精干型物业管理公司

这类物业管理公司无作业层，它是通过合同形式与社会上各类专业操作队伍形成松散型的联合，需要时，以合同形式合作。

目前的物业管理公司都是第一种形式，待社会化服务发展到一定程度才能实现精干型物业管理公司的模式。

在物业未接管前，先组织成立管理层，待临近物业正式接管时，则安排作业层人员到位。

许多发展商建成物业后自己另外独立成立物业管理公司，也有的发展商干脆在原公司内部成立一个物业管理部门对物业进行管理，还有一部分发展商向外聘请物业管理公司。这些物业管理部门在对物业进行管理时都自行起草一个物业管理公约，物业管理公约是由管理公司与每一个业主分别签订的法律文件，是约束双方行为的协议，所以，公约的每一条款都应该体现出平等互利的精神，不应该存在欺诈和不公平条款。

根据目前我国关于物业管理的有关法律与规定，物业管理公司是受广大业主之委托才进入物业区进行管理的，他们之间的关系是聘用与被聘用、委托与被委托的关系。虽然在物业管理初期由发展商自行管理或由发展商指定管理，但这都属于临时措施，所有业主并未因此而放弃重新选择管理公司的权利，而这种权利的行使是通过业主管理委员会得以实现的。因此，一个完善的、体现公平原则的管理公约应该由管理公司和业主委员会协商共同制定出来。

物业管理公约的主要内容包括：

1）对公共部位、公共设施、公共环境使用和维护方面的规定

物业范围内的所有使用人对物业的公共部位、公共设施、公共环境的使用，要在国家和地方有关政策法规及《物业管理合同》规定范围内合理使用，并有自觉维护的责任；不得侵占物业共用部位和附属用地以及物业管理范围内的道路和附属设施，也不得随意接引、拆除和损坏市政公用设施；禁止在建筑物和构筑物上涂写、刻画、张贴；不得在住宅区内随意停放车辆，未经批准，禁止载重车通行。

2）对房屋装修方面的规定

在物业管理公约中，一般都对房屋装修作了明确规定，如要求业主或物业使用人装修房屋时遵守有关房屋装修的制度，并事先告知物业管理企业。物业管理企业对装修房屋活动进行指导和监督，并将注意事项和禁止行为告知业主和物业使用人。业主或物业使用人违规、违章装修房屋或妨碍他人正常使用物业的现象（如渗、漏、堵、冒等），应当及时纠正，造成他人损失的应承担责任。

物业管理公约还规定了业主和物业使用人的行为规范。主要有：

①不得擅自改变房屋结构、外貌（含外墙、外门窗、阳台等部位的颜色、形状和规格）、设计用途、功能和布局等；

②不得对房屋的内外承重墙、梁、柱、板、阳台进行违章凿、拆、搭、建；

③不得损坏、拆除或改造供电、供水、供气、供暖、通信、有线电视、排水、排污、消防等公用设施。

3）对物业管理管辖范围内整个生活环境的有关规定

①有关环境卫生的规定和约定，如不得随意堆放杂物、乱扔垃圾、高空抛物等，不得践踏、占用绿化用地，损坏园林建筑小品等；

②有关噪声的有关规定和约定，如不得聚众喧闹、噪声扰民等危害公共利益或其他不道德的行为等；

③有关交通管理的有关规定和约定，如不得在公共场所、道路两侧支设摊点等；

④有关治安防范的有关规定和约定，如不得违反规定存放易燃、易爆、剧毒、放射性等物品和排放有毒、有害、危险物质等，不得违反规定饲养家禽、家畜及宠物等。

4）有关处罚条款

①擅自拆改房屋结构及其设施设备影响房屋使用安全和正常使用或影响房屋整体外观的有关处罚规定；

②私搭乱建违章建筑的有关处罚规定；

③侵占房屋共用部位和房屋的附属用地以及侵占物业管理范围内的道路的有关处罚规定；

④噪声扰民、污染环境方面的有关处罚规定。

物业管理公约关系到物业区内的每一个业主的利益，所以每一个业主都有权仔细阅读公约的每一条，都有权提出自己的修改意见，但这种意见应该通过业主管理委员会反映出来。业主委员会要与物业管理公司密切合作，认真反复研究，结合各物业区的特点，制定出切实可行的公正的物业管理公约。一个物业区只有在有了一个完善的管理公约，由物业管理公司与每一个业主签订了该公约的基础上，物业管理工作才能顺利开展。

9.1.2 物业的接管验收

1. 物业接管验收的方式及工作程序

（1）物业接管验收的方式

物业的接管是物业管理公司对物业实际管理的开始，是物业管理的重要环节。接管方式有三种类型：一是物业管理公司从开发公司手中接管，新房多属此类；二是物业管理公司之间进行接管，即原物业管理公司受聘合同期满未获续聘，新聘物业管理公司从原物业管理公司接管；三是业主管理委员会从原物业管理公司手中接管。

（2）物业接管验收与竣工验收的区别

物业竣工验收是指主管部门根据国家的有关法律、法规和标准规范以及当地各有关部门批准的规划、设计和建设方案，对物业的各项建设指标进行统一的整体验收；接管验收是指物业管理公司接受房地产发展商或业主委托管理新建成或原有物业时，以物业主体结构安全和满足使用功能为主要内容的再检验。二者区别在于：

1）验收主体不同。竣工验收主体为国家规划验收主管部门、发展商、施工单位。接管验收双方为物业发展商及物业管理公司或业主委员会及物业管理公司。

2）权威性不同。政府工程质量主管部门的验收具有国家认证的权威性，物业建设、设施、设备是否合格以此为依据，一旦发生事故及纠纷，可以引用政府机关出具证书为法律依据，对抗验收三方之外的其他人；而接管验收只可作为委托管理合同的一部分，约束签订合同的双方——发展商（业主）与物业管理公司，只对双方之间发生的纠纷有依据性，不能用于对抗第三方，当其中一方与第三方发生纠纷时，只能依据或另行取得国家机构的权威认证方才有效。

3）验收目的不同。竣工验收是检查房屋工程是否达到设计文件所规定的要求；接管验收是对主体结构安全与满足使用功能的再检验。

4）验收条件不同。竣工验收的首要条件是全部施工完毕，设备均已到位等；接管验收的首要条件是竣工验收合格，并且附属设备已完全能正常使用，房屋编号已得认可等。

5）验收方式不同。竣工验收需要由政府机构组织专家小组对工程的各个项目从结构、建筑、设施设备安排运行、消防安全等方面作具体、专业的验证，只以被验方提供的数据为参考，自行取样、测试、分析，然后得出独立的结果；而接管验收对于结构、桩基、建材标号等隐蔽性较强的项目只需要另一方提供竣工验收合格证明，不再作专项验收，重点对表面可见项目是否符合发展商与给业主的购销合同承诺及通常使用用途作仔细验收。

6）移交对象不同。竣工验收是由施工单位移交给开发建设单位；接管验收是由开发建设单位转交给物业管理单位。

（3）物业接管验收的工作程序

1）资料的交接；

2）现场检查验收；

3）核实原始资料；

4）了解用户基本情况；

5）建立档案。

（4）物业接管验收应注意的问题

物业的接管验收是直接关系到今后物业管理工作能否正常开展的重要环节，管理公司要高度重视，严格把关，特别要注意以下事项：

1）接管的物业虽然经过竣工验收为合格工程，但并不意味着接管验收时就没有问题。竣工验收是从大的方面把握质量关，许多无关宏旨的小问题不在竣工验收质量的范围内。如墙壁污迹、划痕、地砖缺角、玻璃破裂、卫生间地漏排水不畅等，这些问题一般不影响竣工验收的通过。但管理公司准备接管时，却要将类似这样的细小问题逐一列明，要建设单位承诺在一定期限内整改。这表明，在接管前物业有任何问题均应由发展商负责解决。

2）现实的接管验收时由整个物业（土建和设备及附属设施）同时移交。虽然规定物业要经过综合验收后方交付使用，但未等综合验收就急于交付的情况时有发生。特别在设备方面，调试验收合格一项就移交一项，今天接管了电梯系统，几个月后又接管空调系统，至于消防系统（特别是联动部门）的移交可能更迟。因此，管理公司必须坚持合格一项接管一项。未经调试合格验收的不能签字接管，不然就要背着责任走。

3）接管验收一定要写明接管日期，以便划清责任界线。管理公司只对接管后的物业所产生的问题负责，如在保质期内，非人为因素的问题仍由发展商或施工单位负责。若由于发展商在施工验收合格后未能及时移交管理公司接管，使管理公司接管后的设备保质期缩短，管理公司应向发展商提出，争取补回原来的保质期。

2. 物业交接验收的具体内容

（1）资料交接

物业管理公司虽然在投标应聘时已了解到了物业的有关情况，但并不全面详尽。在接管时，要把有关该物业的全部资料收集到手，资料的主要内容如下：

1）物业规划图。

2）竣工总平面图。

3）单位建筑及结构设备竣工图。

4）地下管网竣工图。

5）建筑施工图。

6）隐蔽工程验收签证。

7）沉降观察记录。

8）竣工验收证明。

9）房地产权属关系的有关资料。

10）机电设备使用说明书。

11）消防系统验收证明。

12）公共设施检查验收证明。

13）用水、用电、用气指标批文。

14）水、电、气表验收报告。

（2）现场检查验收

内容包括：

1）主体结构。

2）外墙（不得渗水）。

3）屋面。

4）楼地面。

5）装修。

6）电气。

7）水、卫、消防。

8) 供暖。

9) 物业分户验收（分户验收是对每个物业单位所进行的验收）。

10) 附属工程及其他。

（3）核实原始资料

在现场检查的同时，要核实原始资料，逐项查明，点清楚。发现与资料不符的问题应及时写好书面记录，签字存档，并尽快调查原因。

（4）了解用户的基本情况

物业的产权人和使用人都是物业管理公司的服务对象，应该对他们有较全面的了解，物业管理公司的直接服务对象是物业的用户，因此无论其是否拥有产权，他们对于物业管理公司来说都是十分重要的。

（5）建立资料档案

资料档案的主要内容包括：

1) 物业开发可行性研究报告和物业管理方案；

2) 物业开发建设时的有关图纸、报表及其他资料；

3) 物业管理招投标的有关资料；

4) 历年物业管理工作报告和财务报告；

5) 房地产权属关系的有关资料；

6) 物业用户的有关资料。

资料应分类保管，建立资料库，把资料装订成册，也可以输入电脑，随时提取查询。

9.1.3 业主入住

物业管理公司对物业接管验收以后，要为业主办理入住手续。入住是物业管理公司和业主的首次实质性接触，也是双方履行物业管理内容的开始。

入住，是在购房人履行完房款支付及其他相关义务后，开发商按照合同约定将已具备交付使用条件的房屋向购买人交付。购房人在接收房屋后，按照物业管理的有关规定到物业公司办理物业入住（物业委托管理）手续。不同的房地产公司、不同项目，入住流程及相关手续可能会有所不同。

1. 业主办理入住需携带的材料

（1）入住通知书。

（2）购房合同正本，通过贷款购房的业主带合同复印件。

（3）业主有效身份证件。如委托他人办理，由代理人持业主及本人的有效身份证件以及业主的授权委托书。单位购房的需带营业执照副本及法人有效身份证件。

（4）购房发票（收据）及其他相关费用交费凭据。

2. 入住流程及手续

（1）持购房合同、入住通知书等进行业主登记确认；

（2）房屋验收，填写验房记录单；

（3）与开发商进行房款结算，取得最终房款发票；

（4）办理产权代办手续，提供办理产权相关资料，交纳办理产权所需费用；

（5）开发商开具证明，业主持此证明到物业公司办理物业入住手续；

（6）签署物业管理的相关文件，如：物业委托管理协议、车位管理协议、装修管理协议等；

（7）交纳物业相关费用；

（8）领取提供给业主的相关文件资料，如：住宅质量保证书，住宅使用说明书，房屋使用、维修、管理公约，住户手册，装修手册等；

（9）领取房屋钥匙。

入住流程（业主角度）：

（1）业主凭入住通知书、购房发票及身份证，登记确认；

（2）验收房屋，填写入住验房单签字确认；

（3）按实测面积结算房款，换开发票；

（4）提交办理产权所需的资料，交纳相关费用，签订产权委托代办协议；

（5）开发商出具入住证明，业主凭此到物业公司办理入住手续；

（6）签署物业管理协议及相关文件；

（7）缴纳物业管理费、供暖费等相关费用；

（8）领取两书及相关文件资料；

（9）领取房屋钥匙。

入住流程（物业管理公司角度）：

（1）业主备齐入住资料；

（2）物业管理公司查验入住资料；

（3）业主验收房屋；

若不合格，则进行整改，然后业主再验收房屋，直至合格为止；若合格，则继续下列步骤：

（4）物业管理公司收取相应费用；

（5）发放钥匙；

（6）填写资料；

（7）签订物业管理合同。

3. 办理产权所需缴纳的费用

（1）住宅公用部位共用设备维修基金：按总房价款的 2% 缴纳；

（2）契税：普通住宅按总房价款的 1.5% 缴纳，别墅、度假村以及每建筑平方米价格超过上年度普通商品房平均价格一倍以上的高档住宅，按总房价款的 3% 缴纳；

（3）房屋登记费：按每套房屋 80 元缴纳；

（4）房屋所有权证工本费：4 元/本；

（5）印花贴税：5 元/件；

（6）房屋面积测绘费（配图费）。

4. 委托办理产权需交纳的费用

（1）授权委托书公证费；

（2）委托代办费。

5. 办理入住手续时，需向物业公司交纳的费用

（1）物业管理费：物业管理公司一般以一年为阶段收取物业管理费用；

（2）供暖费：按照不同的供暖方式交纳一个供暖季的供暖费用；

（3）其他费用：如：有线/卫星电视开通费、有线/卫星电视收视费、车位管理费、公共电费等。

6. 业主签订物业管理合同应准备的资料

购房人将房款付清或办妥分期付款手续后，到由房地产商指定的房屋物业管理公司签订合同，应带资料包括：

（1）与房地产商签订的"购房合同"；

（2）购房付款发票；

（3）身份证；

（4）支付物业管理费的发票；

（5）到房地产管理处办理产权的凭证。

7. 业主入住过程中的常见问题以及协商解决的方法

业主在入住的过程中，往往由于首次和物业管理公司接触，对于相关事项不太熟悉而发生矛盾，房地产销售代表要积极配合业主，协调双方利益，使其顺利入住。一般来说，业主在入住的过程中常会遇见以下问题：

（1）物业管理公司"办理入住手续"与"交房"的概念区分

一些业主在办理入住手续时，常因为房屋质量方面的一些问题与物业管理人员发生冲突，其中的主要误区在于业主无法正确区分开发商与物业管理公司之间的关系及各自的权利与义务。

物业管理公司为业主办理入住手续与开发商向购房者交房是不同的两个概念。物业管理公司为业主办理入住手续，是指具体的将房屋钥匙及有关的一些资料如：住宅质量保证书、住宅使用说明书、业主临时公约、物业前期管理服务协议等交给业主并与业主签约，协助业主一起验收房屋等，根据物业管理合同向业主提供服务的一个过程。"交

房"是指房地产开发企业根据合同约定，将符合交付使用条件的房子按期交付给买受人。

（2）业主在与物业管理公司签订合同时应注意的问题

业主在签订物业管理合同时，房地产销售代表应提醒其注意以下几点：

1）入住新的居住地，第一次签订物业管理合同的期限最长应为两年，两年之内，购房者应组成业主委员会，由业主委员会挑选新的物业管理公司，委托其对物业进行管理。

2）签订物业管理合同之前，应明确所购物业的类型，是公寓还是住宅（住宅又分为甲级住宅、乙级住宅、普通住宅等），不同类型的物业，有不同的管理标准、收费标准。

3）有些收费项目是超前征收的，违反了有关规定。如有的小区的有线电视尚未接通，却已收取费用；有的物业承诺安装可视对讲门铃，尚未安装就提前收费等。

4）有的费用未获批准，就先被执行。物业公司的某些费用需要经过相关部门的审批，才可收取。有的物业公司在审批尚未通过时，提前收取，也是不对的。

5）巧立名目的各种费用。有的物业公司为了多收费，巧立各种名目，如装修配合费等。这些都是物价部门和相关部门所禁止的。

业主在签订物业管理合同时，应对照物业收费标准仔细核对。标准中没有的收费项目，可要求对方出示有关部门的文件，否则有权拒交。

（3）房屋保修期限内的维修责任由谁来负的问题

根据《商品房销售管理办法》第五章第三十三条规定：房地产开发企业应当对所售楼盘承担质量保修责任。当事人应当在合同中就保修范围、保修期限、保修责任等内容作出约定（保修期从交付之日起计算）。

根据《商品房销售管理办法》第五章第三十五条规定：楼盘交付使用后，买受人认为主体结构质量不合格的，可以依照有关规定委托工程质量检测机构重新核验。经核定，确属主体结构质量不合格的，买受人有权退房；给买受人造成损失的，房地产开发企业应当依法承担赔偿责任。

所以，物业管理公司在为业主办理交房入住手续时，当业主在验收房屋中发现存在质量问题或有些方面因与业主设想有出入而提出一些整改要求时，维修责任是开发商的。业主无权要求物业管理公司承担有关房屋质量整改方面的义务。

（4）如果房屋出现问题，业主是否可不向物业管理公司交纳管理费

很多业主对物业管理与房屋买卖的关系一直比较模糊，实际上这是两个不同的法律关系。物业管理公司与开发商是两个不同的民事主体，他们之间是独立的，互相之间不承担对方的民事责任。业主与物业管理公司存在物业管理关系，业主应履行向物业公司支付物业管理费的义务；而业主与开发商是房屋买卖的关系，房屋有质量问题应该由开

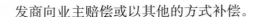

发商向业主赔偿或以其他的方式补偿。

9.2 物业管理的招标与投标

9.2.1 物业管理招标

物业管理招标是指开发商或业主委员会，为即将建造完成或已经建造完成的物业寻找物业管理企业，而制订符合其管理服务要求和标准的招标文件，向社会公开招聘确定物业管理企业的过程。

物业管理是一种商品，物业管理活动也是商品经济活动，作为服务商品的物业管理也要遵循价值规律。物业管理应由原来的管理服务终身制变为由市场选择的聘用制。根据市场行情，确定管理聘用标准。我国的物业管理起步晚，但发展却很快，原来行政性福利型的房地产管理体制已不能适应市场经济发展的需要，必须对旧的管理体制从根本上进行改革，走出一条符合我国国情、适应社会主义经济发展的社会化、企业化、专业化、经营型的管理新路。

要提高物业管理水平，促进物业管理行业的发展，就要有充满活力的市场竞争。在把物业管理作为一种商品推向市场时，就会形成物业管理企业与开发商或业主间在物业管理市场上的双向选择，形成竞争局面。因此，物业管理作为一种商品行为，同样存在着激烈的竞争，我们应该使这种外界的竞争压力转变成努力提高物业管理服务水准的动力，这样，就可以从根本上促进服务态度的改变、服务质量的提高、管理技术水平和经济效益的提高，从而有利于整个物业管理行业的发展。

物业管理招标实际上是一种市场的双向选择，物业管理企业提供市场交换的标的是管理性服务。这种服务的优与劣，服务水平的高与低，是决定开发商或业主管理委员会是否愿意购买其服务，或愿意以多少价格购买的关键。因此，培育和发展有活力的物业管理竞争市场，是离不开物业管理招标的。

1. 物业管理招标的原则

物业管理招标必须贯彻"公平、公正、合理"的原则。

（1）公平原则

公平原则指在招标文件中向所有物业管理企业提出的招标条件都是一致的，即所有参加投标者都必须在相同基础上投标。例如，若需要有投标保证书的，那么，对所有的物业管理企业都应有这一要求。

（2）公正原则

公正原则指投标评定的准则是衡量所有投标书的尺度。对中标者的最后选定，应在招标文件的选定准则中加以客观的详细说明，使不中标者明白自己的差距和不足，以示公正。

（3）合理原则

合理原则指选定投标的价格和要求必须合理，不能接受低于正常的管理服务成本的标价，也不能脱离实际市场情况，提出不切实际的管理服务要求。只有贯彻"公平、公正、合理"的原则，才能搞好物业管理招标工作，才能真正遵循公平竞争、优胜劣汰的市场经济规律，这是物业管理招标的根本宗旨。

为了真正贯彻"公平、公正、合理"的原则，开发商或业主在招标中应即时记分、即时公布招标结果。在招标过程中，应有监督员和公证员，招标小组和评审专家也必须持客观中立立场，用招标文件中同一把尺子去客观地衡量所有的投标书。

2. 物业管理招标工作的基本内容

（1）招标形式

1）公开招标

业主通过招标公司或行业协会向社会公开招标，只要满足招标要求的单位都可以参加投标，通常，是满足标书要求最低价的投标单位中标。

2）邀请招标

招标过程通常需要经过以下步骤：

选择投标单位；

发放标书；

收取投标书；

开标（公开或不公开）；

评标；

方案修正；

商务谈判；

发中标通知书。

（2）招标文件

招标文件至少应包含以下内容：

1）投标须知

明确本物业管理的报价范围；

明确本次招标过程；

明确管理服务的具体要求和标准；

明确投标时间；

明确递送投标书的程序；

明确标书的形式和格式；

明确投标时应提供的所有材料；

明确投标保证书和投标保证金额。

2）要求管理的物业说明书

物业地址，包括物业的地理位置；

物业的占地面积，住（租）户数和物业的各个组成部分；

物业的建筑结构、建筑材料、设备与设施的选用和安装；

物业的环境及配套设施等情况。

3）提供计算方案和设计图纸

若是新建物业，则在招标文件中提供规划设计和设计意向方案，以便投标的物业管理企业在投标书中可提出自己对设计方案的合理性看法及改进调整设想，从而为招标工作带来方便。若是已建成的物业，则要在招标文件中提供详细的设计图纸，以便投标物业管理企业对所接管的物业有全面详细的了解，便于在投标文件中正确合理地计算出管理费标价。

物业管理招标书是物业管理招标文件中最重要的文件，既是投标单位编制投标文件、进行投标的依据，又是招标单位与中标单位签订物业管理合同的基础。它在一定程度上决定了今后该物业的管理经营水平及品位高低。物业管理招标书一般包括下列几个主要方面：

①物业项目的基本情况。物业管理招标书对物业项目基本情况的介绍包括：a. 物业概况，包括总建筑面积和占地面积、功能分布、物业栋数与楼层、地下室布局、环境规划、容积率、绿化面积、业主情况、配套设施情况等。b. 主要设备设施，包括配电系统（总安装容量、高低压配电柜、变压器、备用发电机数据）、给水排水系统（蓄水池、泵类、消防喷淋、化粪池、污水井、雨水井等）、电梯系统、空调系统、通风系统、消防控制系统、楼宇自动化系统等。c. 提供的物业设计图纸情况。对于新建物业，需要提供规划设计方案；若是已有物业，则需要提供详细的规划设计图纸，以便投标单位正确计算管理费标价。

②确定物业管理的范围与内容。在物业管理招标书内明确是物业管理项目的整体招标，还是部分招标；对分阶段建设的物业是否包括后续建设物业的管理；对新建物业的前期介入的安排。在确定物业管理的具体内容时，应根据招标物业的需要详细列明。

③对投标书编制的要求。投标单位编制投标书一般是根据招标书的要求来编制的，招标单位应根据招标项目的需要在招标书中尽量详细列明对投标单位编制标书的要求，物业管理招标对投标书的主要要求有：投标单位情况；物业的管理模式和服务理念；组织结构设置；人、财、物等资源配备；人力资源的管理；总体工作策划（计划）和分项工作计划；需要提供的管理规章制度；日常物业管理，如入住期管理、装修管理、物业档案资料的管理、安全防范、共用设备、设施管理等；各项管理指标的承诺及相关措施；经费收支预算、管理费；便民服务和社区文化活动等。

④对物业管理质量的要求。招标方可在参考住房和城乡建设部《全国城市物业管理优秀示范住宅小区评分标准》和所在城市规定的有关优秀物业管理小区（大厦）评比标准的基础上，制定适合自己要求的物业管理质量标准。

⑤提供的物业管理条件。招标单位提供的物业管理用房（办公、仓库、宿舍等）、商业用房、物业管理维修基金、物业管理启动资金等物业管理条件及提供方式和步骤在招标书中给予明确。

⑥考核标准与奖惩办法。参照国家或地方有关物业管理的规定制定考核标准与奖惩办法。

9.2.2 物业管理投标

1. 投标准备

（1）接受招标

根据房地产商的推荐或物业市场的招标信息，向招标方购买招标书或索取招标信息，了解该物业、业主及其开发企业的有关情况。

（2）初步评审

物业管理企业对招标方的管理要求进行充分地讨论，重点研究本企业是否具备并满足招标方管理要求的能力及盈利水平，并形成初步评审结论。

（3）实地调查

组成临时投标小组，对招标物业进行实地调查，调查内容有：

物业建筑面积、单元数、物业建筑的内外装修、入住日期；

管理费标准与入住率（已入住的物业）；

开发企业承诺情况；

小区（大厦）进出通道及需要设岗情况；

小区（大厦）机电设备、设施的配置情况；

小区（大厦）智能化设备的配置情况；

小区（大厦）智能化设备的使用情况；

消防设施、安全监控情况；

公共部位、车辆停放、绿化等情况；

周边环境情况；

与环卫、邮电、警署、街道、房地局、区政府的关系情况。

如果物业已启用入住，则需了解住（租）户对开发企业（业主）、前任物业管理公司建筑物质量、周边环境等方面的意见，尤其需要了解管理费的收缴率。

（4）正式评审

对初步评审和实地调查的情况形成书面结论，对最终是否投标进行评审，评审内容有：

公司现有的或经过挖潜后的管理能力能否满足招标方的要求；

公司拥有的人才、管理软件、培训机制能否满足招标方的要求；

物业的管理费收入、其他经营收入能否满足新物业对物业管理要求成本的支出及本企业的盈利预算。

对是否投标作出决定，如果评审结果是本企业对招标方的管理要求不能或勉强满足时，则放弃投标，本次策划活动结束。评审记录等相关材料予以存档；如果正式评审决定投标，则按以下程序操作。

2. 编制和送达标书

（1）编制标书

投标人在作出投标决策之后，应按照招标文件的要求，正确编制标书，主要内容有：

物业管理企业简介；

企业经营各类证书；

质量体系文件（目录）；

公司已承管物业的概况；

服务管理承诺，其中包括目标承诺、质量目标、保安服务承诺、保养与维修服务承诺、保洁服务承诺、保绿服务承诺、管理服务承诺、其他服务承诺等；

保证措施及管理办法，保证措施必须与管理办法——对应；

组织机构及人员的配置；

成本测算及财务运作方式；

经营管理方案。

（2）封送标书

全部投标文件编制好以后，投标人可派专人或通过邮寄（挂号）将所有标书投送给招标方。封送标书的一般惯例是，投标方应将所有投标文件按招标文件的要求，准备正本和副本（通常正本一份、副本两份）。标书的正本及每一份副本应分别包装，而且都必须用内外两层封套，封套上均应按规定写明投递地址及收件人，并注明投标文件的编号、物业名称、在某日某时（开标日期）之前不要启封等。内层封套是用于原封退还投标文件的，因此应写明投标商的地址和名称。若是外层封套未按上述规定密封及作标记，则招标方的工作人员对投标文件放错地方或过早启封概不负责。由于上述原因被过早启封的标书，招标方将予拒绝并退还投标方。

3. 物业管理投标书的具体编制

物业管理投标书是对投标公司前述准备工作的总结，是投标公司的投标意图、报价策略与目标的集中体现，其编制质量的优劣将直接影响投标竞争的成败。因此，投标公司除了应以合理报价、先进技术和优质服务为其竞标成功打好基础外，还应学会如何包装自己的投标文件，如何在标书的编制、装订、密封等方面给评委留下良好的印象，以争取关键性评分。

由于不同物业具有不同性质，不同招标项目具有不同要求，其投标书的内容要求也相应呈现出差异。投标公司在实践中可根据具体情况自行发挥。

（1）物业管理投标书的组成

物业管理投标书，即投标人须知招标书中规定投标者必须提交的全部文件，主要包括：

1）投标致函

投标致函实际上就是投标者的正式报价信，其主要内容有：

①表明投标者完全愿意按招标文件中的规定承担物业管理服务任务，并写明自己的总报价金额；

②表明投标者接受该物业整个合同委托管理期限；

③表明本投标如被接受，投标者愿意按招标文件规定金额提供履约保证金；

④说明投标报价的有效期；

⑤表明本投标书连同招标者的书面接受通知均具有法律约束力；

⑥表明对招标者接受其他投标的理解。

2）附件

附件的数量及内容按照招标文件的规定确定。但应注意，各种商务文件、技术文件等均应依据招标文件要求备全，缺少任何必需文件的投标将被排除在中标人之外。这些文件主要包括：

①公司简介。概要介绍投标公司的资质条件、以往业绩等情况。

②公司法定代表人证明。包括资格证明文件（营业执照、税务登记证、企业代码以及行业主管部门颁发的资质等级证书、授权书、代理协议书等）、资信证明文件（保函、已履行的合同及商户意见书、中介机构或银行出具的财务状况书等）。

③公司对合同意向的承诺。包括对承包方式、价款计算方式、服务款项收取方式、材料设备供应方式等情况的说明。

④物业管理专案小组的配备。简要介绍主要负责人的职务、以往业绩等。

⑤物业管理组织实施规划等。说明对该物业管理运作中的人员安排、工作规划、财务管理等内容。

（2）物业管理投标书的主要内容

物业管理投标书除了按规定格式要求回答招标文件中的问题外，最主要的内容是介绍物业管理要点和物业管理服务内容、服务形式和费用。

1）介绍本物业管理公司的概况和经历

除了介绍本公司的概况外，主要介绍本公司以前管理过或正在管理物业的名称、地址、类型、数量，要指出类似此次招标物业的管理经验和成果，并介绍主要负责人的专业、物业管理经历和经验。

2）分析投标物业的管理要点

主要指出此次投标物业的特点和日后管理上的特点、难点，可列举说明，还要分析租住用户对此类物业及管理上的期望、要求等。以下分别对不同性质物业管理中的重点、难点作出分析：

①住宅小区

对于住宅小区而言，舒适便捷是业主最起码的要求，高档次的优质服务则是其更高的享受追求，因此其物业管理应当突出的是：

a. 环境管理。要求物业管理能维护规划建设的严肃性，定期进行检查维修，禁止乱凿洞、乱开门窗的破坏性行为，禁止个别业主随意改动房屋结构或乱搭建行为，保证业主的居住安全。

b. 卫生绿化管理。定时对小区公共场所进行清扫保洁，及时清运垃圾，并对卫生用具进行清洁消毒；加强小区绿化养护，派专人管理绿化带、花草树木，禁止人为破坏行为。

c. 治安管理。成立保卫处，负责小区内的治安巡逻与防范，确保住户财产安全。

d. 市政设施管理。即市政道路、下水管道、窨井与消防等公共设施的管理、维修、保养等工作。

e. 便利服务。为特殊住户提供各种专业有偿服务和特需服务。

②高层住宅

高层住宅相对于普通住宅小区而言，其特点是建筑规模大、机电设备多、住户集中，居住人员的素质也相应较高。因此，这类物业管理的重点应放在：

a. 机电设备管理。这是大楼的核心部分，如发电机、中央空调、供水、消防、通信系统等，一旦哪一部分发生问题，必将严重影响住户生活和工作。因此物业管理部门必须备有一支技术熟练的专业人员，做好管理人员的培训，健全各项管理制度，保证能及时排除故障。

b. 保卫治安管理。须设保安班，24 小时值班守卫，建立来访人员登记制度，公共场所安装闭路电视监视系统，保证大楼每个角落都能处在保安人员控制中。

c. 卫生清洁管理。坚持早上清扫楼梯、走廊通道、电梯间等，收倒各楼层垃圾，清洗卫生用具，保持大楼清洁卫生。

d. 保养维护。主要是对公用设施、公共场所进行定期检查、维修。

③写字楼

写字楼作为办公场所，要求环境应保持宁静、清洁、安全，其物业管理重点应放在：

a. 安全保卫工作。保证防盗及安全设施运作良好，坚持出入登记制度，24小时值班守卫。

b. 电梯、中央空调、水电设施维护。保证工作时间上述设备正常工作，不允许出错。

c. 清洁卫生服务。这同高层住宅相类似，但要求更高，应当天天擦洗门窗，清扫走廊，做到无杂物、无灰尘，同时保证上班时间的开水供应。

④商业大厦管理

在商业大厦管理中，公司形象、居民购物方便程度是考虑的首要因素，其管理重点在于：

a. 安全保卫工作。通常大型商业中心客流量较大，容易发生安全问题，故应保证24小时专人值班巡逻，以及便衣保安人员场内巡逻。

b. 消防工作。管理维护消防设施，制定严格的消防制度。

c. 清洁卫生工作。有专职人员负责场内巡回保洁、垃圾清扫，随时保持商场环境卫生。

d. 空调或供热设备管理。设立专职操作及维护人员，保证设备正常运转。

以上是针对各类型物业列举其物业管理中普遍的重点和难点，但在具体编写投标书时，投标公司应针对物业具体性质与业主情况，就最突出的问题作详细分析。

3）介绍本公司将提供的管理服务内容及功能

①开发设计建设期间的管理服务内容

简要介绍物业管理公司前期介入所应考虑的问题及其意义，接下来就各问题进行详细叙述。

a. 对投标物业的设计图纸提供专业意见。投标公司应从物业建成后管理的角度出发，考虑设计图纸是否具有操作的可行性，是否方便用户，有时甚至可以就物业的发展趋势提出一些有利于日后运用先进技术管理的设计预留建议。

b. 对投标物业的设施提供专业意见。投标公司应从使用者角度考虑设施的配置能否满足住户的普遍需要。

c. 对投标物业的建筑施工提供专业意见并进行监督。包括参与开发商重大修改会议，向业主提供设备保养、维护等方面的建议。

d. 提出本投标物业的特别管理建议。主要就先前所分析到的管理难点有针对性地提出施工方面的建议，以利于日后管理。

②物业竣工验收前的管理服务内容

a. 制定员工培训计划。详细说明员工培训的课程内容，以及经培训后员工所应具备的素质。

b. 制定租约条款、管理制度和租住用户手册。

c. 列出财务预算方案。指出日常运作费用支出，确定日后收费基础。

③用户入住及装修期间的管理服务内容

a. 住户入住办理移交手续的管理服务。说明物业管理公司在用户入住时应向用户解释的事项，及其应当承办的工作。

b. 装修工程及物料运送的管理服务。规定用户装修时应注意的问题及应提交的文件。

c. 迁入与安全管理服务。说明物业管理公司应当采取哪些措施，规定业主应遵守的规章制度。

④管理运作服务内容

a. 物业管理人力安排。编制物业管理组织运作图，说明各部门人员职责及其相互关系。

b. 保安服务。包括聘任与培训员工、设立与实施保安制度等应采取的措施。

c. 清洁服务。包括拟订清洁标准，分包清洁工作的措施，监督清洁工作，以及保证清洁标准的其他措施。

d. 维修保养服务。编制维修计划，安排技术工程师监督保养工作的实施。

e. 财务管理服务。包括制定预算案，代收管理费、处理收支账目、管理账户等。

f. 绿化园艺管理服务。包括配置园艺工，布置盆栽，节日的装饰工作等。

g. 租赁管理服务。这是针对承租用户的管理工作，包括收取租金，提供租约，监督租户遵守规章等工作。

h. 与租住用户联系及管理报告。主要包括通知、拜访用户，了解情况，并定期向业主大会报告管理情况等工作。

i. 其他管理服务内容。补充说明由于招标物业的特殊功用或业主特殊要求而需要的其他特定服务。

⑤说明将提供的服务形式、费用和期限服务形式一般分为直接管理或顾问管理，费用和合同期限与服务形式有关。招标方应按照招标人的意见选定服务形式并报价和确定合同期限。

4. 投标应注意的几个问题

（1）投标文件中的每一项都须填写，如有空缺，则被认为放弃意见；重要数据未填写，可能被作为废标处理；

（2）递交的全部文件每页应签字，若填写中有错误，而不得不修改，则应在修改处签字；

（3）最好用打字方式填写标书，或者用墨水笔正楷填写；

（4）不得不改变标书的格式时（如原有格式不能表达投标意图），可另外补充说明：

（5）投标文件应字迹清楚、整洁，纸张统一，装帧美观大方；

（6）计算数字要准确无误，无论单价、分计、合计、总标价及其他字数均应仔细核对；

（7）投标者应严格执行各项规定，不得行贿、营私舞弊；不得泄露自己的标价或串通其他投标人哄抬标价；不得隐瞒事实真相；不得有损害他人利益的行为。

5. 投标的报价与报价技巧

投标报价应科学合理，各项成本的测算应有充分的依据，实事求是，使人信服。

（1）经营管理成本测算

在测算管理成本之前，首先应当对被测算的物业作一番详细的了解，准确地获得该物业进入管理状态后各项成本支出的原始数据。尤其需要准确了解的是影响管理成本的主要数据，如各项设备能耗（功率/时间）、岗位设置等。其次，依据作为数据测算的各项费用，物业的管理一般情况下会有如下一些项目：

开办费：包括办公设备、工程设备、清洁设备、通信设备、安保设备、商务设备、绿化设备等购置费。

设备能耗费：物业的各项设备，都有规定的开闭时间和单位时间的功耗，在明确了这些条件后即可测算它的费用，包括水费、电费、燃油费等。

人工费：物业管理人员的岗位设置，因物业的特性和企业的管理水平而设置。现代社会中，劳动力已经商品化，不同的工资水平确定不同的人员素质。因此，岗位设置的合理性、人员素质的科学性决定了人工费成本的高低。

其他成本费：如维修费、清洁费、办公费、培训费、招待费等均可按该物业的规模和性质来决定。

（2）经营管理利润的确定

企业经营的最终目的是为了获得利润，利润定位的高与低直接决定了投标报价的竞争性。物业行业的通行做法，利润率是实际发生的管理费用的 5%～15% 之间。具体定位在哪里，这与企业的知名度、管理能力、管理成本和向委托方提供的信任度等因素有关。

（3）报价技巧

报价技巧很重要，它直接决定了竞标是否成功。其关键就是要使投标的报价让对方能够接受。目前比较推崇的方法有如下几种：

菜单式：把所有需要发生费用的服务都一一分解，一目了然，让非专业人士通过工作经验就能判断某项服务确实需要这些费用，甚至可以将某项服务分为不同的等级，产生相对应的不同费用。让招标方根据自身的实际情况进行选择，被选中菜单的服务费总和即为本标书的报价。

实报实销式：投标方仅确定本企业接受某物业后将要获得的利润数。其余在物业管理中发生的所有管理成本，在业主方确认后按实际的发生数由业主方承担。

定额承包式：投标方在确定了服务内容和服务标准后，确定一个承包额，由投标方进行风险经营，运用这种方式的前提是要详细地描述服务内容和准确地确定服务标准。缺乏一定经验的招、投标方采用这种方式会存在一定的风险。

9.3　实训作业

长江别苑业主大会、业主委员会，决定采用向社会邀请招标方式聘请物业管理公司进行管理，请你根据以下内容编制一份招标书，

物业坐落位置：人民公路 2 号。

地块四至范围：东至盛世香樟花园，西至人民公路，南至红旗路，北至新桥路。

本项目总用地面积 188074m²。其中：道路用地 23200m²。本项目总建筑面积 55654 m²。其中：住宅总建筑面积 52516.95m²，非住宅总建筑面积 3137.05m²。

在编制招标书过程中具体的编制格式必须要规范，但其中涉及的具体事项，比如资格预审合格通知发出时间为何时、投标保证金为多少这些具体内容学生可以自行填列。

第 10 章　房地产项目策划与品牌管理实训

【实训目的】

　　使学生通过实训掌握房地产项目策划基本流程和内容，了解房地产项目策划方法和流程，熟悉营销管理策划技巧，树立房地产项目的品牌管理意识。

【实训要求】

　　学生要有一定的房地产项目策划以及房地产品牌管理的知识；具备房地产项目营销策划相关知识。高度关注房地产领域品牌运营规律，具备初步品牌策略选择能力。

【实训内容】

　　（1）房地产项目策划的流程解读；

　　（2）品牌策略选择；

　　（3）房地产项目策划书撰写编制。

10.1　房地产项目策划

10.1.1　房地产项目策划

　　关于房地产项目策划，有两种不同的理解：一种观点认为，房地产项目策划就是促销策划，即如何想方设法把楼卖出去，这是一种狭义的理解；另一种观点认为，房地产项目策划就是从发展商获得土地使用权、市场调查、消费者行为心理分析直到物业管理全过程的策划，即业界人士所说的房地产项目全程策划。

　　房地产项目策划是在房地产领域内运用的科学规范的策划行为。它根据房地产开发项目的具体目标，以客观的市场调研和市场定位为基础，以独特的概念设计为核心，综合运用各种策划手段（如投资策划、建筑策划、营销策划等）并以具有可操作性的房地产项目策划文本作为结果的活动。包括以下几层意思：一是房地产策划具有明确的具体目标；二是房地产策划师在市场调研和市场定位基础上进行的；三是房地产策划要遵循特定的程序；四是房地产策划要综合运用各种策划手段；五是房地产策划最终要提供可操作性的策划文本。

10.1.2　房地产项目策划内容

一个完整的房地产项目策划，主要包含以下内容：

1. 土地使用权的获取

一般说来，项目的策划都是从拿地的那一刻开始的。此间，开发商及其策划人员在对城市规划和当地房地产市场充分把握的基础上，需研究哪个地块具有开发价值，并且怎样获得这个地块。

2. 房地产市场调查

目前，市场调查方法是开发商了解消费者行为心理以及竞争对手与楼盘的重要方法。此间，开发商及其策划人员要考虑通过什么具体的调查方法获得有关信息和资料，如何设计调查问卷，如何和市场调查机构打交道？

3. 消费者行为与心理分析

这一步主要是对市场调查结果分析研究，以及消费者心理行为模式进行探讨。

4. 房地产市场定位

通过市场调查、地块的自然与社会条件的分析，确定项目的市场定位，即项目主要销售给谁？此间，策划人员还要根据消费者的心理与行为，考虑导入什么样的概念，适应目标买家的爱好与习惯。

5. 房地产项目的规划设计

项目的规划设计，一般是由发展商委托给设计单位来做。在设计单位具体的规划设计之前，发展商及其策划人员要依据市场调查的结果和项目的市场定位，给设计人员提出具体的建议和指导。规划设计完成之后，发展商要选择承建商进行施工。这一步工作主要是由开发公司中的工程人员进行施工管理。不需要策划人员具体做什么。当项目完工或即将完工时，策划人员就要考虑项目的销售问题。这一问题又可以分为价格策略、广告策略以及销售策略三项内容。

6. 房地产项目的价格策略

房地产价格犹如一把双刃剑：制定得好，可以挫败竞争对手，使开发商自己的楼盘畅销；制定得不好，楼盘可能卖不出，企业就被别的对手所打败。因此，制定合理的价格策略，是策划人员的重要工作之一。价格策略主要包括定价目标、基本定价方法、单元价格确定以及定价技巧等。

7. 房地产项目的广告策略

如今，酒香也怕巷子深，策划人员为吸引大众的"眼球"，必须精心策划、认真实施有效的广告策略。这其中包括广告目标、广告费用预算、广告媒体选择、广告节奏、广告设计技巧以及广告效果评价等。

8. 房地产项目的销售策略

在具体的销售过程中，发展商要考虑项目是自行销售，还是委托代理？项目推向市场时，是以什么样的形象展现给消费者？其次，售楼处怎样布置，售楼书怎样制作？楼盘正式开卖前，要不要搞一个内部认购，试探一下市场的反应？楼盘销售中，如何营造卖场氛围，给人以火爆的场面？如果要自行销售，发展商要考虑销售人员的培训问题。由于项目的销售要经历较长时间，制定出一个完整的销售计划是必不可少的。销售过程中，还有一些具体的问题，需要发展商以及策划人员考虑，例如：销售进度的控制与节奏的安排，尾盘如何销售？用什么样的促销噱头吸引广大的购房者？房地产项目销售中，如何处理好与社会和大众的关系？以上问题，都是需要策划人员认真考虑的。

9. 房地产项目物业管理的前期介入

物业管理工作虽然属于楼盘销售之后的事，但是，策划人员必须提前介入。这是因为，良好的售后服务是楼盘销售的有力保证。策划人员应本着以人为本的思想，为购房者制定好完善的物业管理措施，以及提供"量身定造"的服务。

■ 10.1.3 房地产项目策划模式

房地产项目策划大致可分为三种典型模式：概念策划模式；多卖点策划模式；等值策划模式。这三种房地产项目策划模式，基本可以反映出房地产项目策划的过去、现在和将来。

1. 概念策划模式

近些年来，先后出现了一些热销楼盘，这些热销楼盘不管是在南方城市，还是在北方城市，它们都分别有一个显著特点。比如有的强调物业管理，有的宣传环保的特征。有的突出保安系统技术的先进性，有的推荐智能化设计，有的则更注重环境设计，有的讲究设备材料精良等。以上所提到的这些优点，对销售起到重要的引导作用，使购买者能够在众多楼盘选择过程中，比较容易地选择到自己满意的楼盘，使人们首先建立起对概念的认识，从而达到促销的目的。这便是概念策划模式。但概念楼盘明显地带有卖方市场的痕迹。靠突出某个特征而实现销售，就像某个餐厅靠某种有特色的招牌菜招揽生意一样。招牌菜对餐厅经营的好坏不能起到决定性的作用，楼盘的突显特点亦如此。卖方市场情况下，供应量相对不足，开发商靠某项优点而实现销售意图，只是解决了买家的识别选择，而未能使其达到理性选择的境地。

2. 多卖点策划模式

随着房地产供应量的增加，需求相对减弱，买家开始能从容地挑选，并且能够有多方选择。面对买家开始实现"货比三家"的市场，使得开发商必须快速适应购买者的挑剔，采取"人有我有，人无我有"的经营策略。就是在这种房地产市场的需求之下，房地产项目策划公司应时而生，开始有意识地博采众家之长于一身，帮助开发商在短期之内对购买者作出充足的承诺，极尽所能地向市场推出包罗万象，无所不有的卖点。卖点数量的增加和质量的提高，使楼盘质量不断地得到提高。在市场接受这些卖点时，房地产项目策划公司也就获得了源源不断的商业机会。多卖点策划模式对提高项目的素质起到了非常积极的作用，但同时也使许多楼盘成本大幅提高，如果策划不能产生预期的效果，那么很多的房地产企业将会处于高处不胜寒的境地，走入绝境，这也就是多卖点策划模式存在的不足之处，在实际运用的过程中，要仔细衡量成本与收益的大小，以期达到预期的效果。

3. 等值策划模式

正在多卖点策划发展迅速之时，人们逐渐发现，采用多卖点模式的房地产项目策划模式会使得一些楼盘成本不断提升但却并未获得同比的售价，反而是一些曾被人们忽视的项目却得到极大的商业回报。这种结果差异的后面，其实存在着投资商和策划机构对土地、项目价值发现能力的差异和价值兑现的能力差异。

等值策划要求策划人能对该项目的价值因素具有充分的认知能力，并能在众多因素之中进行权衡取舍，还需房地产项目策划人具有驾驭和实现经营意图的综合能力，并且能够充分发掘出土地的价值实现等值策划，从而兑现其最大价值。等值策划可视为房地产项目策划的理想模式，但是其对房地产项目策划人的能力要求很高。

10.2　房地产项目策划的流程

■ 10.2.1　房地产项目全程策划

房地产项目策划的程序不是平面、二维的，而是立体、三维的，这是由于房地产开发过程时空交叉、立体和平面同步进行的特点决定的。

1. 项目用地的获取与选址

开发商根据自己对房地产市场的分析及认识，寻找投资的机会，将投资设想落到一个或若干个具体地块上，通过市场分析和拟选项目的财务评估（评价）工作进行决策。这一阶段需提出项目投资建议，编制项目初步投资估算，这是房地产整个开发过程中最为重要的一个环节。

当确定了投资决策后，获取土地使用权就成为一个很关键的工作。获取土地使用权的方式有招标、拍卖或者挂牌方式。房地产开发企业通过竞投的方式获取土地使用权将会成为主流。开发商与策划人首先在开发用地选择上进行深入研究。主要工作内容有：

（1）研究城市规划并了解当地房地产市场情况；（2）研究地块的开发价值；（3）研究如何获得土地使用权及了解地块所在地的政策法规。

2. 房地产市场调查

一般在获得土地使用权之后，由于政府规划部门对项目用地规定了详细的规划控制指标，这种情况下，开发商对项目用地已有了一定的考虑，为了使决策更科学，把产品定位更准确，必须通过市场调查，了解消费者心理，寻找目标客户，在这阶段开发商与策划人研究通过什么方法和手段获得相关的信息。一般委托专业调查机构，实施问卷调查，对消费者心理与行为进行分析。

3. 房地产项目投资策划

对开发商来说，投资策划一般是企业内部的行为，很少委托专业策划人承担此项工作。所以在目前见到的房地产项目策划教科书都不谈及这个内容，但从整个项目出发过程看，它是不可缺少的一个重要环节，需对项目进行全面、详细、深入的技术经济分析论证，评价选择拟建项目的最佳投资方案。这一阶段的主要工作有：投资环境分析、确定项目投资方向、投资组合以及确定项目的总体资金运作方案等。

4. 房地产项目定位

项目定位主要解决的问题是：

（1）项目市场定位——即房子主要卖给谁，有哪些竞争对手，目标客户有哪些消费习惯。

（2）产品定位——确定开发什么样的产品，找出拟开发产品限制性条件，制定具体的产品定位方案和定位策略。

（3）房地产项目的概念设计——对拟建项目提出一种概念、精神和思想，它是贯穿于整个项目的灵魂，是项目的主题，也称为房地产项目的主题策划。成功的概念设计给项目赋予更多的文化内涵，引领一种新的生活理念和生活方式。

5. 房地产项目规划设计

在对项目进行深入市场调查和准确定位的基础上，开发商通过招标的方式选择规划设计方案。这一阶段主要的工作内容如下：

（1）项目整体规划方案设计

对项目建设条件和综合技术经济进行分析；建筑、道路、绿地等空间布局和景观规划设计，布置总平面图；对住宅及配套的学校、幼儿园等进行日照分析；提出交通组织方案并设计；市政工程管线规划设计。

（2）确定建筑风格和楼盘特色

风格是一个建筑物的个性或独特表征，它作为凝固的社会思潮深刻地体现出人类的价值观和审美倾向。开发房地产项目要考虑地域、自然环境、风俗、目标客户年龄、文化层次及市场的稀缺等因素来确定产品的建筑风格。

（3）住宅设计

住宅设计要求建筑师在新理念的指导下，以人为本，以人与环境的和谐发展为核心，运用先进的科学技术、手段，综合社会、经济、环境、文化等多方面内容创造性地解决各种矛盾，去创造出符合时代、社会、居民需求的城市住宅。

（4）公共建筑规划设计

公关建筑的功能、经济及美观的问题基本属于内在因素、城市规划、周围环境、地段状况等方面的要求，则是外在的因素，这些关系构成一个整体统一而又和谐完整的空间体系。在进行室外空间组合时，常表现为功能与经济、功能与美观以及经济与美观的矛盾，这些内在矛盾的不断出现与解决，则是室外空间组合方案构思的重要依据。"因地制宜、因时制宜和因材制宜"是设计师解决矛盾的基本原则。有机地处理个体与群体、空间与体形、绿化与小品之间的关系，使建筑的空间体形与周围环境相互协调，不仅可以增强建筑本身的美观，又可以丰富城市环境的艺术面貌。

（5）景观设计

包括绿化种植景观、道路景观、场所景观、硬质景观、水景景观、庇护性景观、模拟化景观和照明景观。美化生活环境要体现社区文化的社会性，节能节材合理用地的经济性、生态性、地域性和历史性。

6. 房地产项目营销策划

一般在房地产项目开发前期，开发商就要权衡自行销售和委托销售的利弊，最终要决定由谁来卖房子，并对整个项目进行营销策划。营销策划的主要内容：定价策略；营销前的主要准备工作；制订营销计划并对实施过程进行控制与管理；整合传媒资源，分析广告时机选择和节奏控制，进行产品宣传、推广活动的策划。从未来的发展趋势看，房地产企业委托代理销售方式在房地产市场将会占主流，这也是社会分工更加精细化的结果。

7. 房地产经营策划

在项目全寿命周期中，物业管理阶段是项目从消费环节进入使用期，持续时间最长、价值量最大的时期。随着我国房地产业的发展，房地产物业管理将形成四个层次，即物业管理、物业设施管理、物业资产管理和房地产组合投资管理。对于居住物业主要是进行前两个层次的管理，而对收益性物业或非开发商拥有的自用物业，不仅要进行前两个层次的管理，还要进行后两个层次的管理工作。

居住物业，一般在项目前期，开发商通过招标的方式选择一家物业管理公司，并签订《前期物业服务合同》，由物业管理公司依照合同约定实施前期物业管理。物业管理企业从物业管理运作的角度提出小区规划、楼宇设计、设备选用、道路交通设计、绿化、功能规划、工程监管、竣工和验收接管等多方面的建设性意见，直到业主委员成立选聘物业管理公司并签订《物业服务合同》时止。在后续工作中，物业管理公司将按合同约定实施管理。物业管理方案是开发商或业主委员会选择物业管理公司的主要依据。

收益性物业或非开发商拥有的自用物业，除了对物业及物业设备的管理之外，更重要的是物业资产管理和房地产组合投资管理。由于收益性物业比居住物业投资风险大，所以开发商在项目前期就需要对各种收益性物业的投资要点和投资风险进行分析比较。对收益性物业经营策划要进行市场调查研究和分析；作好项目的财务经济分析；对项目进行系统定位；搞好总体规划设计；加强招商推广和经营管理活动的策划。

从房地产项目策划报告的形成过程看，策划阶段的工作流程如图 10-1 所示。

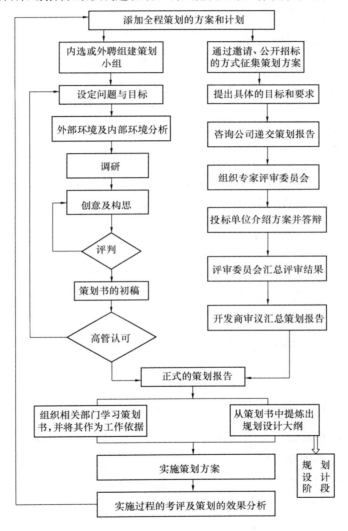

图 10-1　全程策划阶段的工作流程

■ 10.2.2　房地产项目营销策划

1. 房地产项目营销策划的基本知识

房地产项目营销策划是指在房地产营销理念的指导下，根据房地产开发项目的具体目标，在对企业内外部环境予以准确地分析并有效地运用各种经营资源的基础上，通过客观的市场调研和市场定位等前期运作，综合运用各种策划手段，按一定的程序对未来的房地产开发项目相关的营销活动进行创造性的规划、设计，并以具有可操作性的房地产营销策划方案文本作为结果的活动。

　　房地产项目营销策划是营销管理活动的核心，实质上是一个从了解市场、熟知市场到推广市场的过程，其中心是顾客需求。由于顾客的需求千差万别，房地产营销策划必然从单一化趋向全面化、从注重表面趋向追求内涵。它不仅要体现物业特征，还要体现市场特征和消费习惯及发展趋势。

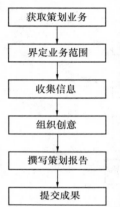

图 10-2　房地产项目
营销策划的流程

2. 项目营销策划的流程

　　房地产项目营销策划分为六大部分，其具体流程如图 10-2 所示。

　　（1）获取策划业务

　　房地产项目营销策划业务获取主要有两种方式：一是委托接受，委托方主动要求策划公司提供策划服务；二是主动争取，策划咨询公司主动与委托方接洽寻找策划业务。

　　（2）界定业务范围

　　营销策划师面向项目全过程即开发理念、地块选择、规划设计、营销推广、市场销售、物业管理等提供咨询和策划服务，在接受委托后，必须弄清楚委托方的目的和要求。一般营销策划按阶段不同分为前期营销策划与后期营销（销售）策划。前期营销策划是从获取土地使用权后开始，主要通过市场调研分析，进行项目选择与项目定位；后期营销策划通过市场调研、项目分析，进行项目定位、定价、市场推广、物业管理的服务营销策略的策划。

　　（3）收集信息

　　信息资源的掌握对营销策划是非常重要的，信息资源开发的水平，在一定程度上决定着策划方案的水平高低，而信息开发水平又与采用的方法有关。因此必须运用可行的市场调查方法，收集信息资料，使收集的信息资料满足可靠性、有效性的要求。对收集的信息资料采用科学方法进行加工处理，揭示出房地产市场的发展规律，分析、预测其发展变化趋势。

　　（4）组织创意

　　创意是创造、创新的基础，组织创意是营销策划的核心。创意不仅依赖个人的"灵感"，而且更是一种需要组织的系统性工作。因此，策划人是一个群体、一个团队，必须在拥有大量信息的基础上，具有极强市场反应能力和创意悟性。

　　（5）撰写策划报告

　　景观组织创意一般可形成概念性方案，然后对创意后形成的概念性方案进行充实、整理、编辑、精炼，并用文字和图标简要表达出来，形成了房地产营销策划书。策划方案变化完毕后，通常要向委托人讲解、汇报，得到委托方的认可。

（6）提交成果

将完成的策划报告打印装订成册，提交给委托方。

3. *房地产项目营销策划报告的内容*

（1）项目定位

通过市场调研，地块的自然与社会、经济条件的分析及消费者状况研究，景观市场细分，确定项目的市场定位，即开发理念和思想、目标客户、开发规模、开发品种和结构、项目整体建筑风格、功能定位（配套、景观、环境）、户型、套型设计等，并对项目规划、建筑设计、项目开发运作提出建议。

（2）项目定价

分析影响价格的主要因素，通过成本法、市场比较法等确定项目价格区间及均价；根据销售阶段安排制定分期均价；根据相对位置、朝向、景观等条件制定分栋均价；根据朝向、景观、采光、通风、户型、面积等制定层次差价和朝向差价，最后形成价格表；根据目标客户群制定相应的付款方式和对应的折扣率；根据关系购房、促销折扣、尾盘折扣、分阶段上调比例和范围，形成综合折扣。

（3）市场推广

1）推广准备

①卖点与主题，对市场、竞争对手、消费者构成及购买行为进行研究，结合项目特征优势、项目的品质进行卖点挖掘；从产品定位和客户定位中寻找物业主题；从形象定位中寻找广告主题。

②制定推广，计划营销成本测算（资料费、广告费、销售管理费、中介服务费等），营销预售控制，营销成本构成及比例的费用计划；营销组织选择，明确的组织计划；销售阶段划分及内容和时间安排的阶段计划。

2）广告推广

①广告策划，对区域内广告情况进行分析研究，确定广告的战略目标，进行广告创意分析，广告形式的分析、选择及组合，确定广告预算；

②推广安排，广告时间选择，推广内容确定，广告发布量控制，媒体推广形式。

3）活动推广

活动推广的时机，活动推广类型确定，活动推广步骤制定。

4）品牌推广

楼盘品牌推广，企业品牌推广，企业楼盘品牌联动推广。

5）推广控制

控制程序，广告效果测定及调整。

（4）销售方案

1）销售准备

项目审批资料，销售资料，销售人员准备，销售现场准备。

2）销售实施的管理

划分销售阶段，各阶段的市场推广策略，各阶段的销售策略，销售工作流程，销售管理，销售控制。

10.3　房地产项目策划报告编制

■ 10.3.1　房地产项目策划报告

房地产项目策划报告是对未来房地产开发项目相关的活动进行创造性规划、设计，并以具有可操作性的房地产策划方案文本作为结果的活动。

1. 按房地产开发阶段分类

房地产项目策划报告案房地产开发阶段可分为：前期项目定位策划，项目设计策划，项目投资策划，项目营销策划，项目广告策划。

（1）前期项目定位策划

主要是对区域内宏观、中观、微观社会和经济发展调研，项目市场分析与研究，项目市场要素研究，项目市场细分，项目 SWOT 分析，项目市场定位。

（2）项目设计策划

区域内房地产项目调研，对竞争楼盘分析与评价，项目的概念设计，项目设计的内容与规模，项目设计的环境策划，项目设计的功能和空间策划，项目设计的户型设计。

（3）项目投资策划

区域内社会、经济调研，项目投资环境分析和评价，项目投资时机分析和选择，项目投资区位分析和选择，项目投资内容的分析和选择，项目投资模式与开发模式的选择，项目投资的经济分析与评价。

（4）项目营销策划

对项目区域房地产市场营销现状进行调查，对项目市场进行分析研究，目标客户分析与定位，项目定价策划，房地产销售计划与销售周期确定，项目推广策划，项目公关活动策划，销售费用与推广效果控制。

（5）项目广告策划

项目区域房地产广告市场调查，房地产广告市场分析与评价，项目广告目标确定，广告主题与表现，房地产广告媒介选择与运用，房地产广告设计与创意，房地产广告预算与安排，房地产广告效果与反馈。

2. 按房地产开发内容分类

房地产项目策划报告按房地产开发内容可分为：房地产市场调查策划，房地产项目定位策划，房地产项目产品策划，房地产项目营销策划，房地产项目广告策划，房地产项目销售策划等。

10.3.2　房地产项目策划报告基本结构

房地产项目策划报告由于项目用途、开发阶段及要求不同，其形式多样，内容重点差异较大，但从各种策划报告结构来看，仍然有共性的部分，其基本结构是相同的。

房地产项目全程策划报告一般分为：项目市场调研、项目投资分析、项目定位分析、项目概念设计、项目品牌设计、项目营销策划、项目推广计划和项目广告策划。

1. 项目市场调研

由于房地产市场的区域性，各个地方的社会、经济、文化发展情况不同，所形成的房地产市场存在较大的差异，因此任何项目策划最基本的是从项目所在区域的房地产市场调查入手。

（1）区域市场总体调查与分析

主要从宏观上把握区域社会经济发展现状及未来发展趋势，调研区域的社会环境、经济环境、政策环境、金融环境，了解区域的产业及所有制结构的特征，掌握流通环境和人口环境现状；项目所在区域的区位分析，主要是经济总量与经济结构，一、二、三产业构成与结构比例，人口总量与结构，区域环境特征和环境组成；区域市场总体综合评析。

（2）项目市场调查与分析（住宅、非住宅）

近年来区域市场发展现状、特点及趋势，投资量、开发量、消化量和空置量，需求量、交易量等；项目地块周边市场概况、市场变化、市场特征；项目直接性竞争对手基本情况，竞争环境的划分及竞争对手的分析；项目市场综合评析。

（3）项目开发条件分析

主要围绕地块进行环境分析和规划设计分析。

环境分析有：生活状况研究（交通、商贸、文娱、医保、教育、环境素质等），商务状况研究（公司业务分析等），污染状况研究（空气质量、水质、土质等），水、电、气供应状况研究，交通便利，居住文化状态研究，居住圈层状态研究，可利用自然景观状况研究等。

规划设计分析：规划设计指导思想分析，规划设计总体概念分析，规划设计具体要点分析等。对项目地块开发条件综合评价。

（4）项目 SWOT 分析

通过上述调研分析，将项目放入客观环境之中，从宏观到微观全面地综合考虑，对项目进行优势分析、劣势分析、项目机会分析与威胁分析。

2. 项目投资分析

(1) 项目概况分析

重点是项目的地理位置及区位环境分析，主要技术经济指标和项目控制性规划指标。

(2) 当地房地产市场走势分析

当地房地产市场的回顾与展望，市场的供求关系分析、竞争楼盘分析、价格走势分析；地块周边市场特征、区位条件和楼盘素质分析等。

(3) 项目土地价值判断及项目地块优劣分析

从项目地理位置、周边景观、环境及污染、市政配套、邻近楼盘状况综合分析判断土地的价值及增值空间，对项目地块进行优劣势分析。

(4) 项目可提升价值研究和判断

主要是通过分析，从土地价值类比、规划能力、单位设计、建筑形式、市场细分及客户定位、项目包装、营销策划和物业管理多方面、多途径对项目可提升价值的研究和判断。

(5) 项目投资估算

根据类似项目资料、规划方案和现行市场价格对项目投资费用进行估算，求出项目投资总额。

(6) 财务评价

根据规划方案、项目工期、投资总额和预测项目收益状况，对项目进行财务分析与评价，判断项目的财务可行性。

(7) 敏感性分析

依据上述方案，进行项目盈亏平衡分析，选择若干个影响因素，进行项目敏感性分析，找出最敏感性因素变化对利润的影响，为投资决策提供依据。

3. 项目定位分析

(1) 产品概念定位

产品概念的汇总，产品概念的细分，产品概念的锁定。

(2) 产品实体定位

市场现有产品的汇总，市场现有产品的细分，产品实体确定。

(3) 目标对象概念定位

目标对象概念汇总，目标对象概念细分，目标对象概念的锁定。

(4) 目标对象实体定位

现有楼盘目标对象汇总，楼盘目标对象细分，对象实体的确定。

4. 项目概念设计

(1) 规划设计指导思想

分析现有楼盘规划设计基本特征，确定项目规划设计指导思想。

（2）规划设计总体概念

主要从项目规划设计的环境形态、建筑形态和人文形态来鉴定规划设计总体概念。

（3）规划设计具体建议

主要对空间环境及景观设计、主体建筑物设计、道路交通系统、公关设施配套及服务系统、物业管理系统提出具体建议，指导规划设计。

5. 项目品牌设计

（1）项目品牌名称设计

对市场楼盘名称调研和评析，分析当地语言习惯和习俗，分析本项目特征，对项目品牌名称进行设计。

（2）项目系统分析

对项目视觉形象定位，项目视觉形象核心要素设计（标志、标准字体、标准色彩、使用规范），项目视觉形象要素设计（办公系统、环境要素系统、流通系统、广告系统、服饰系统）。

（3）工地现场形象设计

工地现场形象设计主要包括：工地围墙、工地主入口、工地主标识性形象设计。

（4）售楼中心形象设计

售楼中心形象设计主要包括：售楼中心形象风格建议，看板、灯箱、旗帜等功能性区域设计。

（5）项目导示系统设计

项目导示系统设计主要包括：项目内部导示系统、公共设施导示、生活配套设施导示及各类标识等。

6. 项目营销策划

（1）全程营销策略制定

全程营销策略制定主要包括：项目分阶段发展计划，各期开发的市场策划意见。

（2）全程供应量的建议

项目整体供应市场总量、阶段供应与市场进程关系分析，项目整体供应市场产品类型、阶段供应与市场需求变化关系分析，项目总体量比与阶段量类比关系。

（3）全程价格策略建议

项目总体定价原则与策略，各阶段产品具体价位确定，售价调查与销售率，付款方式建议，个性定价（楼层、朝向、景观、房型差价），特价房推出数量与时机，价格控制。

（4）全程促销策略建议

直接性促销活动设计，间接性促销活动设计，各种促销渠道的开辟。

7. 项目推广计划

（1）总体推广策略

推广总体原则，推广主题，推广时机，推广方式。

（2）活动推广方案

公关活动，促销活动，新闻性活动。

（3）软性推广方案

新闻性宣传，软性广告。

（4）广告推广方案

广告设计，广告与其他手法的配合。

（5）推广时间分配方案

依据上述方案进行总体安排和时间分配。

（6）推广预算分配案

依据上述方案进行总体安排和时间分配，安排人力、物力和财力，计算项目推广费用预算。

8. 项目广告策划

（1）总体广告策略

确定广告目标，广告主题策略，广告表现策略，广告媒体策略。

（2）阶段广告计划

确定开盘期、强售期、持续期和尾盘期，制定阶段广告计划。

（3）广告核心主题

依据广告主题策略结合项目特征和品质，制定广告核心主题。

（4）广告具体内容

依据阶段广告计划和项目营销特色，制定广告具体内容。

（5）广告表现形式

依据项目影响特色和目标客户群对媒体偏好与习性，选择传播媒体，确定广告表现形式。

（6）广告媒体计划

依据上述要求安排广告媒体实施计划。

10.4 房地产项目策划实训总述

■ 10.4.1 住宅项目策划

住宅项目策划报告结构与上述基本结构相同，由于住宅用途及功能要求，策划报告主要内容围绕住宅项目这一特定的研究对象有针对性地展开。

1. 项目市场调研部分

通过区域市场总体调研、分析，从宏观上把握区域的社会经济发展现状及未来发展趋势，在项目市场调查、分析和项目开发条件分析中要紧紧围绕住宅项目特征，对项目地区住宅投资量、住宅开发量、住宅消化量和住宅空置量、住宅需求量、住宅交易量、一手房市场、二手房市场等进行定量分析，为投资决策提供数据支撑；项目地块周边住宅市场概况，住宅市场变化、住宅市场特征；项目竞争对手基本情况，竞争环境的划分及竞争对手对比分析和项目 SWOT 分析。

2. 项目定位分析

项目定位是项目成败的关键。通过市场调研、定性定量的综合分析，对住宅市场进行细化，去寻求市场机会，发现市场空间，确定项目投资方向和市场位置。项目定位分析主要包括项目市场定位、客户定位、形象定位和价格定位。

3. 项目营销策划

项目营销策划主要围绕项目自身的特色和品质，围绕项目的目标客户群制定相应的营销策略。以项目定位为依据，根据项目品质与特色提炼营销主题，围绕营销主题挖掘营销亮点，制定销售推广计划。充分整合和应用各种企业及社会资源，将项目有计划、有准备、及时有序地推向市场，实现项目营销战略目标。

在当前住宅项目策划市场上，住宅项目策划报告一般分为两部分，前期策划和后期策划。前期策划主要包含市场调研和分析、项目选择和项目定性；后期策划（营销策划）主要包含市场调研、项目分析、营销策略、项目推广。

营销策划报告目录

第一部分　市场分析

一、宏观环境分析

二、××市房地产市场概况

第二部分　项目分析

一、项目概况

二、住宅设计分析

第三部分　项目 SWOT 分析

一、项目优势

二、项目劣势

三、市场机会

四、市场威胁

第四部分　项目定位

一、市场定位

二、客户定位

10.4.2　写字楼项目策划

写字楼项目策划报告与前述房地产项目策划报告基本结构大致相同，由于写字楼用途及功能的特殊性，策划报告必须针对写字楼这一特定的研究对象展开。

1. 项目市场调研分析

由于写字楼市场对经济环境和社会环境的敏感程度大大超过住宅市场，因此区域房地产市场总体调研与分析、宏观上把握区域的社会经济发展现状及未来发展趋势就尤为重要。写字楼市场调查、分析和项目开发条件分析中要紧紧围绕项目特征，对项目地区写字楼的投资量、写字楼的开发量、写字楼的消化量和写字楼的空置量、写字楼的需求量、写字楼的交易量、写字楼的租赁和销售市场及价格状况等进行数据分析处理，为投资决策提供定量分析的依据；对项目地块周边商务环境，交通现状和大、中、小公司业务类型及办公状态进行调查分析，把握市场变化，掌握市场特征；熟悉项目竞争对手基本情况，进行竞争环境的划分及竞争对手对比分析和项目SWOT分析。

2. 项目定位分析

项目定位是项目成败的关键环节。通过市场调研、定性定量的综合分析，对写字楼市场进行细化，寻求未满足消费需求的市场空间，发现市场机会，确定项目投资方向和市场位置。项目定位分析主要包括项目市场定位、客户定位、形象定位和价格定位。

3. 项目营销策划

写字楼项目营销策划主要围绕项目自身的特色和品质，围绕写字楼的目标客户群制定相应的营销策略。以项目定位为依据，根据写字楼品质与特殊提炼营销主题，围绕营销主题挖掘营销亮点，制定销售推广计划。写字楼销售要考虑出售和出租市场双重性，充分的整合和应用各种企业及社会资源，将项目有计划、有准备、及时有序地推向市场，实现项目营销战略目标。

营销策划报告目录

第一部分　市场分析

一、房地产市场概况

二、地区写字楼整体市场分析

三、区域市场分析

（一）市场供销量分析

1. 写字楼供量分析

2. 写字楼销售分析

（二）客户群购买分析

1. 从事电信、生物、电子等高科技企业

2. 高科技外资企业

3. 知名国有家电企业

4. 从事科技贸易、金融、风险投资等相关领域的中小型公司

5. 服务于高科技企业

6. 客户购买心理分析

第二部分　产品定位

一、产品市场定位

（一）项目 SWOT 分析

1. 优势分析

2. 劣势分析

3. 机会分析

4. 威胁分析

二、客户群体定位

三、项目产品定位

1. 创新

2. 品质

3. 风格

4. 专业

5. 品牌导入及形象的塑造

第三部分　营销部分

1. 价格定位

2. 销售策略

3. 实行全员营销意识

4. 实行总分报销网络化营销

5. 市场预热期

6. 正式开盘期

7. 强销期

8. 持续期

9. 收盘期

10. 预计销售周期

11. 年内销售计划

12. 年内实现销售额

13. 营销活动建议

第四部分　广告部分

一、现阶段房地产广告特点

二、本案的广告定位

（一）广告的目的

（二）广告的核心

三、广告主题设定

四、分阶段拟订广告主题

五、广告策略

（一）户外广告

（二）直投杂志

（三）大众媒体

（四）网络发布

■ 10.4.3　商业地产项目策划

　　商业地产项目策划报告是房地产项目策划报告中的一种形式，与前面所提到的房地产项目策划报告基本结构大致相同，由于商业地产功能与作用的特殊性，策划报告必须依据商业项目这一特定的研究对象展开。

1. 项目市场调研分析

由于商业地产对社会、经济环境的依赖性大大超过住宅地产，因此区域经济环境和社会环境调研就显得十分重要。商业地产项目市场调研需要进行经济环境的分析、区域结构调查与城市发展规划调查和生活结构研究；需要进行区域零售业结构、商铺分布及经营状况的市场调查与分析和商业发展规划及政策研究；需要进行地区现有及未来商业地产的供应量调查分析，消费者消费行为调查与研究及地区商圈的确定和研究；需要对项目地块周边商业环境、交通现状、市场特征、竞争对手进行调研分析和项目SWOT分析。

2. 项目定位分析

项目定位是项目成败的关键。通过市场调研、定性定量的综合分析，对商业地产市场进行细化，寻求未满足消费需求的市场空间，发现市场机会，找出市场空间，确定项目投资方向和市场位置。项目定位分析主要是项目市场定位即项目形象定位和规模定位，客户定位包括购买商铺和租赁使用商铺的目标客户分析和确定，商铺的经营项目定位及功能定位，商铺特色定位等。

3. 项目营销策划

商业地产项目营销策划主要围绕项目自身的特征和优势，围绕商业地产目标客户群制定相应的营销策略。根据项目定位制定营销方式、营销渠道和营销推广计划，根据项目要求制定招商管理模式、物业管理模式、客户管理模式、销售管理模式，依据项目品质和特色、施工进度情况并结合营销主题制定促销活动。商业地产销售要考虑出售和出租市场双重性，充分地整合和应用各种企业及社会资源，将项目及时有序地推向市场，实现项目营销目标。

商业项目策划报告目录

第一阶段 市场调研阶段（商业项目市场调研报告）

一、某城市经济环境的分析和生活结构研究

1. 总人口及区域人口结构、置业构成、家庭户数构成、收入水平、消费水平等

2. GDP发展状况及产业结构情况

3. 消费品零售总额

4. 商业增加值

5. 城乡居民的人均可支配收入

6. 城乡居民储蓄存款余额

二、区域结构调查与城市发展规划调查

1. 公共设施状况

2. 交通体系状况

3. 道路状况、通行量

4. 区域性质与功能特点

5. 各项城区的机能

6. 城市规划

三、商业发展规划及政策研究

1. 商业发展规划及布局情况

2. 商业发展规划

3. 城市商业网点规划政策

四、区域零售业结构、商铺分布及经营状况的市场调查和分析

1. 地区商铺分布及经营业态

2. 商业地区间的竞争状况及竞争者调查分析

3. 地区间的销售动向

4. 大型主力店的动向

五、典型性调查与研究

六、地区未来商业地产的供应量分析

七、消费者消费行为调查与研究

1. 地理细分调查分析

2. 购买人群细分调查

3. 年龄细分调查分析

4. 经济状况细分调查分析

5. 消费者交通和出行方式

6. 购买者购买心理及行为分析

八、项目土地条件研究

1. 道路类比及交通状况

2. 项目地块自然与社会条件分析

3. 周边环境和公建设施

4. 项目周围经济条件分析

5. 项目 SWOT 分析

九、商圈的确定和研究

1. 商圈的范围的确定

2. 商圈的构成及顾客来源

第二阶段：项目定位阶段（商业项目定位报告）

一、项目的市场定位

1. 形象定位

2. 规模定位

二、目标客户定位

1. 购买商铺的目标群分析

2. 租赁、使用商铺的目标群分析

三、商铺的目标消费群定位及分析

四、商铺的经营项目定位及功能定位

1. 经营项目定位

2. 功能定位

五、商铺的特色定位

六、竞争定位

第三阶段：项目规划、设计方案阶段（商业项目规划设计方案策划报告）

一、整体规划设计方案

二、建筑风格与立面效果设计方案

三、商铺结构与内部分割方案

四、景观设计方案

五、交通组织设计方案

第四阶段：项目营销策划阶段（项目营销策划报告）

一、营销整体规划方案

1. 营销方式

2. 营销渠道

3. 营销策略

4. 营销计划安排

5. 促销策略

二、价格策略执行计划

1. 整体均价

2. 分期均价

3. 层次差和朝向差分析

4. 价目表

5. 价格特别调整方式

6. 付款方式

三、管理模式

1. 招商管理模式

2. 物业管理模式

3. 客户管理模式

4. 销售管理模式

四、项目形象包装设计方案

1. VI 设计

2. 楼书设计

3. 展板设计

五、广告宣传策划

1. 户外广告策划

2. 报刊广告设计

3. 新闻炒作设计

4. 网上广告和炒作策略

六、销售活动策划

1. 开工仪式

2. 开盘仪式

3. 封顶仪式

4. 竣工仪式

5. 入住仪式

6. 新闻发布会

7. 展销会建议

10.5 房地产品牌战略管理实训总述

房地产市场竞争日趋激烈，产品高度同质化，越来越多的企业开始认识到，品牌是竞争制胜的法宝。在成功地对一个房地产项目进行全程策划之后，如何进行项目的运营就决定着项目的成败，而在这个过程中对于品牌的战略性管理尤其关系到房地产项目的运营。

从 20 世纪 50 年代，美国的大卫奥格威第一次提出品牌概念，至今不过半个多世纪，"品牌"二字已成为当代营销界使用频率最高的关键词。我国直到 20 世纪 90 年代才有了品牌的概念，然而随着市场经济的蓬勃发展，各行各业都高度关注品牌运营的规律。如何认识品牌、理解品牌运营的规律、合理制定品牌策略，也是房地产项目开发进程中必须认真面对的课题。

■ 10.5.1 房地产品牌

房地产品牌是由房地产开发经营者在进行房地产产品开发经营的同时，有计划、有目的的设计、塑造，并由社会公众通过对房地产产品的形象、品质和价值的认知而确定的商标，其本质是公众对房地产产品理性认识和感性知识的总和。而所谓的品牌管理是建立、维护、巩固品牌的全过程，是一个有效监管控制品牌与消费者之间关系的全方位管理过程，最终形成品牌的竞争优势、使企业行为更忠于品牌核心价值与精神，从而使品牌经久不衰。

房地产市场营销的品牌战略是指房地产经营企业通过对房地产产品品牌的创立、塑造，在消费者心目中树立良好的企业形象，以期在市场竞争中获得优势。品牌战略是房地产企业市场营销战略的一个重要组成部分，两者是整体与局部的关系，两者相互依存，相辅相成。品牌战略的实施过程其实就是市场营销各种战略、战术的使用过程。具体来说，市场营销可以从以下四个方面促使品牌战略目标的实现。

（1）进行分期目标分析，确认品牌现状；

（2）通过消费群体分析，确认品牌发展的机会；

（3）使品牌战略个性与品牌定位相联系；

（4）让品牌特征贯穿整个营销计划之中。

10.5.2　房地产项目品牌管理

随着市场经济的日益发展，企业家们越来越明晰品牌带来的价值效应，也意识到对品牌进行管理的重要性。那么，究竟什么是品牌管理呢？所谓的品牌管理就是建立、维护、巩固品牌的全过程，是一个有效监管控制品牌与消费者之间关系的全方位管理过程，最终形成品牌的竞争优势，使企业行为更忠于品牌核心价值与精神，从而实现品牌经久不衰。

品牌管理的内容可粗略地划分为：品牌产品力管理、品牌市场力管理、品牌形象力管理和品牌组织力管理。

（1）品牌产品力管理，主要是在品牌的统帅下，使产品具有丰富、准确、平稳、安全、新颖、有用性的管理，产品力管理强调的是注意产品的有用性、独特性、新颖性、美观性、真实性，从而提供始终如一的产品式服务。

（2）品牌市场力管理，是在品牌发展过程中，对市场的空间容量、变化趋势、市场占有率、影响力的管理，这种管理要符合市场规律，分析消费者喜好和构成，从而为占领、开拓市场提供保证和支持。

（3）品牌形象力管理，就是在品牌建设中，对品牌建设是否准确、一致、全面、差别化的形象识别建设的管理，包括传播的品牌识别系统是否准确，从传播到接受是否一致。

（4）品牌组织力管理，就是在品牌建设过程中，进行资源配置，结构优化和人力资源训练的管理，管理的主要内容是组织架构、人员配置、制度建设等规范管理，使组织团队能适应品牌的激烈竞争。

品牌管理的流程：

1）了解产业环境，确认自己的强弱点；

2）形成企业的长远发展目标及可操作的价值观；

3）建立完整的企业品牌形象识别，并形成维护管理体系；

4）通过市场调研确认品牌与消费者的关系，进行品牌定位；

5）确立品牌策略及品牌识别；

6）明确品牌责任归属，建立品牌结构，组织运作品牌；

7）整合营销传播计划及执行；

8）品牌跟踪与诊断；

9）建立评估系统，跟踪品牌资产——品牌评估；

10）持续一致地投资品牌，不轻易改变。

10.5.3 房地产品牌营运

1. 房地产品牌营运基本知识概述

房地产品牌营运的目的即是创造高价值的房地产品牌。高价值的房地产品牌，它拥有顾客认可程度高的品牌印象及拥有大量认同品牌的顾客，拥有这一优势的房地产品牌，就等于占据了巨大的资本资源。判断一个房地产品牌有多大价值，即看它有多少个品牌印象。每个品牌印象，代表一个认同该房地产品牌的顾客。

品牌印象怎样达到较高的顾客认可？以下条件是必不可少的。同时，这些条件构成了房地产品牌营运与创造的五大目标，也是高价值房地产品牌或强势房地产品牌的五大

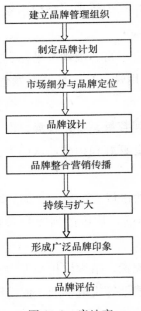

图 10-3 房地产品牌营运过程

特点：

（1）顾客（购房者）对品牌印象的完整性、丰满性；

（2）购房者对品牌印象记忆的深刻性；

（3）购房者对品牌印象的良好感情；

（4）品牌印象与顾客（购房者）的关键购买动机建立排他性联系；

（5）顾客（购房者）对品牌形成购买指令性的信念与价值观。

2. 房地产品牌运营流程

房地产品牌营运过程分为 8 大步骤，其具体过程如图 10-3 所示。每个步骤包含一项或若干项房地产品牌创造与管理工作。

（1）建立房地产品牌管理组织

房地产开发企业内部的品牌管理组织，由主管副总、品牌委员会、品牌经理组成。还可以利用外部品牌管理专业机构介入的方式，请他们担任品牌管理与部分执行的代理人。

（2）制定房地产品牌创造的计划与预算

房地产品牌创造计划应包括品牌战略方针、目标、进度、措施、对参与管理与执行者的激励与控制办法、预算等。

（3）市场调研与房地产品牌控制

通过市场调研，找到一个合适的细分顾客群，找到顾客群心目中共有的关键购买诱因。并且还要了解清楚，目前有没有针对这一诱因的其他强势品牌。

（4）房地产品牌设计

一个完整、丰满的房地产品牌设计，如前所述，包括四大内容：品牌视（听）觉识别体系、品牌个性定义、品牌核心概念定义、品牌延伸概念定义。

（5）房地产品牌整合营销策略

该步骤是品牌设计（策略）的执行阶段，主要分为两大类工作：一是沟通性传播，二是非沟通性传播。沟通性传播包括广告、公共关系、直接营销、事件营销、销售促进等途径。非沟通性传播，指房地产产品与服务、价格、销售渠道。从传播角度看，这些因素也是向顾客传达信息的载体，也应纳入传播控制之中。

整合营销传播的首要任务，是运用统一的大传播组合和互动式沟通方法，按照既定的品牌设计，针对阶段性或区域性市场优势，调动沟通性传播与非沟通性传播的各方面创造性努力及成果，形成面向顾客的统一具体的品牌形象与品牌价值实证。

房地产品牌形象，更多是满足某一时期顾客与竞争的要求，或某一市场区域顾客群与竞争的要求，因此，它具有阶段性或区域性特点。房地产品牌形象必须保持既定品牌设计（策略）的内在精神与基本视觉标志。

房地产品牌整合营销传播有 4 个步骤：

1）品牌阶段性定位。即设计出符合某一时期顾客购买动机的品牌定义（销售主张）作为阶段性传播的品牌形象；

2）为表现统一的品牌定位与形象，进行各种传播品设计制作及产品、价格、销售渠道的改善、调整；

3）设计并执行沟通顾客的接触（发布）计划；

4）对传播情况进行监测。根据监测到的问题，一是及时调整传播，二是为下轮传播提供调整依据与建议。

（6）实施持续与扩大的整合传播

房地产品牌创造，需要一个较长的时间周期和覆盖一个较大的市场范围，没有多个回合，是不可能完成的。

（7）形成广泛认同的房地产品牌印象

房地产品牌运营的目的，就是使既定的房地产品牌设计，为足够规模的顾客群与潜在顾客群所接受，并转化为高度认同的房地产品牌印象。

（8）房地产品牌评估

房地产品牌资产通过权威机构评估，确定为量化的资本财富，这是将房地产品牌资产运用到金融与合作上的必要手段。

3. 房地产品牌的速成运作

很多人认为，做房地产品牌非一日之功，品牌运作是一个长期培育的过程，必须舍弃和牺牲房地产短期销量和收益。因此在这里着重介绍房地产品牌的速成运作，要把握好房地产品牌的速成运作必须把握好以下步骤：

（1）准确定位

房地产品牌进入市场，首先要做好四大定位，包括：

1）品牌市场定位；

2）品牌理念定位；

3）品牌产品定位；

4）品牌时机定位。

（2）一步定位

所谓一步到位，是指发展商开发规模、总投入与投入要素如人力、资金等达到有竞争优势的较大的量与较高的水平和起点。这个量与水平的大小，主要根据项目本身规模、市场需要、竞争者水平与潜在竞争者动态等情况及发展商的主观目标来确定。

（3）建立提前优势

实施速成房地产品牌战略，意味着发展商计划将未来大增长目标加速实现，其实现手段如品牌竞争力、价格竞争力、渠道竞争力和传播及促销竞争力，就要按未来大增长目标所必需的最优条件来设置，如未到规模经济而采取规模经济条件下的低价格、大宣传规模与大宣传力度、大渠道网络及超值产品。只有优势提前，才能提前大发展。

（4）集中做品牌

即是指集中资源做品牌，使其产生品牌优势。

1）品牌目标集中。在资源紧张的情况下，要求发展商将所有资源集中在一个目标上；

2）品牌运营力量集中。在时间上把多项资源和能力同时安排在几个关键发展阶段上；在空间上，把多项资源和能力集中到一个或少数重要的活动和目标上；

3）品牌运营协同。在整个品牌运营过程中，使各项资源与各项活动，形成目标一致，效果一致，互相配合，互相利用的统一协同的整体。

（5）精确的立体战

房地产品牌运营精确的立体站模式，是目标与结果之间关系明确、目标与手段之间关系明确、投入与产业之间关系明确的一套精确化品牌营销方法体系。这套精确的方法体系一旦启动，必将产生震撼的效果。

■ 10.5.4　房地产品牌优势创设

房地产品牌优势的创设战略步骤如图 10-4 所示。

1. 树立品牌理念

在创设新的房地产品牌时，房地产开发企业必须树立它的品牌理念，这主要表现在对不同类型的选择上面。具体来说，这些品牌类型包括：开发企业品牌、私有品牌、非注册品牌、整体品牌以及个别品牌。

开发企业品牌，也称为制造品牌，是指采用房地产开发企业的名称作为品牌。房地产开发企业在同一品牌下提供一系列的产品选择。

私有品牌，也称经销商品牌，是指采用销售商制定的名称作为品牌，私有品牌的优势在于它是由房地产开发企业按照经销商的要求进行生产，品种较少。销售商对这些品牌有较大的自主权。

非注册品牌强调产品本身的名称，而不是房地产开发企业或销售商的名称，非注册品牌很少做广告，因为其在质量、品种、分销和促销方面的经济型，使非注册品牌的产品价格比其他种类品牌产品的价格要低。

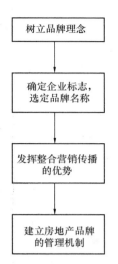

图 10-4　房地产品牌优势的创设战略过程

整体品牌是指两个或两个以上的产品共有一个品牌，整体品牌最适合于专业性强的企业。它的优点在于引进一个新产品时费用较少，不需要为新产品的品牌的建立花费大量资金。此外，如果房地产开发企业的声誉良好，具有品牌效应，则新产品的销路就会很好。但它的缺点也很明显，一旦产品系列中的某一个产品出现了问题就会波及其他产品。

个别品牌是指房地产企业开发建设或销售的不同产品或产品线使用各自的品牌。企业可以通过不同产品进行市场定位，对市场进行细分，提高销售量和销售利益，个别品牌的优缺点和整体品牌刚好相反，它没有将房地产开发企业的声誉维系在某一品牌的成本之上。但是，当企业推出某一新产品时就要为该产品支付很大的营销费用。

房地产开发企业必须根据自身情况，从实际出发，结合自身的发展战略，选择一种适合企业长期发展的品牌种类。一般来说，由于房地产商品自身的特殊性，房地产开发企业一般选择企业或整体品牌。

2. 确定企业标志，选定品牌名称

设计和确定一个好的房地产企业标志和品牌名称是房地产品牌创造的良好开端，企业标志主要是指品牌的视听识别系统，包括房地产开发企业的名称、徽标以及商业特征角色。它是房地产开发企业整体形象的一个重要组成部分。房地产品牌视听识别设计与一般品牌的视听识别设计相比要复杂、广泛、深刻，因为房地产品牌视听识别将所有的建筑语言符号系统包容于其中。

3. 发挥整合营销传播的优势

在树立了品牌理念，确定企业标志以及品牌名称之后，企业就要运用整合营销传播将房地产品牌策略具体化、形式化，使之深入人心。

首先，要进行阶段性市场细分，确定各个扩张阶段的具体目标市场，也就是要在确定总体目标之后，再对总目标进行分解，达到分而治之的目的。

其次，整合企业内部开发、销售、采购、管理等各部门的力量，以便迅速、顺利实现各个分期小目标。

再次，注重信息传播方式的多样性以及信息所传递的创意性及震撼力。信息传播方式有广告（电视、报纸、广播等）、新闻宣传、公共活动等不同方式，通过组合使用不同的传播方式比使用单一的传播方式效果更好，更有说服力和感染力。同时，在这个信息爆炸的社会里，顾客整体处于各种信息的包围之中，只有那些有创意、有震撼力的信息才能脱颖而出，吸引顾客的注意，给潜在顾客留下深刻的印象。

最后，要注意与顾客的接触与沟通，通过接触途径的创新与组合来建立与顾客之间的传递。互动的沟通方式，以便随时了解客户的需求动向，并把企业的信息及时传递给顾客。

4. 建立房地产品牌的管理机制

在实施房地产品牌战略并取得初步成效之后，企业必须建立起内部的品牌管理机制，使企业的品牌管理制度化、程序化，这样可以避免歧义品牌出现"人存政举、人亡政息"的被动局面。房地产品牌管理机制是由房地产产品品牌管理的专门组织结构、队伍与制度构成的系统，房地产品牌管理组织一般由主管副总、品牌委员会和品牌经理组成。每个人进行不同的分工并承担相应的责任。

房地产品牌的管理业可以由企业聘请外部的专业机构即所谓的"房地产品牌管家"进行代理。"房地产品牌管家"是房地产无形资产运营的专家，随着社会分工的细分以及房地产品牌运营时代的到来，这些专业人员发挥极为关键的作用。他们的介入将使企业的房地产品牌运营管理达到一个新的水平，同时也将推动整个品牌营销的发展。

10.6 实训作业

依据上面的房地产项目策划流程以及相关报告内容介绍完成上海金地湾流域项目全程策划报告书。以下给出项目策划报告大纲以供参考。

报告提纲：

1. 市场环境分析

2. 竞争态势分析

3. 项目价值提炼与定位

4. 项目定价与收益分析

5. 客户分析与利益点对接

6. 主题概念演绎与表现

7. 营销推广策略与执行

思　考　题

1. 房地产项目策划的含义是什么?

2. 简述一个完整的房地产项目策划的内容?

3. 房地产项目策划的基本程序? 各阶段的主要工作内容有哪些?

4. 房地产项目营销策划的基本程序包括哪些内容?

5. 房地产项目营销策划报告包括哪些内容?

6. 简述住宅项目策划报告包括的内容?

7. 简述写字楼项目策划报告包括的内容?

8. 简述商业项目策划报告主要包括的内容?

9. 房地产品牌运营的流程?

第 11 章　房地产基本法律制度与政策研究

【实训目的】

使学生通过实训能够在房地产开发、房产交易、房地产抵押、房地产仲裁等实际项目操作中运用相关的法律知识，对政策法律影响作出科学研判。

【实训要求】

要求学生具备一定的房地产相关法律法规知识，尤其要熟悉房地产开发用地法律制度，并在此基础上，把握房地产政策对房地产产业的影响，掌握一定的处理房地产权益纠纷技巧。

【实训内容】

（1）房地产开发用地法律制度和房地产开发交易法律、法规解读；

（2）房地产权益纠纷和仲裁的相关知识介绍，房地产仲裁申请书的撰写；

（3）房地产市场政策分析、政策影响分析。

11.1　房地产基本法律制度

11.1.1　房地产法基本概述

1. 房地产法的定义

房地产法是调整房地产关系的法律规范的总称，包括国家在调整房地产开发、经营、交易、使用、服务、管理等房地产相关活动中所产生的房地产财产关系和管理关系的法律规范。

2. 房地产法的调整对象

房地产法的调整对象就是房地产法律规范所调整的财产关系和管理关系。其中，前者属于民事法律关系的范畴，后者属于行政管理关系的范畴。

　　房地产法调整的民事法律关系主要有：①房屋拆迁关系；②房地产开发过程中工程招投标、委托设计、工程发包等关系；③房屋的转让、租赁、抵押、交换、典当、继承、赠与、遗赠等关系；④房地产相邻关系；房地产维修和物业管理关系等。房地产法调整的行政法律关系主要有：①土地利用规划和房屋建设规划关系；②土地使用和房地产开发建设审批关系；③土地征用关系；④房地产市场秩序管理关系等。

■ 11.1.2　房地产开发用地法律制度

　　1. 房地产开发用地的基本知识

　　房地产开发用地，是指进行基础设施和房屋建设的用地。《中华人民共和国城市房地产管理法》第二条第二款明确规定："本法所称房地产开发，是指在依据本法取得国有土地使用权的土地上进行基础设施、房屋建设的行为。"所谓基础设施用地，一般是指给水、排水、污水处理设施建设用地；供电、通信设施建设用地，煤气、热力设施建设用地，道路、桥涵、公共交通设施建设用地，园林绿化、环境卫生建设用地，以及消防、路标、路灯等设施建设用地。所谓房屋建设用地，一般是指住宅建设用地，工业、交通、仓库用地，商业服务用房，文化、体育、娱乐用房，教育、医疗、科研用房以及办公用房等各类房屋建设用地。

　　房地产开发用地的主体一般是各种房地产开发公司，由开发者对土地进行大量投入，将原来未经开发的"生地"变为"熟地"，再进行房屋建设的活动，使土地不断增值，成为一种重要的资产，然后将已开发的房地产进入市场交易，实现投资资产增值的目的。

　　2. 房地产开发用地的供地方式

　　我国城市房地产管理法中明确规定了国家向房地产开发者提供土地的两种方式，即土地使用权出让和土地使用权划拨。

　　（1）土地使用权出让

　　土地使用权出让，是指国家将国有土地使用权在一定年限内出让给土地使用者，由土地使用者向国家支付土地使用权出让金的行为。土地使用权的出让，是以土地所有权和土地使用权的分离为基础，是有年限的有偿出让，土地使用者享有权利的效力不及于地下之物。土地使用权出让的范围，有三方面的特定内容：一是土地使用权出让的地域范围，是指在城市规划区范围内进行，一般包括城市市区、近郊区以及城市行政区域内因城市建设和发展需要实行规划控制的区域；二是土地使用权出让的土地范围，是指在城市规划区范围内的国有土地范围内进行，城市规划区范围内的集体所有土地在未经依法征用转为国有土地之前，不得出让；三是土地使用权出让的建设项目范围，主要包括商业、旅游、娱乐、居住和工业用地等。

土地使用权出让的方式，《城市房地产管理法》明确规定了协议、招标和拍卖三种。

1) 协议出让方式，是指土地使用权的有意受让人直接向国家有关土地管理部门提出用地申请，附上项目建议书和可行性研究报告，也可由国家有关土地管理部门提供土地资料，发出邀请，经双方协商并确定出让土地使用权有关事宜的一种出让方式。采用协议出让方式，出让土地使用权的出让金不得低于按国家规定所确定的最低价；

2) 招标出让方式，是指在指定的期限内，由符合条件的单位或个人以书面投标方式，竞投某块土地的使用权，由国有土地代表作为招标人，根据一定的要求择优确定土地使用者的出让方式。采用招标出让方式，能充分利用公平竞争机制，防止国有资产人为流失；

3) 拍卖出让方式，是指国有土地代表在指定的时间、地点，组织符合条件的土地使用权有意受让人到场，就所出让使用权的土地公开叫价竞投，按价高者优先的原则确定土地使用权受让人的一种出让方式。采用拍卖出让方式，由最高报价者取得土地使用权，充分引进了竞争机制，排除了出让方的任何主观因素，政府也可获得最高收益。

国有土地使用权出让人与受让人之间通过协议、拍卖或招标形式，签订土地使用权出让合同，明确规定双方的权利和义务，双方必须严格遵守，全面履行。土地使用权出让人的主要权利是向受让人收取约定的土地出让金；主要义务是按约定的时间和条件将土地交付受让人使用；受让人如违约，土地使用者有权解除合同，并可请求违约赔偿。土地使用权受让人的权利是依照合同的规定取得土地使用权。主要义务是：应在土地使用权出让合同签订后 60 天内支付全部土地使用权出让金，逾期未全部支付的，出让方可请求违约赔偿，并有权解除合同；应按合同规定开发、利用和经营土地，如不按合同规定的期限、条件进行开发、利用土地的，土地管理部门有权予以纠正，并可视情况对受让人处以警告、罚款，直至无偿收回土地使用权；受让方如因客观情况发生变化，确需改变合同约定的土地用途的，应在征得出让方同意并经土地管理部门和城市规划部门批准，与出让人重新签订合同，调整土地使用权出让金，并办理新的登记；应按合同规定的时间将土地使用权归还出让人，归还时土地上的附着物、建筑物由国家无偿取得，转归国家所有，如合同期满，受让人仍需使用该项土地，可以申请续期，如获准延长，需签订新的土地使用权出让合同；土地使用者依法取得的土地使用权，在出让合同约定的使用年限届满前，出让方不得提前收回，但在特殊情况下，根据社会公共利益的需要，可以依照法律程序提前收回，并根据使用者使用土地的实际年限和开发土地的实际情况给予相应的补偿。

（2）土地使用权划拨

土地使用权划拨，是指经县级以上人民政府依法批准，在土地使用者缴纳补偿、安置等费用后，将土地交付其使用，或者将国有土地使用权无偿交付给土地使用者使用的行为。根据《城市房地产管理法》第 23 条规定，下列用地的土地使用权，确实必要的可以采取划拨方式提供：

1）国家机关用地，是指行使国家职能的各级权力机关、行政机关、司法机关用地；

2）军事用地，是指军事机关和军用设施用地；

3）城市基础设施用地，是指城市给水、排水、污水处理，供电、通信、煤气、热力、道路、桥涵、市内公共涵道、园林绿化、环境卫生、消防安保、路灯路标等设施用地；

4）城市公益事业用地，是指城市内的各种学校、医院、教育场馆、图书馆、文化馆、少年宫、幼儿园、防疫站、影剧院等设施用地；

5）国家重点扶持的能源、交通、水利等项目用地，是指国家采取各种优惠政策重点扶持的煤炭、石油、天然气、电力等能源项目用地，铁路、港口码头、机场、交通枢纽等交通项目用地，水库、水坝、农灌工程、江河治理工程、防洪工程等水利项目用地。

划拨土地使用权只需以较小代价或无偿即可取得，也是土地所有权与土地使用权相分离的产物，划拨土地使用权的使用者，虽然使用的年限不受限制，划拨土地使用权不能转让、出租、抵押。划拨土地使用权可依法变更为出让土地使用权，并经市、县人民政府土地管理部门和房产管理部门批准后，进行转让、出租、抵押，其具体条件是：土地使用者为公司、企业、其他经济组织和个人；领有国有土地使用证；具有地上建筑物、其他附着物合法的产权证明；依照《城镇土地使用权出让和转让暂行条例》规定签订了土地使用权出让合同，向当地市、县人民政府补交了土地使用权出让金或者以转让、出租、抵押所获收益抵交土地使用权出让金。

■ 11.1.3 房地产开发交易法律制度

房地产交易法律是指规范房地产流转过程的各种规范性法律文件的总称。房地产交易内容的范围，目前学术界尚无统一的认识。有的认为房地产交易就是房地产买卖，有的则认为房地产交易还包括房地产的转让、租赁、抵押等。根据我国《城市房地产管理法》的有关规定，我国立法中的房地产交易包括：房地产转让、房地产抵押、房地产租赁三部分。

1. 房地产转让

房地产转让，是指房地产权利人通过买卖、赠与或者其他合法方式将其房地产转移给他人的行为。在我国，并非任何房地产都可以转让。《城市房地产管理法》对房地产转让的范围作了限制，下列房地产，不得转让：

①以出让方式取得土地使用权的，不符合本法第三十八条规定的条件的；

②司法机关和行政机关依法裁定、决定查封或者以其他形式限制房地产权利的；

③依法收回土地使用权的；

④共有房地产，未经其他共有人书面同意的；

⑤权属有争议的；

⑥未经依法登记领取权属证书的；

⑦法律、行政法规规定禁止转让的其他情形。

根据法律的规定，房地产转让的方式主要有：买卖；赠与；其他合法方式。其中，其他的合法方式主要有：以房地产作价入股、与他人成立企业法人，房地产权属发生变更的；一方提供土地使用权，另一方或者多方提供资金，合资、合作开发经营房地产，而使房地产权属发生变更的；因企业被收购、兼并或合并，房地产权属随之转移的；以房地产抵债的。

（1）房屋买卖

根据我国《合同法》的规定，买卖是出卖人转移标的物的所有权于买受人，买受人支付价金的合同。也就是说，我国合同法所指买卖，限于有偿转让标的物的所有权的合同。房屋买卖是指当事人约定一方转移其房屋所有权于他方，他方支付价金的契约。房地产买卖作为房地产交易的典型形式，除具有买卖的一般法律特征外，还有其自身的一些特征。

1）要式契约

房屋买卖合同的履行一般需要持续很长时间，无法即时结清，且标的额巨大，若采用口头形式，当发生争议时，当事人往往难以举证，造成交易市场的混乱。为了维护房地产城市交易安全，我国法律规定，房屋买卖合同应当采用书面形式（《房地产管理法》第四十条）。

2）主体资格的合法性

我国正处于市场体制转轨时期，房地产产权的性质也是多元化的。现在，我国除了商品房外，还存在大量的非商品房，如经济适用房、公房等。经济适用房的购买者限于城市低收入阶层的家庭。自管公房的购买者只能是本单位的职工。职工已经购买的公有房屋，即使取得完全产权，也不能随意上市，一般要求在 5 年后方可上市交易。

3）登记生效

房地产作为典型的不动产，因买卖而发生的所有权的变动，应遵循不动产物权变动的原则，即非经登记公证，房屋所有权不发生移转。

对商品房现售，订立合同时，采用《商品房买卖合同》示范文本。现在全国通用的《商品房买卖合同》示范文本，是建设部在修订 1995 年《商品房购销合同》示范文本的基础上，于 2000 年 10 月推行使用的。该示范文本包括双方当事人、项目建设依据、商品房销售依据、商品房的基本情况、计价方式与价款、面积确认及面积差异处理、付款方式及期限、买受人逾期付款的违约责任、交付期限、出卖人逾期交房的违约责任、规划设计变更的约定、交接、瑕疵担保责任、产权登记、保修责任等等共 24 条内容。示范文本对于在市场经济的初始阶段，以行政指导的手段来保护消费者的合法权益起到了重要作用。

（2）商品房预售

商品房预售是商品房销售的形式之一，与现房销售相对应。它是房地产开发商将正在建设之中的房屋，按建筑设计图示出售给购房人的一种房屋买卖形式。我国香港地区将这一建设阶段的房屋形象地称为"楼花"。

由于预售的商品房是尚未竣工的房屋，故商品房预售具有交易的非即时性。而且在商品房预售中，当事人往往约定，在合同订立时买方即开始付款，且在房屋交付之前要付清全部或支付绝大部分款项。这样，购房者将承担很大的风险。为了将风险系数降低，以维护购房者的合法权益，国家采用了行政干预手段，设立商品房预售许可证的方式。房地产开发企业欲进行商品房预售，应当符合以下条件：

1）已交付全部土地使用权出让金，取得土地使用权证书；

2）持有建设工程规划许可证和施工许可证；

3）按提供的预售商品房计算，投入开发建设的资金达到工程建设总投资 25％以上，并已确定施工进度和竣工交付日期；

4）已办理预售登记，取得商品房预售许可证（《城市房地产开发经营管理条例》第二十三条）。

房地产开发企业开发建设的房地产开发项目符合规定的条件，即可向房屋所在地有批准权限的房地产开发主管部门申请预售。根据《城市商品房预售管理办法》第七条的规定："开发经营企业申请办理《商品房预售许可证》应当提交下列证件（复印件）及资料：

1）开发经营企业的《营业执照》；

2）建设项目的投资立项、规划、用地和施工等批准文件或证件；

3）工程施工进度计划；

4）投入开发建设的资金已达工程建设总投资的百分之二十五以上的证明材料；

5）商品房预售方案。预售方案应当说明商品房的位置、装修标准、交付使用日期、预售总面积、交付使用后的物业管理等内容，并应当附商品房预售总平面图；

6）需向境外预售商品房的，应当同时提交允许向境外销售的批准文件。"

此外，为了保障房地产开发企业所收取的预售款能够真正用于相关工程建设，保护预购人的利益，我国法律法规规定了预售款的监管制度。我国《城市房地产管理法》第四十四条第三款规定："商品房预售所得款项，必须用于有关的工程建设。"《城市商品房预售管理办法》第十一条也有相同的规定。

2. 房地产抵押

房地产抵押，是指抵押人以其合法的房地产以不转移占有的方式向抵押权人提供债务履行担保，当债务人不履行债务时，抵押权人有权依法以抵押的房地产拍卖，拍卖所得的价款，抵押权人有优先受偿的法律行为。

(1) 房地产抵押的设定

房地产抵押的设定范围，是主债务本身和因主债务而产生的利息，以及不按时清偿债务给债权人造成的损失。抵押人就已出租原房地产的租赁关系继续有效的房地产设定抵押权时，房地产抵押的设定方式，是通过当事人订立抵押合同的。当事人设定房地产抵押必须签订书面抵押合同。抵押合同应写明下列内容：房地产抵押人及抵押权人的名称、住址；房地产的坐落、结构、层次、面积、价值；房地产抵押的期限；房地产抵押担保的债务范围、数量、质量、交付方式、交付地点、期限及与该债务内容相关的其他事项；房地产的占管维护、风险责任、处分方式、处分费用的承担及受偿方式；房地产灭失或毁损时的补救方法；房地产抵押的违约责任；房地产抵押解决争议的途径；房地产抵押合同的签订时间、地点；房地产抵押当事人认为有必要载入合同的其他事项。

房地产抵押设定的限制性条件有：1) 以共有的房地产设定抵押的，应事先征得其他共有人同意；2) 全民所有制企业等单位以国有资产抵押的，须经国有资产管理部门批准；3) 以划拨土地使用权之日的房屋所有权作为抵押物，须经划拨土地审批部门批准；4) 其他法定限制性条件，如依法查封、扣押、限制转移的房地产不得用于抵押等。

(2) 房地产抵押的批准程序

实施房地产抵押，抵押双方当事人应到房地产所在地房地产管理机关办理登记、评估和鉴证手续，并应提交下列证件：房地产抵押申请书；房地产抵押当事人双方身份证明或法人资格证明；房地产抵押的所有权证件和土地使用权证件；房地产的评估证明。

3. **房地产租赁**

房屋出租，是指房屋所有人或管理人作为出租人将其房屋出租给承租人使用，由承租人向出租人支付租金的行为。我国现行的调整房屋租赁关系的法律规范有：《民法通则》、《合同法》、《城市房地产管理法》、《城市私有房屋管理条例》、《城市房屋租赁管理办法》。另外，各地也出台了一些相应的地方法规，对房屋租赁关系予以规范。

(1) 房屋租赁的种类

1) 按照房屋所有权的不同，可将房屋租赁分为公房租赁和私房租赁。

公房即公有房屋，包括直管公房和自管公房两种形式。目前，规范公房租赁的主要法规是《城市公有房屋管理规定》（原建设部 1994 年 3 月发布）。

私房是指房屋为公民个人所有的房屋。随着我国住房制度改革的不断深入，公民个人拥有的房屋的比例逐渐增大，私房出租的数量也日趋增多。我国目前规范私房租赁的主要法规是《城市私有房屋租赁管理条例》（国务院 1993 年 12 月颁布）。

2) 按照房屋的使用性质不同，可将房屋租赁分为居住用房租赁和非居住用房租赁。居住用房租赁，即以居住为生活目的的房屋租赁。非居住用房则是指以生产、经营、行政或其他活动为目的的房屋租赁。它包括厂房、商场、银行、写字楼等生产、经营、行政性用房和医院、图书馆等社会福利性、公益性用房。

此外，随着社会生活的发展，现在又出现了集居住与商用功能于一体的商住两用楼，这类房屋因其多功能性，且多建造于城市的黄金地段，因而，租金往往很高。

（2）房屋租赁的条件

依据《城市房屋租赁管理办法》，自然人、法人或其他组织对享有所有权的房屋和国家授权管理、经营的房屋可以依法出租。但是，由于房屋这一商品的特殊性，国家对房屋的出租也作了必要的限制。《城市房屋租赁管理办法》中规定，下列房屋不得出租：

1）未依法取得房屋所有权证的；

2）司法机关和行政机关依法裁定、决定查封或者以其他形式限制房地产权利的；

3）共有房屋未取得共有人同意的；

4）权属有争议的；

5）属于违法建筑的；

6）不符合安全标准的；

7）已抵押，未经抵押权人同意的；

8）不符合公安、环保、卫生等主管部门有关规定的；

9）有关法律、法规规定禁止出租的其他情形。

（3）房屋租赁合同

房屋租赁合同是房屋出租人与承租人签订的在一定期限内将房屋交给承租人使用，承租人向出租人交付一定租金的协议。租赁房屋须由出租人与承租人签订书面合同，并向房产管理部门登记备案。这是城市房屋租赁的行政手续，是国家为加强房屋租赁管理所采取的行政措施。根据《城市房屋租赁管理办法》第九条的规定，房屋租赁合同包括以下主要条款：

1）当事人的姓名或者名称及住所；

2）房屋的坐落、面积、装修及设施状况；

3）租赁用途；

4）租赁期限；

5）租金及交付方式；

6）房屋修缮责任；

7）转租约定；

8）变更和解除合同的条件；

9）违约责任；

10）当事人约定的其他条款。

（4）房屋转租

所谓房屋转租，是指在房屋租赁期内，房屋承租人将承租的房屋再出租给他人的行为。我国《合同法》第二百二十四条规定："承租人经出租人同意，可以将租赁物转租给第三人。承租人转租的，承租人与出租人之间的租赁合同继续有效，第三人对租赁物造成损失的，承租人应当赔偿损失。承租人未经出租人同意转租的，出租人可以解除合同。"《城市房屋租赁管理办法》的第五章也对转租作了专门规定。通过上述立法规定可以看出，我国立法实践对转租问题采取当事人自治的原则，即承租人是否有转租租赁物的权利，要看出租人与承租人之间的约定。当承租人经出租人同意后转租租赁物的，成为合法转租，否则，即为非法转租。

当出租人事后追认承租人擅自转租的合同后，则转租合同发生法律效力。出租人和承租人应就转租收益所获差价的归属进行约定。若没有约定，事后又协商不成的，则该转租收益的差价应归属于承租人。

11.2 房地产权益纠纷和仲裁

■ 11.2.1 房地产权益纠纷

1. 房地产权益纠纷的定义与性质

房地产权益纠纷是有关权利主体之间对房屋和土地的权利、义务所发生的争议。由于房地产权益纠纷的主体具有广泛性，可以是公民、法人，还可以是其他有关的社会组织；由于房地产权益纠纷的客体是人们生产、生活必不可少的基本物质房屋和土地，由于引起纠纷的原因的多样化：或因产权不明而争执，或因房地产经营合作关系破裂而纷争，或因租赁、承包、继承等而对房地产权利义务产生争执。因此，就使房地产纠纷呈现出范围的普遍性和内容的复杂性的特点，我们有必要对各种各样的房地产权益纠纷进行分类研究，以有利于纠纷的解决。科学的分类反映了一门科学的发展程序。对房地产权益纠纷进行科学分类，不仅对房地产法学具有重要的理论意义，而且还有利于在实践中对症下药，有效地妥善处理纠纷。以下按客体标准，将房地产纠纷区别为房屋权益纠纷和土地权益纠纷。按主体标准将房地产纠纷区分为涉外房地产权益纠纷和非涉外房地产权益纠纷。

房地产权益纠纷是平等主体之间的以房地产为客体的权利义务的争议，因而其本质属性应当是民事经济纠纷。我们不认为房地产管理部门在行使管理权的过程中与被管理者发生的行政政策纠纷也属于房地产权益纠纷，因为房地产管理部门是代表国家行使管理权。纠纷的主体地位不平等。这种纠纷的内容均为被管理者对管理机关的具体行政管理行为，而非房地产。这种纠纷实质与其他行政机关在行使行政管理权时产生的纠纷误认为也属房地产权益纠纷，混淆了两种纠纷的法律性质，不利于纠纷的妥善处理。

2. 房地产权益纠纷各方责任的确认

（1）责任确认的前提和条件

把握房地产权益纠纷的性质和查清纠纷的主要事实是确认责任的必要前提。具体的房地产权益纠纷的法律性质不同，当事人的权利、义务内容也不相同。只有分清了纠纷的具体法律性质，明确当事人依法律规定或合法合同约定的权利义务关系，才能正确确认纠纷当事人的责任。任何纠纷的产生，往往与当事人的原履行义务或应当行使权利的行为相联系。这些行为的客观事实已经发生，尽管由于房地产权益纠纷的事实延续时间较长，事态变化复杂，加大了查清事实的难度。但仍必须搜集证据、查清事实。正确推断当事人的过错，确认责任归属。

承担房地产权益纠纷的责任条件通常有以下几个方面：

1）主体合格

首先承担责任的纠纷一方当事人必须有相应的责任能力。当事人为自然人时，应当具有行为能力；当事人为社会组织时，应当具有法人资格或依法确认的经营资格，才具有的责任能力。其次，具有责任能力的公民和适合组织只有与纠纷有直接利害关系，才能成为承担责任的主体。

2）当事人的过错存在

过错原则是追究责任的一项原则。过错是指当事人的主观心理状态，包括故意和过失。因故意的过错而承担责任为常人普遍理解接受。过失的过错是指当事人应当知道而由于过于自信或疏忽大意而导致损害他人的违法事实发生的心理状态。依照法律过失过错应承担责任的，不能免除其责任。但在具体的处理过程中，可根据具体情况和当事人自愿处分权原则灵活掌握。过错是承担责任的重要依据。过错大小应与责任大小相联系。纠纷双方都有过错的，各自承担相应的责任。

3）违法违约客观事实的发生

当事人的过错心理状况只有通过违法违约行为客观现实地表现出来，才能承担责任。违法违约是确认责任大小的客观标志。

上述三个条件同时具备才能承担责任。需要指出的是，如果当事人的违法违约行为给对方造成损失的，还应注意损失的客观对象及其与违法违约行为的因果关系。

（2）责任确认的机关和形式

房地产权益纠纷的性质及当事人享有的处分权原则，决定了纠纷解决有协商、调解、仲裁、诉讼四种方式。纠纷解决的方式不同，责任确认的机关和形式也就不同。

当事人通过协商解决纠纷，责任由当事人进行确认。调解是指非仲裁机关和诉讼外调解，房地产权益纠纷通过第三人的调解解决，责任一般由第三人确认，由纠纷当事人自愿接受。通过仲裁、诉讼解决纠纷的，分别由受理房地产权益纠纷案件的仲裁机关和人民法院确认纠纷的责任。

确认房地产权益纠纷责任机关不同，采取的确认形式和法律效力也不相同。协商和仲裁、诉讼外调解解决纠纷的，责任确认的形式一般为和解协议、调解书。这两种确认形式通常不具有法律效力，对当事人没有法律强制约束力，如果确认错误或当事人重新提出异议，有关机关可以依法审理，再予确认。但依据当事人处分权原则，这两种确认形式仍具有一定的法律意义。仲裁和诉讼解决纠纷，责任确认的形式为仲裁裁决书和判决书。如果以调解结案的，确认形式是调解书。这些确认形式是仲裁机关和人民法院严格按照法定程序和法律规定确认的，对当事人具有法律约束效力。

■ 11.2.2　房地产仲裁

1. 房地产仲裁概述

房地产关系是一种特殊的经济关系。它是围绕着房地产的所有、交换和经营管理而发生的与人们生活息息相关的财产关系。主要表现为房地产的所有权关系、使用权关系、买卖关系、租赁关系、损害（侵权）关系以及继承、赠与等关系。处理房地产纠纷的政策性和专业性都极强，而且随着国家对私有房屋政策的落实，人们对维护自身的合法权益提出了更高的要求。所以，设立房地产纠纷仲裁机构，进行有关仲裁活动就显得十分必要。

房地产仲裁是指公民之间、法人之间及公民与法人之间在房地产所有权、使用权、买卖、租赁和拆迁等方面发生纠纷，通过协商不能妥善解决时，请求房地产仲裁机构依照国家有关法律、法规和地方性行政规定做出裁决的活动。

2. 房地产仲裁的机构和管辖

（1）房地产仲裁机构

房地产仲裁机构是指依法产生的负责对房地产纠纷进行仲裁的专门机构。我国的房地产仲裁机构是由房地产行政管理部门设立的房地产仲裁委员会。委员会由主任、副主任和委员若干人组成。仲裁委员会的组成人员应由房地产管理机关报同级人民政府批准，并报上级房地产管理机关备案。就其行政隶属关系而言，仲裁委员会接受同级房地产管理机关的领导，并受上级仲裁委员会的监督。目前，我国的各级城市和大城市（包括直辖市、计划单列市、省辖市）下属的各区、县均设有房地产仲裁委员会。

办理仲裁案件的具体仲裁组织形式是仲裁庭。仲裁机构在受理房地产争议后，将根据案件的复杂和影响程度决定采取不同的仲裁庭组织形式。对于影响较大、案情复杂的案件，由仲裁委员会指定首席仲裁员一人和专职仲裁员或兼职仲裁员二人组成合议庭，负责审理有关案件。对于比较简单的案件，通常由仲裁委员会指定专职仲裁员一人进行仲裁。合议庭在审理有关案件的过程中，采用合议制，其内部的各组成人员具有平等的权限，实行少数服从多数的原则。

（2）房地产仲裁的管辖

房地产仲裁的管辖是指各级或同级房地产仲裁机关管理房地产案件的内部分工和权限。每个仲裁机构只能对属于自己管辖权范围内的争议进行仲裁。除法律另有特别规定外，任何仲裁机构均不能受理其没管辖权的争议。

为便于房地产争议当事人提起并参加仲裁，保证仲裁程序的有效和顺利进行，在确定仲裁管辖权时应遵循以下两项原则：

1）便于当事人申请和参加仲裁原则。房地产纠纷所涉因素错综复杂，争议当事人各方和争议标的常常处于不同地点，给当事人提起和参加仲裁造成了一定困难。因此，在确定仲裁管辖权时，应充分考虑到这一原则；

2）利于仲裁机构有效管辖原则。进行房地产争议仲裁的目的是为了依法解决争议。如果仲裁程序和仲裁裁决因当事人或争议标的之复杂性而不能顺利、有效地进行和执行，就失去了进行仲裁的意义。所以，在确定仲裁管辖权时，也应充分考虑到该项原则。

11.3　房地产政策研究

房地产市场受政策影响极大，这不仅因为政府是它的管理者，有管理房地产市场的责任，而且因为政府代表国家作为土地的所有者，它有权力要求土地的收益，这一点是房地产市场的特殊之处，这一点使房地产业必须重视政策的力量。关注和分析政策是房地产市场分析的重要工作。

11.3.1　房地产市场政策

所谓房地产政策就是国家凭借政权制定的房地产市场主体都必须执行的行为准则。它是连接房地产市场和政府的纽带，是政府在房地产市场中的重要行为内容。房地产政策的作用是由政府在房地产市场的干预作用和特殊地位决定的。政府通过房地产政策把房地产市场的服务和利益，分配给社会，把公共基础投资分布在不同的地点，把收益从一部分利益集团手中取出转给另一部分利益集团。房地产政策的体系是由全部房地产政策、法规共同组成的有机的整体，它反映一个国家或地区房地产经济的发展水平、房地产产业及其利益结构的性质、立法者的意志取向。各国政府对房地产开发管理内容、方式等尽管因各自经济发展水平、社会制度以及对房地产开发的认识有异，但在政策上还是有很多共通之处。综合分析，大体可归纳为以下几个方面：

（1）政府设立责权明确的管理机构，为实施房地产开发政策提供组织保证。这些机构可分为决策机构，如日本的建设省和住宅对策审议会；执行机构，如新加坡的建房发展局；还有保障机构和监督机构等。

（2）制定房地产开发建设计划，提出房地产开发政策措施，如澳大利亚在 80 年代末制定了住宅长远发展计划。

（3）实行规划控制，保证房地产开发符合城市发展的方向。如德国在 80 年代末公布的《建设法典》，包括了土地利用规划和地区详细规划，是具有法律约束力的规划。

（4）通过财政和金融等经济手段对房地产进行宏观调控。如美国为鼓励个人开发房地产，允许家庭可以自建房屋。规定自建住宅者可向指定银行申请家庭建房贷款以完成建房工程。

（5）健全法律制度，保证房地产开发的顺利进行。如第二次世界大战后的日本，制定了一系列的法律法令，又建立了一批政府或官民结合的机构和组织，以保障房地产开发顺利实施。

（6）推行公共住宅政策，由政府投资建造一部分住宅，以低廉价格或租金向低收入者出售或出租。如近几年来实行的经济适用房政策，由中央或地方政府投资建造了大量用于低价出租或出售的公寓住宅楼，并规定只有低收入阶层的家庭才能入住。

（7）鼓励和支持住宅合作社和私人机构的房地产开发活动。如世界各国中成立住宅合作社最早的美国、丹麦等国，很多自助团体在政府当局帮助下，共同集资，合伙建房，解决了自身住房问题。

11.3.2 房地产市场政策分析与政策影响分析

房地产市场供求关系的变化，影响市场的行情，供求双方是内在的影响因素，除了这些内在因素外，对房地产市场的影响还来自政策法规及社会等方面。这就使影响市场的主体不仅有开发商和消费者，还会有政府及社会各个部门、机构、组织等。由于房地产开发是一个综合产业，它既涉及第一产业，如土地资源、耕地、地下水、油、汽等，也涉及第二产业，如建筑业、制造业等。房地产业本身是服务业，它为购房者提供的利益表现为产权及未来的收益。所以它不仅面临制造商之间竞争，厂商与消费者、消费者与消费者之间的竞争，还会受到政府管理部门，如农业部门、土地部门、产权产籍管理部门、财政税收部门、法律部门、民政部门、环保部门、文物保护部门，以及交通、治安等部门的制约。

也就是说，影响房地产市场格局、行情是价值观及利益目标不同的、有时甚至是相互冲突和矛盾的多元主体。这些主体有各自政策目标，不仅方向各异，有些目标还混淆而模糊。这就使分析政策影响房地产市场监测和跟踪变得十分困难，使最终结果难以预测，为获得各方面的信息付出的代价也是很大的。因此，要理解和整理这些政策，可以从政策目标的号召力、影响市场行情的程度、可操作的程度、影响的部位、实施影响的手段及传播影响的途径来分析。

政策分析与房地产市场分析中政策影响分析不同。前者分析的是政策本身，也许这个政策还没有成形，目的是为了帮助政府进行决策，制订出解决问题的方案。但后者分析的是某项政策对房地产市场的影响，目的是为房地产商提供投资咨询。两者的分析过程也有差别。制定公共政策之前对待解决的问题并不一定很明确，因而政策目标也不易确定，政策分析包括以下步骤：

（1）将有关问题分解为一些能被处理的相对独立的问题，这样才能解决现实问题。

（2）建立评估标准，评估标准包括对成本的关注、政策的效力、政治上的可接受甚至投票的公正性，从一开始就要就政策的价值取向达成共识。

（3）确定可供选择的政策，在明确了目标和建立评估标准后，就有可能制定出一套可供选择的方案。

（4）评估可供选择的政策，评估确定哪些方案是可行的，哪些则不可行，哪些是需要付出昂贵代价的。

（5）选择政策。

（6）监控政策实施结果。

房地产政策影响分析是为房地产市场分析服务的，它包括以下几个步骤：

（1）进行政策信息的收集，房地产市场的相关政策很多是来自本部门的主管单位，也有很多是来自本部门以外的，所以关注和收集各种渠道的政策信息就非常困难，但这一步是非常重要的。

（2）正确理解政策信息的真正含义，这就要理解这一政策的来龙去脉，分析它产生的背景，以及它的政策目标，当然包括潜在的政策目标。

（3）对政策的影响进行分析，包括政策影响的当事人，判断政策影响程度等。

（4）对委托人提出相应的建议。

■ 11.3.3　房地产市场政策影响分析的方法

房地产政策的影响已构成房地产市场环境的主要内容，要理解房地产市场的发展和变化，就必须连续经常地跟踪房地产市场政策的动态，理解其中的信息内容，判断其影响和作用的部位、程度，并根据政策要求采取措施，调整行为，以获取最大限度的市场收益，并避免损失。市场分析人员要进行房地产政策影响分析，需要做到以下几点：

（1）跟踪市场政策动向信息，了解最新政策动态及其背景。

（2）要认真领会政策信息的内容和含义，并把相关政策联系起来分析，比较其中的差异或进行前后对比，发现其中的变化和联系脉络，由此判断政策目标和意图。

（3）判断政策影响的确切方面，以及对各主体的影响程度。

（4）要尽可能地对政策影响进行定量分析，当然在数据不全或不可靠的情况下，不应勉强运用数量分析，特别是运用计算机模型，这种做法更适用于学术研究。

（5）分析说明政策的后果，特别是对供求关系的影响，进行必要的预测。这一点在分析房地产价格走势的时候经常用到。

（6）尽可能地进行政策评论，如评论它的缺失之处，这样可以预测政策的未来趋势。

成功的管理者不只是分析家，更多地是一个组织者；不只是技术专家，更多的是政治家。所以从这个角度来说，房地产政策影响分析只是给开发商或投资人提供信息，起一些辅助决策的作用，帮助决策者处理好各种公共关系和社会关系。还应该认识到，在政策影响分析中运用大量的定量分析是不可取的，因为政策问题远没有数学方法要求的那么抽象和精确。总之对政策影响分析的期望不可过高，在目前的信息条件和市场条件下，政策影响分析是不可能做到完美的，它只能帮助决策者将问题确定下来，把大方向确定下来，尽可能地使决策建立在理性的基础上。

11.3.4 房地产市场政策对房地产产业影响分析

房地产市场受政策的影响十分明显，所以，所有的房地产商和投资顾问都明白房地产政策分析的重要性。但是对于房地产政策的日常跟踪，以及对于政策的学习和分析却显得比较被动，不够及时和深入。房地产政策的影响是普遍的，对于所管辖区域内的所有地块、所有种类的物业和所有的楼盘，都有影响，它不仅会影响价格，甚至会影响施工进度和产品形式。以下给出了部分房地产政策对房地产产业的影响分析，同学们可以根据上面介绍的相关方法以及下面的具体分析模式对房地产政策进行分析，以便充分地把握房地产政策对房地产产业的影响。

1. 房地产政策对价格的影响

尽管地产价格的波动有其固有的周期性，但是政策的影响也起到不小的作用。

1996年可以说是规范房地产市场的一年，出台了土地增值税、加强房地产价格管理工作、房地产贷款管理办法、房地产交易手续费适用范围等方面政策。这一年作了从投资贷款到土地转让，再到交易价格与手续等各方面的规范，为下一年的房地产市场价格上升打下基础。

1997年住宅价格一路上升，这一年出台了城市房地产抵押管理办法、个人住房担保贷款管理办法及商品房预售管理若干问题的规定，政府顺应市场发展的需要，在政策上给商品房市场开发、个人抵押贷款以支持。这一年的政策基本上形成了房地产市场资金运营的基础。

1998年是政府大力推行经济适用房政策的一年，出台了影响巨大的经济适用房建设减免行政事业性收费和出售公有住宅的有关政策。政策的作用是有利的，但由于亚洲金融风暴的影响，整个1998年的价格都是下降的。

1999年是房地产政策出台比较集中的一年，这一年出台的关键政策有：《在京中央和国家机关进一步深化住房制度改革实施方案》，即一次性发放住房补贴的政策。还有《关于调整个人住房公积金存贷期限和利率的通知》，个人住房公积金委托贷款最长期从 20 年延长到 30 年，最高单笔贷款限额上调至 39 万。这几项政策推动市场价格的上升。到 1999 年上半年，价格达到几年来的最高点。到 1999 年下半年住宅价格开始下跌，整个 2000 年都是在价格的低谷徘徊。这种形势应当看做是 1999 年政策效应发挥的结果，因为 2000 年并没有出台什么对市场有实质性影响的政策，相反由于 1999 年出现的地产高峰，引起全国地产商进京竞争，供给量一下子增加了，使 2000 年全年的价格都抬不起头来。

2007 年针对房地产市场运行中的主要矛盾，政策目标重点是增加有效供给，调整住房供应结构，抑制投资投机需求、解决低收入家庭住房问题。这一年出台的政策主要有：《关于房地产开发企业土地增值税清算管理有关问题的通知》（下称《通知》）；土地增值税将执行四级超率累进税率，即土地增值税要视增值率的大小，采取分段计算应纳土地增值税税额的方式，对增值额超过扣除项目金额 200％的，分别适用 30％、40％、50％和 60％的税率，不再全部按 60％的税率计征。还有贷款利率五级跳，自 2007 年 3 月 18 日～9 月 15 日，金融机构一年期存款基准利率不断上调，一年期的贷款基准利率从 6.12％逐步提高到 7.29％。央行决定从 2007 年 9 月 25 日起，上调存款类金融机构人民币存款准备金率 0.5 个百分点，各方猜测年内将再次加息。另外还有《中国银行业监督管理委员会关于加强商业性房地产信贷管理的通知》，该通知规定，对购买首套自住房且套型建筑面积在 90m² 以下的，贷款首付款比例不得低于 20％；对购买首套自住房且套型建筑面积在 90m² 以上的，贷款首付款比例不得低于 30％；对已利用贷款购买住房又申请购买第二套（含）以上住房的，贷款首付款比例不得低于 40％，贷款利率不得低于中国人民银行公布的同期同档次基准利率的 1.1 倍，且贷款首付款比例和利率水平应随套数增加而大幅度提高，具体提高幅度由商业银行根据贷款风险管理相关原则自主确定。从 2007 年的情况来看，面对不断加强的宏观调控，房价增势未改，且呈逐月加快之势，5 月份到 8 月份，全国 70 个大中城市房屋销售价格同比分别上涨 6.4％、7.1％、7.5％和 8.2％，其中新建商品住宅销售价格同比分别上涨 6.6％、7.4％、8.1％和 9％。分地区来看，近几年房价膨胀较快的地区主要有北京、天津、沈阳、厦门、青岛、深圳等城市，其房价涨幅在很多时候都超过全国平均水平。

2008 年，是中国楼市深度调整的一年，从伊始到岁末，政府出台了一系列政策。自年初开始，房地产市场出现了观望局面，这种局面一直持续到年底。同时，当年又出现了全球性的金融危机，这对于中国的房地产市场造成了一定影响。政府出台了诸多减免税收、降低利率等刺激消费的"暖冬"政策，以保持经济发展，恢复市场信心，从年初的打压控制到下半年救市政策的频繁出台，从国家到地方宏观政策"由阴转晴"表明了政府对房地产行业的调控方向发生了根本性转变——由控制转为促进。

2. 房地产政策对开发热点分布的影响

房地产政策影响开发热点的分布，全国各地都有不少这样的例子，较典型的例子是

2008 年的北京奥运会对北京房地产以及 2010 年上海世博会对上海房地产市场的影响。

3. 房地产政策对开发产品形式的影响

再以上海为例：随着一系列宏观调控政策的出台，以及楼市整体价格的上扬，处于商品住宅高端的别墅更是被广泛关注。策源机构统计数据显示，2007 年 5 月以来的近 3 个月，上海别墅新增供应量减少，而别墅销售量却稳步上扬。9 月以后，传统别墅区域如宝山罗店、南汇、嘉定等均有新房源放量。

4. 房地产政策对施工进度的影响

2001 年 6 月 26 日，中国人民银行发出了《关于规范住房金融业务的通知》（以下简称《通知》）。对于开发商贷款，《通知》作了严格限定，首先开发企业贷款应主要投向适销对路的住宅开发项目，其次是企业自有资金应不低于开发项目总投资的 30%，同时开发项目必须具备"四证"（《国有土地使用证》、《建设用地规划许可证》、《建设工程规划许可证》和《建设工程施工许可证》）。期房预售的多层住宅主体结构封顶、高层住宅完成总投资的 2/3 时，银行才准予动用对买家发放个人住房贷款。这一政策使很多楼盘的施工进度受到了影响，很多已经预售的楼盘因为这一政策的出台，而只能拿到消费者的首期付款，而得不到银行的贷款，所以不得不放缓开发的进度。

11.4　实训作业

下面给出一个房地产法律的相关案例，请同学们自己进行相关的分析。

问　题

王某于 2002 年 9 月份与开发商签下了购房合同，首期付款 20.9 万，剩下的 20 万银行按揭贷款。当时开发商说为了减税，发票只开了 18 万（开发商与业主都这样开发票），合同中交房的时间是 2003 年 6 月 1 日。其他的业主都已交了房，可现在王某的房子都没开始造，与开发商交涉，答复是因为地盘与农民土地有纠纷，这是政府的事情，要不按银行的利息退房算了（期间开发商也没有任何的口头或书面通知给我）。王某该怎么办？

（1）补充合同中有一款，无理由解除合同，违约方最多付房价的 5%，现在房价比去年升值了近一倍。这合理吗？（当时签合同时根本没有商量的余地）

（2）未开进发票的钱能要回来吗？

（3）小区的其他业主都已交了房，不知是如何验收的，王某的情况符合"双倍"标准吗？

思　考　题

1. 简述房地产开发用地的供地方式？

2. 简述房地产抵押的批准程序？

3. 简述房地产租赁合同的主要条款？

4. 简述房地产政策对房地产产业的影响？

5. 简述房地产政策分析的步骤？

6. 简述房地产权益纠纷的责任如何确认？

7. 简述房地产仲裁的一般程序？

第 12 章 房地产项目融资实训

【实训目的】

使学生通过实训初步具备一定的房地产项目融资实践能力，具有一定的融资风险评估和规避能力。

【实训要求】

要求学生在了解房地产项目融资的相关知识的基础上，掌握房地产项目融资的基本流程及其具体操作过程，并且能够在实训过程中学习实践具体项目的融资以及对融资风险进行分析。

【实训内容】

(1) 了解房地产项目融资模式以及操作流程，重点掌握房地产项目融资的程序；

(2) 熟悉房地产项目融资的风险管理步骤以及评价指标；

(3) 熟悉房地产项目融资的担保步骤；

(4) 熟悉房地产项目融资方案的评价与选择。

12.1 房地产项目融资概述

12.1.1 房地产项目融资基本知识

1. 房地产项目融资的定义

所谓房地产项目融资是指房地产开发企业为了建设某一项目，确保其顺利进行并产生合理的利润而设立项目部或项目公司，然后以该项目的未来现金流作为主要还款来源，以项目本身的资产作为贷款主要保障的融通资金的活动。实质上，房地产项目融资就是项目参与各方经充分论证和协商后，以该项目的潜在经济价值为基础吸纳利用社会资金的行为。

房地产项目融资的参与者包括项目投资者（即项目发起人，有可能是单一的公司，也可以是多家公司组成的联合体）、贷款机构即提供融资的银行和其他金融组织和项目建筑承包公司、保险公司、项目购买者、原材料供应商及项目完工后的运营商等。项目融资的参与主体非常复杂，相关经济利益与法律责任的协调界定难度很大，这既是房地产项目融资的一大特点，同时也是项目风险形成的诱因之一。

2. 房地产企业项目融资资金来源

房地产开发企业项目融资资金来源一般分为以下六种：企业自有资金、银行等金融机构贷款、证券市场融资、杠杆租赁融资、预售楼盘、合作开发（开发商与开发商间的合作；开发商与工程承包商之间的合作）。

（1）企业资金

房地产开发企业进行项目开发时，必须拥有一定数额的自有资金（现金和现金等价物），这笔资金实质上是项目融资的基础。房地产开发企业投入适量资金，可以提高项目的承受风险的能力，同时也使提供项目贷款的金融机构获得了一定程度的安全保障，银行只有在确信房地产开发企业具备雄厚资金实力的前提下，才会考虑发放项目贷款。在项目中企业自有资金投入越多，贷款银行的风险就越少，因为充足的自有资金为不同性质的风险提供了资金保障。

（2）房地产贷款

房地产开发企业为了建设项目向银行等金融机构借入资金，形成房地产贷款。房地产贷款是房地产企业筹集资金的重要手段。从我国央行信贷政策的松紧对房地产行业的显著影响来看，贷款是房地产企业的主要融资手段。房地产贷款基本种类包括信用贷款、担保贷款、抵押贷款。信用贷款即指银行根据企业的资信等级发放的贷款；担保贷款指银行等机构凭借第三方担保向借款人发放的贷款；抵押贷款指银行向企业或个人发放贷时，将其房地产或有价值的其他资产向银行抵押，作为偿还保证而获得的贷款。从贷款的还款期限长短不同，可分为短期借款和长期借款。短期借款一般指必须在一年内偿还，主要用于房地产开发企业短期资金周转的贷款。长期借款一般偿还期限都在一年以上，涉及个别大型项目时，房地产开发企业签订的贷款期限长达5～7年。短期借款与长期借款的利息成本有很大差别，对房地产开发商进行项目融资预算有很重要的影响。一般来说，短期贷款利率较高，发放贷款条件却较宽松。

（3）证券市场融资

房地产企业在证券市场上公开发行股票与债券是一种重要的筹资方式，由于我国居民储蓄水平较高，资金充沛，因此，房地产企业完全可以通过在证券市场上发行股票与债券，集中社会闲散资金用于项目开发建设，既缓解了向银行贷款的压力，又可提高资金使用效率并有效改善居民的住房条件。房地产企业在具体选择融资方式时，要合理安排企业的股权结构和债权结构，使企业的融资成本尽可能最小化。房地产上市公司股票可分为普通股和优先股两种；房地产债券一方面可根据发行主体的不同分为政府债券和企业债券，另一方面按资金来源的差异，我们可以把房地产债券分为国内债券和国际债券。一般来说，发行债券的综合成本要小于发行股票的成本，对房地产企业而言，只要项目净收益率高于债券利率和发行成本之和，就发挥出了筹资的作用。

（4）杠杆租赁融资

在房地产项目开发商安排下，由杠杆租赁结构中的资产出租人融资购买项目资产，然后租赁给承租人，所租财产的所有权在承租方付清最后一笔租金后归承租方所有。融资租赁对项目发起人来说具有一些突出优点。首先，该项目的控制权仍属于项目发起人，一般金融租赁协议中都明确规定，作为承租人的项目开发上拥有租赁资产的使用、经营、维护等权利，这表明采用融资租赁时，该项目资产实质归项目开发商所有。其次，融资租赁方式使得房地产开发商可以实现全额融资，在一般的项目融资过程中，房地产开发商都必须投入相当数量的自有资金，来为银行等金融机构提供贷款做出保证。但在融资租赁中，由金融租赁公司的部分资金和银行贷款完全可以解决项目所需资金，项目开发商不需要投入自有资金。最后，采用融资租赁方式的成本一般都低于向银行贷款的融资成本，只要项目的建设符合国家产业发展战略，房地产开发商就可以享受租前偿费的益处，即房地产开发商支付的租金被当做费用支出，直接计入项目成本，不需缴纳税收，减少了税务成本。

在融资租赁模式下，房地产开发商要考虑项目的现金流状况和税务结构。融资租赁的复杂性表现在参与者数量多，主要包括资产出租人、银行或其他金融机构、承租人、融资顾问（包括律师、投资银行、保险机构）等。融资租赁的运作过程需要五个阶段，即项目投资、租赁、建设、经营和中止协议。运作过程的特点是在开发商确定投资建设一个项目后，将该项目资产和权益转让给租赁融资机构，然后再将该项目资产从资产出租人手中转租回来，另外在融资协议期满时，开发企业须以事先约定价格购回该项目资产。

（5）预售楼盘

对于房地产开发企业来说，按照某种合同规定预收购房机构或个人的购房定金是筹集资金的重要手段，这是由于房地产开发投资大、周期长的特点决定的。即使大型房地产公司也难以一次筹集到所需全部资金，通过预售即可筹集到必要建设资金，又可将项目开发的风险分散给广大投资者。预售楼盘还可以使房地产开发企业资金回笼速度加快并用于进一步开发。房地产公司预售楼盘的基础在于房地产本身的保值增值和需求旺盛的特性，预售楼盘的实践中有两种形式：预售商品房和楼宇按揭。

预售商品房，即使房地产开发企业将正在建设中的房屋预先出售给承购人，由承购人支付定金的行为，这实质上是一种特殊的期货买卖形式。由于房价的变动，预售楼盘的房地产开发企业面临着一定的风险，当商品房市价上升，开发企业就会承受一定损失；反之则会获益。预售商品房必须遵守国家有关部门的政策和法规，房地产开发企业预售商品房的收入必须用于该房屋工程的建设；开发企业在预售活动开始前必须取得开发土地的使用权证书，并持有建设工程规划许可证；满足国家规定的自有资金投入达到30％的条件，同时房地产开发商已确定完工交付日期，并获得了《商品房预售许可证》，满足上述条件后，才可以开始预售活动，筹集资金。

楼宇按揭，这种业务是由房地产开发商、金融机构、购房者共同参与进行的，可以有效解决拟开发建设的项目急缺资金的问题。一般做法是：房地产开发公司为加快资金回收，推出现楼或楼宇期货，购楼者交付一定比例的首期付款，然后向银行申请购楼贷款，交清余下款项，购楼者将自己的物业权益交给银行作抵押，直到购楼者还本付息完毕后，即可获得该楼层的所有权，这种按揭业务使房地产企业获得了开发资金，加快了资金周转，提前释放转移了项目风险，并与银行形成了良好的融资关系。

（6）合作开发

房地产开发企业在资金紧缺，从银行融资面临困难时，可以考虑联合其他房地产企业，共同出资进行该项目的开发，双方的利益和责任按照出资比例来确定，这样可以达到缓解资金压力，降低开发风险的目的。在房地产项目开发过程中还普遍存在一种情况，即房地产开发企业与项目承包商合作，也就是由工程承包商自己出资进行项目的建设、施工。对于实力强大，有一定规模的承包商而言，为了扩大市场份额，愿意投入自有资金进行项目的建设。这样，房地产开发企业的风险部分转移给了承包商，但是相应地开发企业也要支付承包商出资的工程款项的利息，不过一般该利息低于同期贷款利率。这样类型的合作开发还有一个潜在优点，即工程承包商由于投入了自有资金，所以在项目建设过程中就承担了相当压力，为减少资金的时间成本，承包商一般都会准时甚至提前完工，当然房地产开发企业也必须仔细监督工程质量，确保承包商不会为减少投入而采取偷工减料的手段。

12.1.2　房地产项目融资模式及操作流程

房地产项目融资模式是项目融资整体结构组成中的核心部分。现实中，主要有直接融资模式、项目公司融资模式、杠杆租赁融资模式、"生产支付"融资模式、BOT 模式、ABS 模式。

1. 直接融资模式

这一融资模式由房地产项目投资者直接安排项目的融资，并且直接承担起融资安排中相应的责任和义务，从理论上讲是结构最简单的一种项目融资模式。房地产投资者直接安排项目融资的模式具有三个特点：

选择融资结构及融资方式上比较灵活；

债务安排比较灵活；

可以灵活运用发起人在商业社会中的信誉。

直接融资方式在结构安排上主要有两种操作思路：

（1）由房地产项目投资者面对同一贷款银行和市场直接安排融资

这种操作方法的具体过程如下所述：

1）房地产项目发起人根据合资协议组成非公司型合资结构，并按照投资比例合资组建一个房地产项目公司负责项目的建设和生产经营，房地产项目管理公司同时也作为房地产项目发起人的代理人负责项目的产品（房屋）销售。项目管理公司的这两个部分职能分别通过项目的管理协议和销售代理协议加以规定和实现。

2）根据合资协议规定，发起人分别在项目中投入相应比例的自有资金，并同意筹集项目的建设资金和流动资金，但是由每个发起人单独与贷款银行签署协议。

3）在建设期间，项目管理公司代表发起人与工程公司签订工程建设合同，监督项目的建设，支付项目的建设费用；在生产经营期间，项目管理公司负责项目的应用管理，并作为发起人的代理人销售项目产品。

4）项目的销售收入将首先进入一个贷款银行监控下的账户，用于支付项目发生费用和资本再投入，偿还贷款银行的到期债务，最后，按照融资协议的规定将盈余资金返还给发起人。

（2）由房地产投资者各自独立地安排融资和承担市场销售责任

在这种融资模式中，房地产项目发起人组成非公司型合资结构投资项目，由发起人而不是房地产项目管理公司组织房地产产品的销售和债务偿还，其具体过程如下所述：

1）房地产项目发起人根据合资协议投资合资房地产项目，任命房地产项目管理公司负责项目的建设和经营管理。

2）房地产项目发起人按照投资比例，期间支付项目的建设费用和生产费用，根据自己的财务状况自行安排融资。

3）房地产项目管理公司代表项目发起人安排项目建设，组织原材料的供应，并根据投资比例将项目产品分配给项目发起人。

4）房地产项目发起人以"货付货取"合同的规定价格购买项目产品，其销售收入根据与贷款银行之间的现金流量管理协议进入贷款银行监控账户，并按照资金使用优先序列的原则进行分配。

2. 项目公司融资模式

这一模式是指房地产投资者通过建立一个单一目的的项目公司来安排融资的一种模式，具体有单一项目子公司和合资项目公司两种基本形式。

（1）单一项目子公司形式

为了减少投资者在项目中的直接风险，在非公司型合资结构、合伙制结构甚至公司型合资结构中，项目的投资者经常通过建立一个单一目的的项目子公司的形式作为投资载体，以该姓名子公司的名义与其他投资者组成合资结构和安排融资。这就是单一项目子公司的融资形式。这种融资形式的特点是项目子公司将代表投资者承担项目中的全部的或主要的经济责任。但是，由于该公司是投资者为一个具体项目专门组建的，缺乏必要的信用和经营历史，有时也缺乏资金，所以可能需要投资者提供一定的信用支持和保证。

（2）合资项目公司形式

这一融资形式是由投资者共同投资组建一个项目公司，再以该公司的名义拥有、经营项目和安排项目融资，它是通过项目公司安排融资的最主要的一种形式。采用这种模式，项目融资由项目公司直接安排，主要的信用保证来自项目公司的现金流量、项目资产以及项目投资者所提供的与融资有关的担保和商业协议。其基本操作过程可以归纳为以下几点：

1）房地产项目发起人根据股东协议组成一个单一目的项目公司，并注入一定的股本资金；

2）项目公司作为独立的法人实体。签署一切与房地产项目建设、生产和市场有关的合同，安排房地产项目的融资，建设经营并拥有项目；

3）房地产项目融资被安排在对项目发起人有限追索的基础上。但是，由于项目公司除了正在安排融资的房地产项目，没有任何其他的资产和业务，也没有任何经营历史，所以，项目发起人必须提供一定的信用担保以承担一定程度的项目责任。如在建设期间，项目发起人为贷款银行提供项目完工担保。

3．杠杆租赁融资模式

杠杆租赁融资模式是指在房地产项目投资者的要求和安排下，由杠杆租赁结构中的资产出租人融资购买项目的资产，然后租赁给承租人（项目投资者）的一种融资结构。资产出租人、融资银行的收入以及信用保证主要来自结构中的税务好处、租赁费用、项目的资产以及对项目现金流量的控制。

4．"生产支付"融资模式

"生产支付"融资模式是项目融资的早期形式之一，它最早起源于20世纪50年代美国石油天然气项目开发的融资安排。与其他的融资模式相比，"生产支付"融资模式在信用保证结构上有所不同。一个"生产支付"的融资安排是建立在由贷款银行购买某一特定矿产资源储量的全部或部分未来销售收入权益的基础上的。在这一安排中，提供融资的贷款银行从项目中购买到一个特定份额的生产量，这部分生产量的收益就成为项目融资的主要资金来源。因此，"生产支付"是通过直接拥有项目产品和销售收入，而不是通过抵押或权益转让的方式来实现融资的信用保证。

5．BOT融资模式

BOT，即公共工程特许权或特许权融资，是Build（建设）、Operate（经营）和

Transfer（转让）三个英文单词第一个字母的缩写，代表着一个完整的项目融资的概念。BOT 是国际上近十几年来逐渐兴起的一种基础设施建设的融资模式，是一种利用外资和民营资本兴建基础设施的前途远大的融资模式。BOT 模式一出现，就引起了国际金融界的广泛重视，被认为是代表国际项目融资发展趋势的一种新型结构。

（1）BOT 模式人员组成

1）项目的最终所有者（项目发起人），即项目所在国政府、政府机构或政府指定的公司；

2）项目的直接投资者和经营者（项目经营者）。项目经营者是 BOT 融资模式的主体。项目经营者从项目所在国政府获得建设和经营项目的特许权，负责组织项目的建设和生产经营，提供项目开发所必需的股本金和技术，安排融资，承担风险，并从项目投资和经营中获得利润；

3）项目的贷款银行。BOT 模式中的贷款银行组成较为复杂。除了商业银行组成的贷款银团外，政府的出口信贷机构和世界银行或地区性开发银行的政策型贷款在 BOT 模式中通常也扮演着很重要的角色。

（2）BOT 融资的操作程序

BOT 模式的运作程序包括：招投标、成立项目公司项目融资、项目建设、项目运营管理、项目移交等环节。

1）准备阶段（图 12-1）

这一阶段主要是选定 BOT 项目，通过预审和招标，选定房地产项目承办人。房地产项目承办人选择合作伙伴并取得他们的合作意向，提交房地产项目融资与项目实施方案文件，房地产项目参与者草签合作合同，申请成立项目公司。政府依据房地产项目发起人的申请，批准成立项目公司，并通过特许权协议，授予项目公司特许权。项目公司股东之间签订股东协议，项目公司与财团签订融资等主体合同之后，项目公司另与 BOT 项目建设、运营等各参与方签订子合同，提出开工报告。

2）实施阶段

实施阶段包括 BOT 项目建设与运营阶段。在建设阶段，项目公司通过顾问公司，对项目组织设计与施工，安排进度计划与运营资金，控制工程质量与成本，监督工程承包商，并保证财团按计划投入资金，确保工程按预算、按时间完工。在运营阶段，项目公司的任务是要求运营公司尽可能边建设边运营，争取早投入早收益，以保证按时还本付息，并最终使股东获得一定利润。同时，在运营中注意项目的维修与保养，以期项目最大效益地运营以及最后顺利地移交。

3）移交阶段

特许权期满，项目公司将一个运行良好的项目移交给项目所在国政府或其他所属机构。这是采用 BOT 投资方式与其他投资方式相区别的一个关键所在。采用 BOT 投资

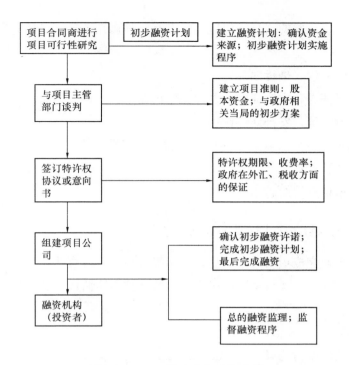

图 12-1 BOT 模式准备阶段流程

方式，可以合资经营、合作经营、独资经营。但是，在经营期满后，都会遇到投资方如何将财产转移给东道国一方的问题。在通常情况下，投资方大都远在经营期满以前，通过固定资产折旧及分利方式收回了投资。故此，大部分契约中都规定合营期满，全部财产无条件地归东道国所有。

6. ABS 融资模式

ABS（Asset-Backed Securitization），即资产支持的证券化，是以项目所属的资产为支撑的证券化融资方式。它是以项目所拥有的资产为基础，以项目资产可以带来的预期收益为保证，通过在资本市场发行债券来筹集资金的一种项目融资方式。尽管各个国家对项目资产的证券化已经涉及很多领域，但到目前为止，运用最多的还是以抵押贷款为标的的抵押支付证券融资为主的方式，这也是 ABS 融资的主要领域。

ABS 融资在实际操作中要涉及很多的技术性问题，但是证券化过程的基础是比较简单的。发起人将要证券化的资产进行组合后，以之为担保或出售给一个特定的交易机构，由其向投资者进行证券融资。它一般要经过以下几个过程：

（1）确定资产证券化融资的目标；

原则上，投资项目所附的资产只要在未来一定时期内能带来稳定可靠的现金收入，都可以进行 ABS 融资。

（2）组建特别目的公司（SPV）；

（3）实现项目资产的"真实出售"；

达到项目资产或收益的"真实出售"主要有三种操作方式：债务更新、转让、从属参与。

（4）完善交易结构，进行内部评级；

（5）划分有限证券和次级证券，办理金融担保；

（6）进行发行评价，安排证券销售；

（7）SPV 获得证券发行收入，向原始权益人支付购买价格；

（8）实施资产管理；

（9）按期还本付息，对聘用机构付费。

■ 12.1.3　房地产项目融资的程序

房地产开发企业完成项目融资要先后经历投资决策、融资决策、融资模式与结构安排、融资双方协商谈判、执行融资协议和贷款偿还这六个阶段。其具体的融资流程图如图 12-2 所示。

（1）投资决策

确定投资决策时要考虑该项目所处行业特点和发展前景，及房地产项目市场环境和自然环境的基本情况，比如对项目所在区域气候水文地质生态环境的分析。同时，还必须对宏观经济的整体形势作出判断，如果国民经济快速发展，人民收入水平不断提高，房地产项目的建设、销售、运营都有良好的前景，房地产行业通常在经济繁荣的情况下得到迅速发展。因此，可以说对于任何一个房地产投资项目，在进行投资之前，开发商都需要进行可行性分析，严格来说这一步骤并不包含在项目融资的范围内，但它对以后的项目融资产生决定性影响。鉴于前面我们已经着重讲过房地产投资决

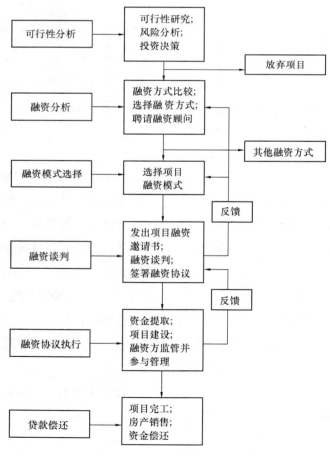

图 12-2　房地产项目融资实施流程图

策分析，在这里主要是从房地产项目融资的角度再简要分析一下项目可行性分析的一般程序。

项目可行性分析一般包括：

1）政策环境

包括国家的法律法规、地方政府对房地产开发项目的相关政策等，这些将会影响到房地产开发商运营和项目的运作。

2）市场环境

即市场对项目房产的需求情况及市场前景预测，良好的市场环境有利于项目的成功开发。

3）项目资金可获得性

若开发商选择进行项目建设，其可能获得的房地产开发规模是否足够大，资金的构成是怎么样的，使用期限是否满足项目建设的要求，这些要素在进行项目投资决策之前都要有全面的考虑。

4）项目建设工程技术可行性

主要包括项目建设所要求的工程技术是否成熟，能否按照预计的实施进度来完成工程。

5）项目风险分析

对项目可能面临的各种风险进行估价、分析，房地产项目面临的风险主要包括：政策风险、市场风险、信用风险、完工风险（项目建设延期、成本超过预算造成的损失，以及由于技术及其他原因放弃项目的风险）、金融风险。

6）项目收益的初步估计

根据以往经验，对该项目的投资量、资金成本、销售收入作一个初步的估计，得出项目收益的估计值，看是否值得投资。

在项目可行性分析中，项目风险分析需要给予特别的注意。一方面，房地产开发项目面临的风险较为复杂，开发商需要有清醒的认识；另一方面，如果采用项目融资，由于融资方式的特性，融资方更为注重开发商对项目风险的识别与防范。

在项目可行性研究和风险分析基础之上，开发商作出投资决策，决定是否进行该项目的开发建设。

（2）融资决策

房地产开发商进行融资决策时，必须决定采用何种融资模式，在项目融资实践中，开发商一般须聘请具有专业经验和雄厚实力的融资顾问参与设计规划具体的融资活动，虽然开发商须付出一定成本来获得咨询或建议，但考虑到融资计划的复杂性及对项目成功的重大影响，房地产开发企业仍然会不惜重金寻找专业融资团队的帮助。

融资决策具有综合性、政策性和调节性等特点，在融资决策中要综合考虑中央银行的宏观金融政策，开发项目的资金需要，资金融通的风险和收益情况等因素。融资决策没有一个固定的模式，它是一个动态的过程，应视具体情况的变化而相应调整，但通常由以下几个环节构成，即发现问题、确定目标、拟订方案、方案选择、组织实施和信息反馈调整。

1）发现问题是融资决策的起点

所谓发现问题是指开发商在开发项目投资过程中遇到了资金矛盾，为了解决这个矛盾，需要制定相应的融资策略，这就要求开发商根据实际情况，确定主要问题，抓住主要矛盾，通过分析研究，根据主要矛盾制定融资策略。

2）确定融资决策目标是决策的前提

所谓决策目标，是指在一定环境和条件下，根据融资进程中的主要矛盾，在预测的基础上，制定融资活动预期达到的目标。决策目标必须要在充分分析现有资料和信息的基础上提出，并且要求具体、明确，有实现可能性。

3）拟订决策方案是融资决策的基础

这个环节主要是寻找达到既定目标的各种可能途径。在拟订决策方案时，应充分了解决策对象的情况、性质，掌握较多的经济信息和市场信息，从而确保融资决策方案的可行性。此外，还要对可行决策方案进行定性、定量和定时分析，指出其优越性和存在的问题，研究可行性程度，以便进行方案比较和选择。

4）融资方案选优是融资决策的关键

通过方案选优，最终确定最能满足决策目标的融资决策方案，从而基本确定决策的经济效益。

5）组织最优决策方案的实施

具体贯彻执行融资决策，使方案付诸实践。实践进程中应制定周密的计划和相应的措施。

6）反馈调整

在融资决策实施过程中，对可能出现偏离决策目标的情况进行跟踪调整，以便及时发现问题，适时调整和修改融资方案。

（3）融资模式与结构安排

关于融资结构的设计，通常由投资公司或商业银行中的项目融资部门与房地产公司项目部联手确定，设计出最有利的融资结构，所谓"最有利"含义包括采用这种融资结构会使项目风险最小化，使项目参与各方的收益都得到充分的保障，制定这样的融资结构必须对项目的债务承受能力作出准确判断和估计，并设计出稳健合理的融资和担保方案。这个过程要求房地产开发商与融资顾问有良好的沟通渠道，双方优势能有效互补，观点分歧要迅速解决。

（4）融资双方协商谈判

当融资方案确定后，房地产开发企业与银行等金融机构开始就融资协议的细节进行漫长的谈判，融资顾问要发挥协调双方利益、控制谈判节奏的作用，促成融资合同文本的签署。

（5）执行融资协议

房地产企业与资金供给方达成项目融资的正式文件后，项目所需资金开始到位，房地产开发企业要组织建筑承包商、原材料供应商、房地产项目工程监理等正式投入到项目建设运营中去，发放贷款的银行或其他金融机构也要派出专家组，对项目的建设进度、工程质量和资金使用情况进行监督、调查，以确保项目按计划顺利施工。

总体而言，项目融资的重中之重是房地产项目开发商要做好项目评价和风险分析工作，只有以实事求是的态度和细致入微的调查，房地产项目的发起人才能有效地控制化解各类风险，获得预期收益。

（6）贷款偿还

项目建成之后，项目融资进入了贷款偿还阶段。房地产项目融资与一般的生产项目融资有些不同，项目融资进入了贷款偿还阶段，还需要投入相当的运营资金才能使项目进入正常的生产经营阶段。而且项目金融经营运转之后，通常需要相当长的一段时间才能产生足够的资金偿还全部的贷款。房地产项目在建成到贷款全部偿还的时间一般要短得多，因为项目房地产本身就是开发项目的产品，可以直接进入销售阶段。

开发项目完工后，开发商依赖房地产销售收入按融资协议规定的方式和数量将贷款偿还融资方，并移交相关法律文件，介绍项目融资协议。

在整个融资实施过程中，各个阶段与步骤并不是孤立的，后一阶段的实施情况会对前面决策产生影响。如，开发商考虑融资谈判的实际情况与进展，可能修改融资方式或是融资的模式；融资执行过程中出现了协议中没有规定的情况，则需要根据各方再次谈判协商。

12.2 房地产项目融资风险

12.2.1 项目风险概述

房地产项目由于开发周期长、投资量大以及产品的区域性等特点，因而开发风险高，在国外被认为是最具风险的行业之一。

项目融资这种方式之所以受到项目发起人的欢迎，就在于贷款人对它们没有追索权或只有有限追索权，这就大大降低了项目发起人的风险和责任。将风险定义为"损失发生的不确定性"。

风险因素、风险事件和风险结果是风险的基本构成要素，风险因素是风险形成的必要条件，是风险产生和存在的前提。风险事件是外界环境变量发生始料未及的变动从而导致风险结果的事件，它是风险存在的充分条件，在整个风险中占据核心地位。风险事件是连接风险因素与风险结果的桥梁，是风险由可能性转化为现实性的媒介。

12.2.2 房地产项目融资风险管理步骤

所谓风险管理，是指经济单位对风险进行识别、衡量、分析，并在此基础上有效地处置风险，以最低成本实现最大安全保障的科学管理方法，其具体过程如图 12-3 所示。

1. 识别风险

识别风险是风险管理的基础。风险管理人员在进行了实地调查研究之后，运用各种方法对尚未发生的潜在的及存在的各种风险进行系统地归类，并总结出项目面临的所有风险。风险识别所要解决的主要问题是：风险因素、风险的性质以及后果、识别的方法及其效果。风险识别的过程如图 12-4 所示。

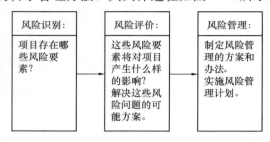

图 12-3 房地产项目风险的识别、评价和管理

2. 风险评价

所谓评价，就是依据一定的标准去判定项目的经济强度和各种风险要素对项目经济强度的影响程度。

风险评价的过程涉及两个步骤：

（1）确定运用什么样的标准来测定项目的经济强度。

（2）通过与所设定的标准进行比较，判断各种风险因素对项目经济强度的影响程度。

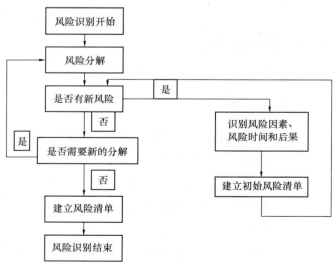

图 12-4 项目风险识别过程

3. 风险管理

在项目风险识别和风险评价的基础上，项目的风险管理有以下三个方面的任务：

（1）针对项目所面对的风险因素，决定是否作出反应。

（2）如果答案是肯定的话，对各种可能的项目风险管理方案进行取舍，制定最实际的行动方案；行动方案的制订需要考虑风险对项目影响的重要程度、风险管理可能采用的手段以及风险管理的成本等多方面的因素。

（3）在项目的建设或生产期中实施这些风险管理方案。风险管理方案有两种基本类型：

1）行动性方案

通过这种方案的实施，可能会降低或清除某一种风险对项目的影响。

2）预防性方案

即通过这种方案的实施可以防止由于某些风险要素的发生对项目可能造成的影响。总之，通过项目风险管理方案的实施，人们希望达到避免、减轻或转移某种风险的目的。

■ 12.2.3　房地产项目融资风险评价指标

房地产项目融资的风险评价指标包括：债务覆盖率、项目债务承受比率、资源收益覆盖率。

1. 债务覆盖率

项目的债务覆盖率是贷款银行对项目风险的基本评价指标，它是指项目可用于偿还债务的有效净现金流量与债务偿还责任的比值，还可以很容易地通过现金流量模型计算出来。债务覆盖率可进一步分为单一年度债务覆盖率和累计债务覆盖率两个指标。

（1）单一年度债务覆盖率（DCR_t）

$$DCR_t = \frac{DC_t + RP_t + IE_t + LE_t}{(RP_t + IE_t + LE_t)}$$

式中　DC_t——t 年扣除一切项目支出后的净现金流量；

　　　RP_t——t 年到期债务本金；

　　　IE_t——t 年应付的项目租赁费用（如果存在的话）。

在项目融资中，贷款银行通常要求 $DCR_t > 1$，如果项目被认为存在较高风险的话，贷款银行则会要求 DCR_t 的数值相应增加。公认的 DCR_t 取值范围在 1.0～1.5 之间。

贷款银行在评价一个项目融资建议时，首先要确定可接受的最低 DCR_t 值，这个值的大小不仅反映出银行对项目自身风险的评估，同时也表现出银行对来自项目之外的各种信用支持结构的有效性评价。

（2）累计债务覆盖率（$\sum\limits_{i=1}^{t} DCR_i$）

$$\sum_{i=1}^{t} DCR_i = \frac{DC_t + RP_t + IE_t + LE_t + \sum\limits_{i=1}^{t-1} NC_i}{(RP_t + IE_t + LE_t)}$$

式中　$\sum\limits_{i=1}^{t-1} NC_i$——自第 1 年~第 $t-1$ 年项目未分配的净现金流量。

项目在某几个特定的年份可能会出现较低的 DCR 值。一种情况发生在项目生产的前期，由于种种原因项目还未达到设计生产水平却面临着较高债务偿还的要求；一种情况发生在项目经营若干年之后，由于生产消耗等原因需要投入较大量的资金更换一部分设备以维持正常生产。为了解决这一问题，项目融资一般采用三种相互联系的方法：

第一，根据项目生产前期所持有的现金流量状况，给予项目贷款一定的宽限期。

第二，规定项目一定比例的盈余资金必须保留在项目公司中。这就是引入累计债务覆盖率的一个作用。只有满足累计债务覆盖率以上的资金部分才被允许作为利润返还给投资者，从而保证项目经常性地满足债务覆盖率的要求。通常 $\sum\limits_{i=1}^{t} DCR_i$ 的取值范围在 1.5~2.0 之间。

第三，为了防止实际的现金流量与预测数值差距过大，使 $\sum\limits_{i=1}^{t} DCR_i$ 值根本无法达到，贷款银行有可能要求项目投资者提供一定的偿还保证基金。在有限追索的融资结构中，这种保证基金预先规定金额数量，贷款银行的追索也一般不超出这个限额。

2. 项目债务承受比率

$$CR = \frac{PV}{D}$$

另一种项目融资中经常使用的指标是债务的承受比率（CR），即项目现金流量的现值与预期贷款金额的比值。

式中　PV——项目在融资期间的现金流量现值（采用风险校正贴现率计算）；

　　　D——计划贷款的金额。

项目融资一般要求 CR 的取值范围在 1.3~1.5 之间。

3. 资源收益覆盖率

对于资源性项目，项目融资的风险与资源储量有直接的关系，因此除了以上两个指标外，还需要增加评价资源储量风险的指标。

$$RDR_t = \frac{PVNP_t}{OD_t}$$

式中　RDR_t——t 年资源收益覆盖率；

　　　OD_t——t 年所有未偿还的项目债务总额；

$PVNP_t$——t 年项目未开采的已证实资源储量的现值。

$PCNP_t$ 的计算公式为：

$$PCNP_t = \sum_{i=t}^{n} \frac{NP_i}{(1+K)^i}$$

式中 NP_i——第 i 年项目的毛利润（即销售收入减生产成本）；

K——贴现率，一般采用同等期限的银行贷款利率作为计算标准；

n——项目的经济生命期。

项目融资一般要求在任何年份 RDR_t 都要大于 2。

12.2.4 房地产项目融资的风险管理

房地产项目融资的风险管理是指有目的地通过计划、组织、协调和控制等管理活动来防止风险损失发生、减少损失发生的可能性以及削弱损失的大小和影响程度，同时采取各种方法促使有利后果出现和扩大，以获取最大利益的过程。

对某一具体的房地产项目，从项目经营决策的层面，必须关心两个方面的问题：一是如何在科学的基础上正确地判断具体项目可能产生的风险，这些风险因素在未来的发展趋势如何；二是在项目融资中，风险管理工具发挥怎样的作用、如何运用。由于项目的核心风险属于项目的投资者和经营者可以控制的风险，所有在这里重点介绍的是房地产项目融资风险管理中的项目环境风险的管理。

1. 正确地判断项目可能产生的风险

正确地判断项目可能产生的风险是项目风险管理决策的基础，作为项目风险管理决策的起点，判断项目可能产生的风险通常包括三个步骤，即风险的识别和预测、风险的估量、风险预测误差的判断。

（1）风险的识别和预测

通常项目的环境风险预测分析应该包括以下内容：

1）预测和掌握影响该环境风险要素变化的多种相关要素；

2）建立未来市场行为模型；

在预测和掌握了各种相关要素的基础上，可以建立未来市场行为模型。即在假设的不同市场条件下所可能出现的利率、汇率或商品价格供求结构。

3）对预测结果进行主观判断，同时为使预测的结果能够比较准确地反映未来的市场变化趋势，还需参考国际宏观经济环境、金融市场以及商品、能源市场变化的预测分析资料。

（2）风险的估量

项目投资者需要确定出现预测状态的概率、严重程度和大小。风险估量应注意以下几点：风险后果的相对性、风险后果的时间性以及风险后果的综合性。

（3）风险预测误差的判断

任何一种风险管理工具的应用都是节省成本的，这就需要对风险预测误差作出相应的判断，也就是说投资者应充分认识一旦市场行为偏差预测结果所带来的风险，并作出判断是否准备和有能力承受这种风险。此外，项目投资者应将已形成的风险预测与市场上同样或同类的风险预测加以对照分析，以证实自己预测的可靠程度。

2. 风险管理的实施

风险管理的实施是风险管理的最后阶段，它涉及面比较广，项目融资管理都存在风险管理，因此这里重点阐述几种风险管理工具。

（1）利率风险管理

降低利率风险最主要的金融工具是采取利率互换的方式、在项目融资中，互换就是用项目的全部或部分现金流量与项目无关的另一组现金流交换。利率互换在项目融资中很有价值，因为多数银团贷款在安排长期项目贷款时，只是愿意考虑浮动利率的贷款公式，使得项目承担较大的利率波动风险。作为项目投资者，如果根据项目现金流量的性质，将部分或全部的浮动利率贷款转换成固定利率贷款，在一定程度上可能减少利率风险对项目的影响。

（2）货币、汇率风险管理

依据项目现金流量的货币结构，采用风险管理工具中的交叉货币掉期、期权等形式，将利率较高的一种货币转化为另一种利率相对较低的货币贷款，从而实现分散融资风险，降低融资成本的目的。

（3）利用风险管理工具的不同组合在时间上和税务上控制项目的现金流量。在项目融资中，项目投资者和有关参与方应充分研究税法及相关法律，在法律允许的条件下，利用项目的税务优惠、投资优惠，对具体项目的现金流量作出时间上和税务上的不同安排，控制和增强项目的现金流量，从而在整体上改善项目的经济强度，达到降低项目融资风险的目的。

12.3 房地产项目融资方案的评价与选择

资金筹措方案是指房地产筹措资金之前所制定的机会方案，简称筹资方案。一个好的资金筹措方案是成功地筹集资金的第一步。筹集资金很重要的就是取得贷款，但贷款是有风险的。由于财务杠杆作用的存在，它可能会使投资者由于贷款而增加盈利，也可能使投资者由于贷款而蒙受更大的损失。另外，当贷款到期而市场不旺时，企业可能不得不低价出售房地产或者由于筹资过多导致利息负担过重等。因此，把握好资金筹措的时间、数量、成本等各个方面，编制一个切实可行的资金筹措方案非常重要。

12.3.1　资金筹措方案内容

一般来说，所筹集的资金在币种、数量、期限和成本 4 个方面满足房地产项目的需要。币种是指房地产项目所需资金的货币种类；数量是指房地产项目所需的资金总额和分期使用额；期限是房地产项目所需资金从使用到偿还的时间；成本是指房地产项目所需承受的资金成本。

一个周密的筹资方案应包括如下基本内容：

（1）资金筹措的币种、数额。

（2）自己筹措的数量。即与房地产项目投入和偿还的要求相适应的不同时间内筹措资金和偿还资金的数量。

（3）资金来源结构。即从各个资金来源渠道筹措资金所占的比例。房地产投资资金来源通常包括：企业自有资金、财务资金、发行房地产有价证券（股票、债券）、银行贷款等。

（4）资金筹措的风险评价及风险管理措施。筹资风险是筹资过程中可能给房地产投资项目乃至房地产企业所造成的损失的不确定性。此阶段要预测筹措资金的风险，提出降低风险的措施等。

（5）资金筹措成本预算。估计为合理有效地筹措到所需要资金将要付出的各种费用。

（6）资金筹措方式。即选择是企业自行直接筹资还是委托有关金融机构筹措资金。直接筹资是由房地产企业直接筹集房地产项目所需要的资金，其特点是：成本费用低，也比较放心，但是经验不足，容易出错。间接筹资是由房地产开发企业委托银行、证券公司或其他金融机构代为筹集房地产项目所需资金。特点是成本费用稍高，但比较稳妥。

（7）资金筹集步骤。明确资金筹集的权利关系，安排筹资工作各阶段的先后顺序，详细安排筹资工作各阶段的具体目标、任务、时间、地点和负责人等。

12.3.2　编制房地产资金筹措方案的程序

（1）根据筹资所用项目的要求，确定此次筹资的最终目标，进行筹资方案的总体设计。

（2）调查资金需要情况，确定按项目工程设计进度进行开发建设的准确流量和不同流量对项目的影响。

（3）搜寻资金的来源渠道，确定使用于此次建设项目的资金筹措方式，以及各种筹资方式可能的筹资数量、条件、期限、风险水平和筹资成本。

（4）根据项目需要和资金来源情况，确定所筹集的资金的币种、数量、平均期限，然后计算出总筹资成本。

（5）全面分析研究筹资风险水平，提出降低风险发生的概率和控制风险损失程度的措施。

（6）根据资金的来源和企业筹资能力，确定具体筹资途径。当需要委托筹资时，应客观评价和选择筹资代理机构，努力降低筹资成本。

（7）制定筹集资金的分段工作计划。

（8）准备筹资方案文件，草拟筹资协议、合同文本，收集所需各种资料、文件。

（9）汇总上述内容，编制成正规的、系统的筹资方案。

编制房地产企业的筹资方案并付诸实施，是一项比较复杂的系统工程，它涉及房地产建造开发技术、经济政策、法律法规、金融专业知识以及广泛的良好的公共关系，因而需要知识面广、信息敏感性强、经验丰富的高层次策划专业人员来从事这项工作，对于规模小或资金来源渠道单一或筹资涉及面窄的资金需求项目，可以由房地产企业自己研究制定筹资方案，对于筹资规模大，涉及面宽，来源渠道复杂，企业无力自筹的资金需求项目，应考虑委托专门的金融咨询机构或银行、证券公司及其代理人来为企业制定全面的筹资方案。

12.3.3 资金筹措方案的评价与选择

房地产项目融资是房地产开发的基础，而房地产项目融资方案的设计与选择是房地产项目开发成功的关键环节。房地产项目融资方案是涉及各种融资方式的组合以及各种组合的安全性、经济性和可行性的评判。下面试对房地产项目融资方案的综合评价作浅析。

房地产项目融资方案综合评价涉及诸多因素，我们拟从方案的安全性、经济性和可行性这三方面进行评价。

1. 安全性

安全性按风险程度大小分为 A、B、C、D 四级。

A 级：表示风险很小，即整个筹资过程发生较大事故而导致项目产生损失的可能性很小。其标志是筹资的主要风险如利率风险、汇率风险已作了调整，甚至基本消除；提供资金的财政机构或金融机构资信等级很高；承担筹资代理的金融机构有很好的资信，并已承担了部分风险。

B 级：表示风险较小，即整个筹资因发生意外事故而发生损失的可能性较小。标志是筹资的主要风险在一定程度上已减少，但未完全消除；提供资金者资信等级较高，但代理机构的资信较差。

C 级：表示风险较大，即整个筹资过程可能发生意外事故而导致损失。其标志是筹资的主要风险虽已作调整，但未消除的风险仍然很大；提供资金的机构资信不足；没有委托金融机构代理筹资。

D 级：表示风险极大，整个筹资过程因意外事故而发生损失的概率很大，即筹资的主要风险没有有效防范措施；提供资金的机构资信很差；没有任何金融机构愿意承担代理筹资业务。

2. 经济性

筹资方案的经济性按综合资金成本率 KW 标准来划分，共分为 A、B、C、D 四级。设 R 为筹资同期的银行贷款利率。

A 级：筹资成本最低，即 $KW<70\%R$；

B 级：筹资成本较低，即 $70\%R \leqslant KW<R$；

C 级：筹资成本很大，即 KW 在 $130\%R$ 附近；

D 级：筹资成本太大，即 $KW>130\%R$。

3. 可行性

可行性反映资金在数量、时间上的可能落实程度。筹资方案的可行性，按各筹资方式的落实程度可分为 A、B、C、D 四个等级。

A 级：资金全部落实，已经过计划部门批准所筹集资金能够得到全部承诺。

B 级：资金基本落实，获取批准的可能性大。

C 级：资金落实较差，获取批准的可能性小。

D 级：资金落实较差，获取批准的可能性几乎没有。

筹资方案的比较选择是要对方案的经济性、可行性和安全性进行综合评价，如果三者之中有一个 D，则此方案即被淘汰，如果上述三种是 ABC 的组合，则应按先安全性，再可行性，最后经济性的优先顺序评选筹资方案。

12.4 房地产项目融资实训总述

1. 项目的运作阶段

一般在实践中，项目的运作可以分成以下七个阶段：

（1）第一阶段：编制第一个建议书

1）投资前研究

为了确定项目的可行性，私营合同商必须对该项目的工程设计、经济及融资可行性进行深入而广泛的研究，拟订项目的范围并研究适当的技术来满足其需要。由于国际项目融资是在没有传统的政府偿还担保的情况下进行的，项目建设所需资金将不得不在国际金融市场上融资解决，因此私营合同商对项目的投资前研究必须做到尽可能的确切。

2）初步规划和谈判

私营合同商做这项工作的目的是为了确认和建立赢得国际项目融资的潜力，同时应建立建设项目的准则、债务的资金来源、项目股本以及与有关的政府当局初步接触的方案。

3）研究项目的初步期限和条件

私营合同商在其第一个建议中应对项目初步期限和条件进行拟订，主要包括如下内容：①项目特许期限；②收费率；③政府在外汇汇率、征税等方面的资助和保证等。

（2）第二阶段：签订项目谅解备忘录

私营合同商编制的第一个技术建议书提交给项目主管当局后，如果其技术参数和内容能满足当局要求，那么该合同商在履行完当局规定的一些标准后，将会与项目主管当局进行新一轮的谈判并研究对第一个建议书的适当修改，在此基础上，双方将签订项目谅解备忘录。

（3）第三阶段：签订特许权协议或意向书

当有关项目的特许运营期限和条件等经双方谈判确定后，项目部门将会与合同商签订特许权协议或意向书。在这个阶段项目主管当局的许多政府机构将会参与其中。

（4）第四阶段：项目安排和组织

在获得了项目主管当局的特许权后，私营合同商将为此项目专门建立一个项目公司。在这个阶段中，凡是直接或间接涉及该项目的参与者相互之间的权利义务关系，必须以合同或协议的方式得到最后的确认与固定。对于一项国际项目融资，例如 BOT，私营合同商通常要在项目所在地，按照该国的法律设立一家专门的项目公司，业主授予该公司在特许期限内进行项目设计、施工、融资管理、运营和维护其产业方面的特许权，然后要求该项目公司在特许期限届满后，将合同设施在其良好状态的情况下免费移交给业主。这样一旦该私营合同商被授予特许权后，它就必须首先设立项目公司并开始融集资金，以便与施工单位签订施工合同及与其他单位签订其他有关协议。特许项目公司可以选择自己来运营和维护其产业，也可以委托或包给其他单位运营。

在国际项目融资中，项目的私营合同商通常起到如下方面的作用：1）咨询单位：进行项目的可行性研究和设计；2）项目的承办者：与项目主管政府进行特许权谈判，并为项目进行推销股份等融资工作；3）施工承包商：对项目设施进行施工，通常是按总承包交钥匙方式进行的；4）股本持有者：在项目公司中，当该公司有利润时，其股本持有者可收取利润分红。

（5）第五阶段：实施施工

在这个阶段中，私营合同商将进行实际的项目施工和执行实施，并进行进一步的项目融资工作。项目施工所通常采用的最普通方法是交钥匙固定价格承包方式。承包商的总包价格不得随通货膨胀而浮动，而且承包商必须对不可预见的场地情况承担风险。国际项目融资的建设合同有一个显著的特点就是工期提前可获得奖金；而延误则要被罚款。由于项目融资比传统项目的施工组织更复杂，因此，为了保证施工工作地合理进行和正确执行，承包商常雇佣独立的检查机构对项目进行监察，施工设计、施工质量和费用控制以及对项目的管理，都由独立的检查者进行检查。

（6）第六阶段：项目运行

项目的运行和维护者将管理合同设施，并负责在该阶段中收回投资和适当的利润，以归还贷款，支付运营费用、政府税收及股东分红等。

（7）第七阶段：设施移交

在规定的特许期限到期后，合同商通常就将合同设施的所有权或业主权无偿归还给政府当局或其指定的接收单位。

2. 项目的融资阶段

项目的融资可以分成概念阶段和实施阶段，概念阶段也就是融资前期阶段，主要包括经济可行性及初步融资和商务计划；实施阶段包括实施和融资计划的管理。

（1）经济可行性研究

在项目的经济可行性研究中，又有四个不同的阶段。

阶段 1：数据收集和对项目在其经济和融资方面的审查。

主要有以下内容：1）按期审查经济和融资分析；2）税收政策应用；3）财务和外汇分析；4）通货膨胀的预测和影响；5）建设费用、生产费用和产品市场。

阶段 2：对提出的经济和融资方案的审查。

主要内容如下：1）在费用比较经济规模分析和融资预测上的初步分析；2）对包括投资回报率的比较分析；3）对基本事项的定义，包括初期的生产容量；4）计算机模拟分析，如收入和现金流预测、投资回报率、股本回报率、投资净现值和净现值；5）敏感性和风险分析；6）贸易分析。

阶段 3 和阶段 4：主要是对资金来源的融资预测和资金应用、现金流、利润及亏损报告、项目评估计算、融资比率、敏感性分析和收益/费用分析。

（2）融资计划、项目的实施和管理

该阶段包括初步融资和商务计划等各种活动，以及融资程序的实施和管理。

1）初步融资计划的步骤

①建立融资准则：资本和运营费用、收入、采购计划、花费和投资进度、货币要求等；②确定资金来源：资本结构，即债务和股本比率、资金来源、初步期限和条件；③开展初步融资计划：资金来源信息的计算机模拟分析、融资预测和对关键融资参数的敏感性分析、开发推选的融资计划、概念阶段债务和股本比率、借款及其付还进度、进度期限和条件；④计划融资实施程序：包括怎样从贷款方得到许诺和担保的策略和方法、谈判的进度、文件准备、项目备忘录、协议和融资应用。

2）融资程序实施的内容

①确定初步融资许诺：向贷款方提出建议、建议分析和谈判、与项目要求和采购程

序相协调；②最后完成初步融资计划：包括对融资的详细预测、外汇安排、对建议和许诺的分析和选择；③最后完成融资：包括对资金来源的最后承诺、协调融资和采购计划、项目文件、贷款协议、货币、外汇要求、资金和取款步骤、专门融资来源等。

3）融资管理的内容组成

①总的管理：包括取款步骤、货币要求、会计和控制、编制文件、过程报告；②与项目管理协调：包括连续的监控花费用款计划等；③监控融资程序：包括外汇安排审查、在融资程序中对资金市场中可能有利条件的变化进行监控等。

（3）融资评估

1）贷款方的要求

在评估 BOT 项目融资目的时，贷款方需在以下方面得到满足，即在假设条件下和现金流动进行合适的感性分析后，证明项目是可行的，在融资计划中必须考虑到意外事件的发生，并为此增加适当的补充条款，以保证项目有足够的现金在其特许期限内来满足它的现金费用，包括债务服务，并要求考虑有一定的余度以应付不可预见事件的发生。

2）股本投资者的融资要求

私营部门对投资所关心的问题大部分类似于贷款者所关心的问题。然而，对投资者来说，首先关心的是项目的投资能否归还，投资者将从下列角度来评价项目的现金流动：①投资回报率是指内部回报率，或在项目特许期限内所有现金流出和流入的现值的折扣率。如果投资回报率高，这个项目就被认为是可行的及可投资的，理想的投资回报率是比当时银行借款利率高 8%～10%。②股本回报率是折扣率，等于股本投资的现值与债务在分期还款、利息及所得税后每年剩余现金流的现值。理想的折扣率是比当时的银行利率高出 10%以上，如果这样，则该项目被认为是有吸引力的。③税后净现值是指债务分期偿还、支付利息和所得税后，每年剩余现金流的现值与在规定的折扣率下股本投资的现值。只要税后净现值是正的，这个项目就被认为是可行的和有利润的。

为了具体说明一个国际融资项目在实践中的开展和建设阶段，以建设一个发电厂为例，我们来介绍一下采用国际 BOT 方式进行项目建设的一般程序。

第一阶段：由项目所在地电力局和愿意承办该项目的发起人签订意向书，之后对发电厂项目进行可行性研究。

第二阶段：由发起人招商并组建项目公司。项目公司的股东可以包括土建公司和设备供应公司的联合体、商业银行和国际金融公司等。国家电力局也有可能参资入股。

第三阶段：项目公司和电力局之间签订特许权协议（项目协议、执行协议）。在此协议的基础上，项目公司准备并签订其他有关协议。

第四阶段：为筹措资金阶段。项目公司向银行贷款并签订贷款协议。

第五阶段：发电厂的建设阶段。

第六阶段：运营阶段。项目公司自己或通过专业管理公司对电厂进行运营。项目公司通过收取电费回收投资，包括负担经营成本、偿还债务和股东分红等。

第七阶段：运营期结束。项目公司将所有权转让给国家电力局，由该电力局继续运营。

至此，一个BOT项目的建设、运营和转让的全过程就结束了。

12.5 实训作业

依据上面介绍的运用国际BOT方式建设发电厂项目的一般程序完成下面的对某发电厂项目的融资报告书。

1. 项目简介：该项目总规模为4×30万kW装机，一期2×30万kW，建设期为2004～2006年，二期2×30万kW，建设期为2007～2009年。总投资46亿元。该项目建设，可大大缓解该地区用电短缺局面，同时也可有效改善这一地区环境污染问题。

2. 建设内容：土建、设备、安装。

3. 建设条件：工业园区地理位置优越，交通便利，通信畅达，资源富集，政策优惠，服务周到，具备建电厂的软硬条件。

4. 风险分析：工业园区周边的乌海市，阿盟及我市棋盘井地区近年来高载能工业发展迅速，用电负荷不断增加，这一地区电源容量严重不足，市场空间大。

5. 投资规模：460000万元。

6. 资金来源：自筹、引资、贷款。

7. 经济效益：项目建成后，年可发电72亿kWh，实现产值14.4亿元，增加值7.92亿元，税费2亿多元。

8. 合作方式：合资、合作。

思 考 题

1. 简述房地产企业项目融资资金来源？

2. 简述房地产项目融资的模式及其相应的操作过程？

3. 简述房地产项目的融资程序？

4. 简述房地产项目融资风险管理步骤？

5. 简述房地产项目的担保步骤？

6. 简述房地产自己筹措方案的内容及程序？

参 考 文 献

[1] 王庆春. 房地产开发概论. 大连：东北财经大学出版社，2004.

[2] 崔发强，刘柳. 房地产市场调查与预测. 北京：化学工业出版社，2008.

[3] 尹卫红. 房地产市场调查与分析. 重庆：重庆大学出版社，2008.

[4] 余源鹏. 房地产市场调研与优秀案例. 北京：中国建筑工业出版社，2006.

[5] 张永岳. 房地产市场调研基础教程. 上海：学林出版社，2006.

[6] 刘锡明. 房地产营销基础. 北京：中国城市出版社 2007.

[7] 吕萍. 房地产开发与经营. 北京：中国人民大学出版社 2007.

[8] 刘洪玉. 房地产开发经营与管理. 北京：中国建筑工业出版社 2007.

[9] 马洪波. 房地产销售代表培训教程. 北京：中信出版社，2005.

[10] 秦仲阳. 房地产销售技能训练课程. 广州：广东经济出版社，2005.

[11] 梁玉成. 建筑识图/建筑企业专业管理人员岗位资格培训教材. 北京：中国环境科学出版
      社，2007.

[12] 尚久明. 建筑识图与房屋构造. 北京：电子工业出版社，2006.

[13] 张小平. 建筑识图与房屋构造. 武汉：武汉工业大学出版社，2006.

[14] 张天俊，刘天林. 建筑识图与构造. 北京：中国水利水电出版社，2007.

[15] 丁烈云. 房地产开发. 北京：中国建筑工业出版社，2004.

[16] 乔志敏. 房地产经营管理教程. 上海：立信会计出版社，2001.

[17] 兰峰. 房地产开发与经营. 北京：中国建筑工业出版社，2008.

[18] 刘洪玉. 房地产开发经营与管理. 北京：中国物价出版社，2003.

[19] 符启林. 房地产合同实务. 北京：知识产权出版社，2007.

[20] 谭术魁、李悦. 房地产开发与经营. 上海：复旦大学出版社，2008.

[21] 刘宁主. 房地产投资分析. 大连：大连理工大学出版社，2009.

[22] 张健. 房地产投资. 北京：中国建筑工业出版社，2008.

[23] 刘秋雁. 房地产投资分析. 大连：东北财经大学出版社 ，2007.

[24] 尹伯成，边华才(主). 房地产投资学. 上海：复旦大学出版社，2002.

[25] 董藩，刘正山. 新编房地产投资学. 大连：东北财经大学出版社，2004.

[26] 朱亚兵，房地产开发经营与管理. 上海：立信会计出版社 2007.

[27] 赵世强，中国房地产估价师实务手册. 北京：中国建材工业出版社，2006.

[28] 王人己，姚玲珍. 房地产估价(第一版). 上海：上海财经大学出版社. 2002.

[29] 王志儒. 房地产估价. 北京：中国建材工业出版社. 1993.

[30] 陆克华，龙奋杰. 房地产估价案例与分析. 北京：中国建材工业出版社. 2005.

[31] 柴强. 房地产估价理论与实务. 北京：中国物价出版社. 2003.

[32] 柴强. 房地产估价. 北京：首都经济贸易大学出版社. 2008.

[33] 范方华. 房地产销售·策划·传播管理模式. 广州：广东经济出版社，2006.

[34] 姚玉蓉. 房地产营销策划. 北京：化学工业出版社，2007.

[35] 祖立厂. 房地产营销策划. 北京：机械工业出版社，2004.

[36] 余凯. 房地产市场营销实务. 北京：中国建材工业出版社，2004.

[37] 袁野. 房地产营销学. 上海：复旦大学出版社，2005.

[38] 曹春尧. 房地产营销策划. 上海：上海财经大学出版社，1999.

[39] 房地产行业认证培训管理中心. 房地产专业知识与实务(初级). 北京：中国建筑工业出版社.

[40] 方志达，张连生. 房地产经纪人实务. 南京：东南大学出版社，1999.

[41] 连水安，胡至廉，周云等. 房地产经纪人专业基础. 南京：东南大学出版社，1999.

[42] 中国房地产估价师学会. 房地产经纪实务第2版. 北京：中国建筑工业出版社，2003.

[43] 陈玉堂，郭仁忠. 房地产经纪实务. 北京：中国建筑工业出版社，2003.

[44] 周云，倪莉，盛承懋. 房地产经济实务. 南京：东南大学出版社，2004.

[45] 陈海英. 物业管理概论. 北京：中国建材工业出版社，2006.

[46] 温小明. 物业管理案例分析. 北京：中国建材工业出版社，2006.

[47] 王林生. 物业管理招投标. 重庆：重庆大学出版社，2007.

[48] 武智慧. 物业管理概论. 重庆：重庆大学出版社，2008.

[49] 鲁捷. 物业管理案例分析与技巧训练. 北京：电子工业出版社，2007 年.

[50] 汤鸿，纪昌品. 房地产策划技术与案例分析. 南京：东南大学出版社，2008.

[51] 决策资源集团房地产研究中心. 房地产策划剑法. 北京：中国建筑工业出版社，2007.

[52] 胥和生，沈蕙帼. 房地产策划. 上海：东华大学出版社，2006.

[53] 赵延军，薛文碧. 房地产策划与开发. 北京：机械工业出版社，2006.

[54] 莫天全，黄瑜. 中国房地产品牌价值研究——理论与实践. 北京：经济管理出版社，2006.

[55] 最新房地产法律政策全书. 北京：中国法制出版社，2009.

[56] 罗建荣. 房地产法律实务. 上海：上海交通大学出版社，2000.

[57] 张晓彤. 房地产法律制度. 大连：东北财经大学出版社，2000.

[58] 孙林. 房地产法律实用全书. 北京：法律出版社，2007.

[59] 邓青主. 房地产法律法规. 北京：电子工业出版社，2007.

[60] 项先权. 房地产法律理论与律师实务. 北京：知识产权出版社，2006.

[61] 陈怡，彭岩. 房地产融资理论与实务. 北京：中国建筑工业出版社，2005.

[62] (美)威廉姆·B·布鲁格曼，(美)杰夫瑞·D·费雪. 房地产融资与投资. 逯艳若等译. 北京：机械工业出版社，2003.

[63] 王学东. 商业房地产投融资与运营管理. 北京：清华大学出版社，2004.

[64] 施金亮. 房地产投融资. 上海：上海大学出版社，2006.

尊敬的读者：

感谢您选购我社图书！建工版图书按图书销售分类在卖场上架，共设22个一级分类及43个二级分类，根据图书销售分类选购建筑类图书会节省您的大量时间。现将建工版图书销售分类及与我社联系方式介绍给您，欢迎随时与我们联系。

★建工版图书销售分类表（见下表）。

★欢迎登陆中国建筑工业出版社网站www.cabp.com.cn，本网站为您提供建工版图书信息查询，网上留言、购书服务，并邀请您加入网上读者俱乐部。

★中国建筑工业出版社总编室　　电　话：010—58337016　　传　真：010—68321361

★中国建筑工业出版社发行部　　电　话：010—58337346　　传　真：010—68325420
　　　　　　　　　　　　　　　E-mail：hbw@cabp.com.cn

建工版图书销售分类表

一级分类名称（代码）	二级分类名称（代码）	一级分类名称（代码）	二级分类名称（代码）
建筑学（A）	建筑历史与理论（A10）	园林景观（G）	园林史与园林景观理论（G10）
	建筑设计（A20）		园林景观规划与设计（G20）
	建筑技术（A30）		环境艺术设计（G30）
	建筑表现·建筑制图（A40）		园林景观施工（G40）
	建筑艺术（A50）		园林植物与应用（G50）
建筑设备·建筑材料（F）	暖通空调（F10）	城乡建设·市政工程·环境工程（B）	城镇与乡（村）建设（B10）
	建筑给水排水（F20）		道路桥梁工程（B20）
	建筑电气与建筑智能化技术（F30）		市政给水排水工程（B30）
	建筑节能·建筑防火（F40）		市政供热、供燃气工程（B40）
	建筑材料（F50）		环境工程（B50）
城市规划·城市设计（P）	城市史与城市规划理论（P10）	建筑结构与岩土工程（S）	建筑结构（S10）
	城市规划与城市设计（P20）		岩土工程（S20）
室内设计·装饰装修（D）	室内设计与表现（D10）	建筑施工·设备安装技术（C）	施工技术（C10）
	家具与装饰（D20）		设备安装技术（C20）
	装修材料与施工（D30）		工程质量与安全（C30）
建筑工程经济与管理（M）	施工管理（M10）	房地产开发管理（E）	房地产开发与经营（E10）
	工程管理（M20）		物业管理（E20）
	工程监理（M30）	辞典·连续出版物（Z）	辞典（Z10）
	工程经济与造价（M40）		连续出版物（Z20）
艺术·设计（K）	艺术（K10）	旅游·其他（Q）	旅游（Q10）
	工业设计（K20）		其他（Q20）
	平面设计（K30）	土木建筑计算机应用系列（J）	
执业资格考试用书（R）		法律法规与标准规范单行本（T）	
高校教材（V）		法律法规与标准规范汇编/大全（U）	
高职高专教材（X）		培训教材（Y）	
中职中专教材（W）		电子出版物（H）	

注：建工版图书销售分类已标注于图书封底。